本书获暨南大学"211 工程"三期重点

建设项目"华侨华人与中外关系"项目资助

教育部人文社会科学重点研究基地
Key Research Institute of Humanities and Social Sciences at Universities

暨南大学华侨华人研究院
Academy of Overseas Chinese Studies in Jinan University

· 世界华侨华人研究文库 ·

抗争与妥协

马来西亚华社对华族母语教育政策制定的影响

胡春艳　著

暨南大学出版社
JINAN UNIVERSITY PRESS

中国·广州

图书在版编目（CIP）数据

抗争与妥协：马来西亚华社对华族母语教育政策制定的影响/胡春艳著．—广州：暨南大学出版社，2012.9
（世界华侨华人研究文库）
ISBN 978－7－5668－0246－0

Ⅰ.①抗⋯　Ⅱ.①胡⋯　Ⅲ.①华文教育—教育史—研究—马来西亚—现代　Ⅳ.①G749.933.8

中国版本图书馆 CIP 数据核字(2012)第 140196 号

出版发行：暨南大学出版社

出　版　人：徐义雄
责任编辑：黄圣英　张　钊
责任校对：黄　颖

地　　　址：中国广州暨南大学
电　　　话：总编室（8620）85221601
　　　　　　营销部（8620）85225284　85228291　85228292（邮购）
传　　　真：（8620）85221583（办公室）　85223774（营销部）
邮　　　编：510630
网　　　址：http：//www.jnupress.com　http：//press.jnu.edu.cn

排　　　版：广州市天河星辰文化发展部照排中心
印　　　刷：佛山市浩文彩色印刷有限公司

开　　　本：787mm×1092mm　1/16
印　　　张：15.125
字　　　数：301 千
版　　　次：2012 年 9 月第 1 版
印　　　次：2012 年 9 月第 1 次

定　　　价：36.00 元

（暨大版图书如有印装质量问题，请与出版社总编室联系调换）

总　序

在 20 世纪，华侨华人问题曾经四次引起学术界关注。第一次是 20 世纪初关于南非华工的问题；第二次是"一战"后欧洲华工问题；第三次是五六十年代东南亚国家出现的"排华"问题；第四次则是 80 年代中国经济崛起与海外华侨华人关系的问题。每次华侨华人研究成为研究热点时，都有大量高水平研究著作问世，不胜枚举。

进入 21 世纪以来，随着全球化进程的加速和中国国际化水平的提升，海外华侨华人与中国的发展日益密切，华侨华人研究掀起了新一轮高潮。华侨华人研究机构由过去只有暨南大学、厦门大学、北京大学、华侨大学等少数几家壮大至目前遍布全国的近百所科研院校，研究领域从往昔以华侨史研究为主，拓展至华人政治、华人经济、华商管理、华文教育、华人文学、华文传媒、华人安全、华人宗教、侨乡研究等涉侨各个方面，研究方法也逐渐呈现出多学科交叉的趋势，融入政治学、历史学、社会学、民族学、教育学、新闻与传播学、经济学、管理学、法学等学科方法与视角。与此同时，政府、社会也愈益关注华侨华人研究。国务院侨办近年来不断加大研究经费投入，并先后在上海、武汉、杭州、广州等地设立侨务理论研究基地，凝聚了一大批海内外专家学者，形成了华侨华人研究与政府决策咨询相结合的科学发展机制。而以社会力量与学者智慧相结合的华商研究机构也先后在复旦大学、清华大学等地成立，闯出了一条理论研究与社会实践相结合的华侨华人研究新路径。

作为一所百年侨校，暨南大学在中国华侨华人研究中具有特殊的地位。暨南大学创立于 1906 年，是中国第一所华侨高等学府。华侨华人研究是学校重要的学术传统和特色。早在 1927 年，暨南大学便成立了南洋文化事业部，网罗人才，开展东南亚及华侨华人的研究，出版《南洋研究》等刊物。1981 年，经教育部批准，暨南大学在全国率先成立华侨华人研究的专门学术机构——华侨研究所，由著名学者朱杰勤教授担任所长。1984 年在国内招收首批华侨史方向博士研究生。1996 年后华侨华人研究被纳入国家"211 工程"1—3 期重点学科建设行列，2000 年获批教育部人文社会科学重点研究基地（华侨华人研究）。暨南大学于 2006 年成立了华侨华人研究院，并聘请全国政协常委、国务院侨务办公室原副主任刘泽彭出任院长和基地主任。2011 年，学校再次整合提升华侨华人研究力量，将华侨华人研究院与国际关系学系（东南亚研究所）合并成立国际关系学院/华侨华人研究院，继续聘请刘泽彭同志出任华侨华人研究院院长和基地主任，由华侨华人与国际问题研究知名专家曹云华教授出任国际关系学院院长兼华侨华人研究院执行院长。同时，学校还加大科研经费投入，努力打造"华侨华人研究优势学科创新平台"。研究院在加强自身科研能力的基础上，采取以研究项目、开放性课题为中心，学者带项目、课题进院的工作体制，致力于多学科和国际视野下的前沿研究，立足于为国家的改革开放和现代化建设服务，为社会服务，为政府决策咨询服务，努力将之建设成为世界一流的学术研究机构和人才培养基地。

值华侨华人研究在中华大地百花齐放、百家争鸣之际，为进一步彰显暨南大学科研特色，整合校内外相关研究力量，发掘华侨华人研究新资源，推动华侨华人研究学科的发展，学校推出"世界华侨华人研究文库"。本套丛书的著作多为本校优势学科的前沿研究成果，作者中既有资深教授、学科带头人，也有学界新秀。他们的研究成果从多学科视野探索了国内外华侨华人研究的一些新问题、新趋势，具有较高的学术价值和现实意义。

本套丛书的出版得到学校领导的大力关心与支持。学校从"211 工程"经费中拨专款予以资助。国际关系学院/华侨华人研究院领导与部分教师也付出了艰辛的劳动，他们在策划、选题、组稿、编辑、校对等环节投入大量精力。同时，暨南大学出版社对丛书出版也给予高度重视，组织了最优秀的编辑团队全程跟进，并推荐丛书申报国家级优秀图书。在此，我们对所有为本丛书出版付出宝贵心血与汗水的同仁致以最衷心的感谢！

最后，我们期盼本丛书的出版能在华侨华人研究领域激起一点小浪花，引来国内外同行更加深入、广泛的研究，为学界贡献更多高水平的成果！

《世界华侨华人研究文库》编委会
2012 年 3 月

目　录

第一章　绪　论

一、研究目的与意义

随着经济全球化的深入发展，人口的跨国流动变得更为方便与快捷，我国的海外华侨华人人数也呈不断上升趋势。国务院侨务办公室《华侨华人分布状况和发展趋势》课题研究最新成果显示，20世纪初，全球华侨华人总数约为400万~500万；20世纪50年代初，总数增加至1 200万~1 300万，其中90%集中在东南亚；到2007—2008年间已达4 543万；如今约为5 000万人。东南亚的华侨华人占比已降至73%左右，北美、欧洲、大洋洲和日本、韩国等地的华侨华人数量出现较快增长。[①] 随着海外华侨华人人数的不断增多，我国对华侨华人的研究也不断深入，呈现出多学科的发展特点，并在努力探索构建自己的华侨华人学。华侨华人研究兴起于20世纪80年代，华文教育与华人文化、华人社团、华人经济等成为传统的热门研究课题。尤其是华族的母语教育问题一直受到学者的关注与深入研究，这主要是因为母语教育是一个族群应有的基本权利，是保持族群特性最有效的途径，而且对此问题进行深入研究还具有重大的现实意义。

1. 母语教育是保持族群特性及族群文化认同的必要手段

"语言和文化是一个民族的灵魂"，而一个民族的文化本质只有通过母语才能够被吸收并加以发展。可以说"母语是民族灵魂之灵魂"。正如俄罗斯教育家乌申斯基所说："语言不仅仅表现为一个民族的生命力，而且它正是民族生命的本身。民族的语言一旦消失，这个民族也就不复存在了。"[②] 厦门大学的庄国土教授也认为："在构成族群文化诸因素中，最重要的因素就是语言。"[③] 著名马来西亚华人学者古鸿廷提出，要培养和塑造一个族群的文化传承，母语教育有着重

---

① 《约5 000万：全球华侨华人总数首次得出较明确统计数字》，新华网，http：//news. xinhuanet. com/politics/2011 – 11/30/c_ 111206719. htm，2011年11月30日。

② 张焕庭：《西方资产阶级教育论著选》，北京：人民教育出版社，1979年，第488页。

③ 庄国土等：《"二战"以后东南亚华族社会地位的变化》，厦门：厦门大学出版社，2003年，第43页。

大的意义，而移民海外的华人，为继承华族的传统对子女的教育非常重视。[①]
Shamsul 则认为"马来西亚的华文教育被华人视为是传承语言与文化的守门员
（custodian），即维持华人性（Chineseness）"[②]。

从民族学的观点来看，体现民族心理状态的民族文化具有非常的稳定性，而
语言是文化的重要基础。尤其是在经济生活日益超民族和超国界的今天，现代化
的交通方式使地域日益淡薄，语言成为保持族群文化特征的重要标志。在华人的
集聚地——东南亚地区，由于华人与当地人同属黄种人，如果丧失本族群的语
言，则同化的进程会越来越快，并且母语也是最有效、最直接、最自然的学习媒
介语，接受母语教育是各族人民不容剥夺的民族权利和基本人权。早在 1948 年
的联合国人权宣言中就明确规定了各族人民的这一权利，其他国际公约如经济社
会与文化权利国际公约、公民与政治权利公约等也都保证公民自决、发展和促进
彼此的文化、语文与教育的权利。联合国教科文组织从 2000 年起把每年的 2 月
21 日定为国际母语日，旨在促进语言和文化的多样性以及多语种化。联合国宣
称语言是保存和发展人类有形和无形遗产的最有力工具，各种促进母语传播的运
动能够提高对全世界各种语言和文化传统的认识，以此在理解、容忍和对话的基
础上，促成世界人民的团结。由此可见，母语不仅是一个民族的象征，传承本民
族文化有效的工具，也是促进国民团结、世界人民团结必不可少的手段。在 1966
年第十四届联合国教科文组织全体会议通过的《国际文化合作原则宣言》中，
就明确宣称：每一种文化都有各自的必须受尊重和维系的尊严与价值；每一个族
群都有权利和义务去发展其本身之文化；由于文化类型多样化且各具特色，在彼
此相互影响下，所有的文化最终将构成人类的共同文化遗产。[③]

而在 21 世纪的今天，许多新生代华人却基本上不懂华语，不谙华人文化，
广大华人面临着文化认同危机。文化作为最能彰显民族特性的一个因子，对一个
民族来说意义重大。可以说，它是一个民族的根基，如果丧失了民族文化，便丧
失了民族性，这个民族也将不复存在。而文化的传承离不开教育，教育是重要的
传承工具与载体。这也就是广大华人不畏艰难、齐心协力办教育的原因。培养民
族文化认同的族群教育对于整个华族来说显得尤为迫切和重要，对华族母语教育
的研究具有重大的现实意义。

---

① 古鸿廷：《教育与认同：马来西亚华文中学教育之研究（1945—2000）》，厦门：厦门大学出版社，
2003 年，第 13 页。

② Shamsul A. B. , *Identity Contestation in Malaysia：A Comparative Commentary on "Malayness" and
"Chineseness"*, Akademika 55, UKM Press, 1999.

③ 马来西亚华社研究中心编：《检讨马来西亚华文教育》，吉隆坡：华社资料研究中心，1990 年，第
41 页。

2. 马来西亚华族母语教育的发展路径对其他国家华文教育的恢复与发展，以及其他少数族裔争取母语教育的权利都有一定的借鉴意义

东南亚许多国家是与我国一衣带水的邻邦，自汉代以来就与我国建立了联系。在此后 2 000 多年的交往中，它们成为我国海外移民的主要地区。华文教育也从无到有，逐渐发展完善，到"二战"结束前，许多东南亚国家的华（侨）文教育都很发达。但"二战"后，这种状况发生了根本性的改变，华文教育进入了历史上最为艰难的时期，许多国家都制定了非常严厉、苛刻的政策，华文教育遭受到毁灭性的打击。当然这与当时两极对抗的国际大环境密切相关。如在 20 世纪 60 年代后，印度尼西亚政府实施全面同化政策，华校华文被全面禁止，华文教育绝迹。在 50 年代中期以后，菲律宾政府以"共产党渗透华校"为名，抨击华校，并且主张关闭华校，但在华族的坚持下，还是有部分华校保留了下来；但在 70 年代初，菲律宾政府又采取了华校非华政策，致使华文是唯一用华语教学的科目，华语华文退居第二语言阵线，与之前的母语教育可以说是大相径庭。马来西亚政府也出台了一系列严格限制华文教育发展的政策，致使华文教育的发展步履维艰。但因为华人社会的坚持与抗争，以及拥有较为完善的华人政党、华人社团组织等，马来西亚的华文教育才得以保留并逐步发展壮大。

20 世纪 80 年代，两极对抗的冷战时代结束，意识形态对抗终结，开启了多极并存的国际格局；加之全球民主化的不断推进，东南亚国家的政治体制处在转型时期，即由威权体制向民主体制转换，尽管这个过程会非常缓慢和漫长；中国的经济实力不断提升，中文的经济价值逐渐凸显。这些都为华文教育的复苏创造了和平的国际大环境。通过几十年的强化（印度尼西亚、菲律宾和泰国）或适应政策（如马来西亚、文莱）的实施，华人的政治认同发生了根本的改变，这促使了东南亚各国政府逐渐放开了华文教育，并给予不同程度的政策激励，华文教育迎来了发展的春天。如被取缔 20 多年的印度尼西亚华文教育，迎来了新的发展机遇期；再如新加坡的"推广华语运动"，开始以官方的形式推动华文教育的发展。这些国家"浴火重生"后的华文教育如何实现更好更快的发展，该走一条什么样的发展道路，可以说对马来西亚华文教育的发展历程具有一定的借鉴意义。虽然马来西亚的华文教育主要依靠广大华人的鼎力支持，但我们要看到在这个过程中各种华人力量对政府政策建构的影响，以及为了达到更好的效果，期间所进行的各种联合与斗争。所以华文教育的发展与维护固然离不开华人社会的大力支持，但不是要走华人办教育的道路，而是华人要通过积极的参政或形成具有实质影响力的压力集团来影响政府华人政策的建构，使之纳入国民教育体系之中。这才是保护母语教育，发展母语教育的必由之路和最终之路。同时，这也对多民族国家少数族裔母语教育的保护与发展具有一定的启示意义。

3. 试图找寻海外华人（少数族裔）更好争取自身权益的规律

通过对华人社会不同力量主体对政府政策制定影响的系统考察，可以发现海外华人为争取自身权益所进行的政治动员以及华人政治参与（度）的变化。而且在不同的历史时期，各个力量主体出于自身利益的考量，对政府政策的反应是有所不同的，有的坚决反对与抗争，有的则是妥协甚至支持。总之，通过对马来西亚华族母语教育发展的系统考察，笔者试图找寻一种规律，即华人社会不同力量主体在何种情况下采取何种措施，才能更加有效地影响政府政策的制定，并使之朝着有利于维护华人权益的方向发展。这对海外广大华人以及其他少数族裔争取与维护自身权益都有一定的借鉴与启示意义。

4. 对待少数族裔的母语教育政策与本国族群关系的改善具有直接的关系，这对多民族国家妥善处理族群关系具有重大的启示意义

在当今众多的争端与冲突中，经常可以看到族群的影子，有时族群问题是导致冲突与战争的直接原因。所以族群关系是多民族国家不得不重视和处理的重要关系之一，它的好坏直接影响到一个国家的稳定与现代化建设，对广大发展中国家来说尤为重要。"二战"后广大发展中国家相继摆脱了殖民统治，赢得了国家的独立。在民族—国家的建构过程中，族群身份的转换、国家认同的建构成为当权者关注的中心议题。在这个过程中被压制的族群问题开始凸显，并成为影响国家稳定与发展的重要因素。如何妥善处理族群关系是对每一个多民族国家当政者的严峻考验。

"语言和文化是一个民族的灵魂"，所以当政者的教育与文化政策刺激着每一个族群的神经。在少数族群的政治认同发生转变之后，通过强制的同化或压制不但不能有效解决族群的文化认同问题，甚者还会引起强烈的抗议，引发族群矛盾与冲突。我们从西方国家的"熔炉理论"、同化理论到多元文化主义可以看出西方多民族国家处理族群关系的转换轨迹，同时也说明了族群关系的复杂性及其敏感性。马来西亚作为一个典型的多民族国家，族群关系相对比较和谐，"5·13"事件后基本上没有发生激烈的族群冲突。这和政府的民族政策有着极大的关系，尤其是少数族裔的母语教育政策。虽然马来人享有特权，但政府对其他民族并不是一味的压制，而是给予一定的发展空间。这就使得许多议题可通过协商的方式加以解决，而不会直接引发剧烈的冲突。因而，对于多民族的发展中国家来说，马来西亚处理族群关系的经验具有一定的借鉴意义。

二、国内外研究状况与不足

在马来西亚，华文教育的发展不仅仅是一个教育问题，也是结合了华人政

治、华人文化各层面的综合性问题。一部华文教育的奋斗史也是一部马来西亚华人争取自身合法权益的斗争史。由于政府把单元化的教育视作建构马来西亚国族、塑造国民团结的必要手段，认为非马来语及文化是建构马来西亚国族的障碍，因而对其加以限制与打压，以建立单一源流的国民教育体系。这就使得华文教育已衍变成政治问题，教育的政治化是其最大特点，每一个教育问题的产生与解决都渗透着政治力量的较量与博弈。但由于巫统在国民阵线（以下简称"国阵"）中的垄断地位及单元化思维，华人政党地位的不断边缘化，使得通过政治协商达成的解决方案很难满足华社的要求。为了争取华教权益，以董教总为首的华人社团及华文报刊只好通过向政府施压或对教育部的各种举措进行抗争。由此可以看出马来西亚华文教育问题的错综复杂，因而欲对其进行深入研究就避不开对马来西亚政治、华人社团及报刊的综合研究。有鉴于此，本书的学术回顾也主要从以下几个方面展开。

1. 关于马来西亚华文教育的研究

国内外关于这方面的研究成果都很丰富，概括来讲主要侧重在以下几个方面：

（1）以华文教育的发展为研究轴心，探讨马来西亚华文教育在"二战"后各个时期的发展背景和特点、兴衰的原因以及今后的发展前途。马来西亚郑良树的《马来西亚华文教育发展史》①（第一、二、三、四册），借助翔实的调查资料，全面展示了马来西亚华文教育发展的历史、现状以及面临的问题，是研究马来西亚华文教育必读的参考资料。郑氏也是系统研究马来西亚华文教育从开创至今日的第一人。其中，第一、二册全面分析了"二战"前马来西亚华文教育的状况，第三、四册深入分析了"二战"后马来西亚华文教育发展的历史、政府的华教政策以及华校面临的各种挑战等。作者指出，国家独立后，华文教育不但难以分享到国家自决、民族自主的丰美蛋糕，反而由于一系列的教育政策对华教进行不同级数的统合而面对一波又一波的震荡和压力，华教的山径越走越崎岖，华社为了自卫做出了一系列反应，并因此和政府发生了各种矛盾和摩擦。②笔者的硕士论文《冷战后"成就困境"中的马来西亚华文教育研究》主要探讨了冷战后马来西亚华文教育所取得的成就及面临的困境，并分析了这种"成就困境"局面形成的原因。潘一宁的《战后马来西亚华文教育的发展（1946—1980）》③

---

① 郑良树：《马来西亚华文教育发展史》（第一、二、三、四册），吉隆坡：马来西亚华校教师会总会，1996 年。

② 郑良树：《马来西亚华文教育发展史》（第四册），吉隆坡：马来西亚华校教师会总会，2003 年，第 4 页。

③ 潘一宁：《战后马来西亚华文教育的发展（1946—1980）》，《东南亚研究》，1989 年总第 63 期。

一文，也是遵照这样的模式进行分析的。

（2）以教育政策对华文教育造成的影响作为观察焦点。如古鸿廷《马来半岛华文教育的发展与困境（1951—1969）》①，王品棠、徐柳常《马来西亚华文教育的回顾与前瞻》②，罗绍英《华文教育之演变与发展》③，张禹东《马来西亚的华文教育及其发展前景》④，郑良树《独立后华文教育》⑤，柯嘉逊《马来西亚华教奋斗史》⑥ 及利亮时《马来西亚华文教育的嬗变（1945—1970）》⑦ 等，都采用了这种研究方法。其中利亮时的硕士论文《马来西亚华文教育的嬗变（1945—1970）》对此有较为翔实的论述。作者通过对史料的整理，逐步论述马来西亚华文教育在各个阶段的发展变化，并系统地把各个时期政府拟定的教育政策报告书对华文教育的冲击贯穿起来，内容详尽，对马来西亚华文教育的研究有一定的借鉴意义。

复旦大学梁忠的博士论文《马来西亚政府华人政策研究》⑧ 一文从民族—国家建构的角度详细分析了从东姑·拉赫曼到马哈蒂尔历届政府的华人政策，其中政府的华教政策占有一定篇幅。最后作者提出，民族—国家政府虽然与少数民族之间在本质上存在冲突，但只要在适当的政治架构安排下，两者之间的冲突与矛盾可以降至最低。马来西亚别具特色的"半民主"体制，既有威权体制的性格，又有民主体制的弹性。在此体制下，政府可以强力镇压因民族矛盾而引起的冲突，避免民族矛盾表面化，使种族冲突问题在可控制的范围内，同时，又能适时调整统治策略，适应社会变化。广西师范大学曾营的硕士论文《马哈蒂尔政府对华族的政策研究（1981—2003）》⑨ 一文，详细分析了马哈蒂尔当政时期（分三个阶段）所采取的各项对待华族的政策及所产生的影响。这些都对本书的写作具有重要的参考价值。

（3）以华文独立中学作为探讨的焦点。马来西亚华文独立中学是华社拒绝向政府压制华文教育的政策妥协、拒绝接受改制的必然产物，它是马来西亚一个

---

① 古鸿廷：《马来半岛华文教育的发展与困境（1951—1969）》，《华侨华人历史研究》，1999 年第 2 期。

② 王品棠、徐柳常：《马来西亚华文教育的回顾与前瞻》，林水檺主编：《文教事业论集》，吉隆坡：马来西亚雪兰莪中华大会堂，1985 年，第 23—29 页。

③ 罗绍英：《华文教育之演变与发展》，林水檺主编：《文教事业论集》，吉隆坡：马来西亚雪兰莪中华大会堂，1985 年，第 40—60 页。

④ 张禹东：《马来西亚的华文教育及其发展前景》，《八桂侨刊》，1999 年第 3 期。

⑤ 郑良树：《独立后华文教育》，林水檺等编：《马来西亚华人史新编》（第二册），吉隆坡：马来西亚中华大会堂总会，1998 年，第 255—288 页。

⑥ 柯嘉逊：《马来西亚华教奋斗史》，吉隆坡：马来西亚雪兰莪中华大会堂，1991 年。

⑦ 利亮时：《马来西亚华文教育的嬗变（1945—1970）》，新加坡国立大学硕士学位论文，1999 年。

⑧ 梁忠：《马来西亚政府华人政策研究》，复旦大学博士学位论文，2006 年。

⑨ 曾营：《马哈蒂尔政府对华族的政策研究（1981—2003）》，广西师范大学硕士学位论文，2003 年。

非常特殊的私立教育体系，也是研究马来西亚华文教育的一个十分重要的内容。其中最有成就的是古鸿廷的专著《教育与认同：马来西亚华文中学教育之研究（1945—2000）》①。此书收集了作者不同时期发表的九篇论文，重点阐述了独立中学的产生、发展及面临的困境等问题，并试图通过对"二战"后马来亚地区华文教育的发展及该地区华侨华人政治意识的滋生与成长的分析，来说明文化认同与政治认同是两个截然不同的概念，华族发展华文教育是为了保存华族的民族文化，是一种文化认同，这并不影响华人的政治认同，两者并不矛盾。然而执政当局却把文化认同曲解为政治认同，并要达致两者的高度统一。因而作者认为马来族、华族两大族群对文化传承与政治效忠之间的不同解读是造成族群冲突的根源。黄润岳的专著《独中论丛》②收录了一系列以独中为研究对象的单篇论文。作者从独中之来由、独中之使命、独中之回顾及展望这几个方面探讨华文教育在各个阶段的发展状况。其中《西马华文独立中学所面对的困难及其对策》一文提出了独中在经济、师资、课本的选择、学生的流动性等方面所面对的困难。在论及独中的发展方向时，作者强调，独立中学应该有一定的目标，每一间独立中学都应该建立自己的、独立的、特殊的风格，成为真正的独立中学。

另外，关于华文独立中学的论文与专著还有很多。如吴晓霞的《马来西亚华文独立中学的发展方向》③、张秀明的《马来西亚华文独立中学的演变与现状》④、沈天奇的《华文中学改制》、黄祯玉的《独中教育从复兴到教改》以及《生存、成长、展现生命力——回顾历届独中行政人员研讨会》、苏源恭的《独中生的升学路》⑤等。

（4）对华文教育前景的展望。马来西亚华文教育的发展前景是许多论者普遍关注的问题。不管他们是以教育政策为观察焦点，还是以独中为讨论对象，最后都会在文中论及华文教育在今后的发展前景。总体来看，学者们大都认为华文教育的前景是乐观的。如吴建成的《华文独中的发展对策、原则与方向》⑥，作者从经济的角度分析独立中学的发展方向，认为要应对21世纪的挑战，华教运动必须把工作重点从原来维护母语教育和发扬中华文化的特殊使命逐步转移到为民族经济的发展培训人力资源的一般使命上去。

---

① 古鸿廷：《教育与认同：马来西亚华文中学教育之研究（1945—2000）》，厦门：厦门大学出版社，2003年。

② 黄润岳：《独中论丛》，吉隆坡：马来西亚出版印务有限公司，1973年。

③ 吴晓霞：《马来西亚华文独立中学的发展方向》，《东南亚》，1999年第1期。

④ 张秀明：《马来西亚华文独立中学的演变与现状》，见《中国华侨历史学会成立十周年纪念论文集》，北京：东方出版社，1993年。

⑤ 钟伟前主编：《董总50年特刊（1954—2004）》，吉隆坡：马来西亚华校董事联合会总会，2004年。

⑥ 吴建成：《华文独中的发展对策、原则与方向》，《华侨华人历史研究》，1996年第3期。

白晓东的《法律突破：马来西亚华文教育发展战略的必行步骤》① 以新的视角探讨华文教育的发展前景，作者对马来西亚华文教育法律突破的必要性与可能性展开讨论，从法律的角度探讨华文教育的发展前景，认为华文教育要稳健发展，就得在宪法和教育法令中树立华文教育的法定地位。作者对此表示乐观。因为争取法律上确立华文教育的法定地位，在马来西亚不但有法治环境，也有宪法上的抗争依据。此外，华人的积极参政，也使华文教育受到政治、法律制度的保护。这篇论文提供了新的研究视角，突破了以往多从历史的角度进行探讨的局限，对本研究具有一定的启示意义。

2. 关于教育与国家建构关系的研究

国外关于这方面的研究较为丰富，国内却相对匮乏。我们知道，教育是一种人类道德、科学、技术、知识储备、精神境界的传承和提升行为，也是人类文明的传递。但在马来西亚，教育却是被政治化的，被视作塑造国民团结、进行国家建构的工具，这也就从总体上决定了政府对待华族母语教育的政策。

早在 20 世纪 70 年代，教育学者就已注意到教育与国家建构的关系。如 Chai Hon – chan 的《多元社会中的计划教育》（Planning Education for a Plural Society）②、《多元社会中的教育与国家建构——西马的经验》（Education and Nation-building in Plural Societies：The West Malaysian Experience）③。在这两本书里，作者指出"二战"后殖民体系纷纷解体，但其所遗留下来的多元族群特征却深深烙印于新兴的独立国家中，所以这些新兴独立国家基本上都还延续着殖民时代的教育政策。作者认为这种教育政策的实质就是试图透过统一化的国民教育，塑造共同的民族意识。这些国家的领导人相信统一的国民教育（包括课程、媒介语等）是建国的不二法则。但由于在独立前还没有形成统一的国家认同，这样族群的显著差异也就掩盖了经济发展的不均。因此，独立后教育就成为平衡或重新分配经济资源的最主要设计。

林开忠的《建构中的"华人文化"：族群属性、国家与华教运动》④ 试图探讨马来西亚华文教育运动及其在大马国族形成过程中所扮演的角色，把华文教育放在一个"建构中的华人文化"的脉络下进行考察。作者认为华人文化或教育运动是对马来西亚国族形成的反应甚至抗拒，因为只有这样才能得以保存他们所

---

① 白晓东：《法律突破：马来西亚华文教育发展战略的必行步骤》，《华侨华人历史研究》，1996 年第 3 期。

② Chai Hon – chan, *Planning Education for a Plural Society*, Paris：UNESCO, 1971.

③ Chai Hon-chan, *Education and Nation-building in Plural Societies：The West Malaysian Experience*, Canberra：Australian National University, 1977.

④ 林开忠：《建构中的"华人文化"：族群属性、国家与华教运动》，吉隆坡：华社资料研究中心，1999 年。

认为的文化传统，华文教育运动所力争的是族群文化的传播权力。李志贤的《马来西亚华文独立中学历史课本之分析》与陈玉清的《马来西亚与菲律宾独立后华文教育发展之比较研究》两篇论文，也是把华文教育置于马来西亚政府建构国族认同的脉络下，分析急欲将全体国民"马来化"的马来精英遇到境内的华文教育时的态度与反应，也分析了身为少数、弱势民族的华人是如何抗拒马来西亚政府的强迫行为的。

Elsa Lafaye 的《消除族群差别及马来西亚国家建构中的教育政策角色》（*The Role of Educational Policy in Overcoming Ethnic Divisions and Building Malaysia's Nation*）① 在开篇中就提出，由政府主导的教育政策在消除族群冲突、保持社会稳定、进行国家建构中发挥了巨大作用。接着分析了在多元文化的马来西亚，其教育政策存在自相矛盾的两个方面：一方面，政府欲通过教育来培养国民共同的价值观，以促进国家统一、国民团结；另一方面，实施有利于马来人的政策，对非马来人给予种种限制。不管是在新经济政策时期，还是在国家发展政策时期，政府的教育政策始终没有脱离这个方向。政府的这项带有歧视性的教育政策，虽然增强了马来人的竞争力，但也进一步强化了华人的族群认同感及对本族群语言、文化的保留与发展。总之，作者认为在教育被高度政治化的马来西亚，教育在国家建构中发挥着积极作用，但同时也预示着华文教育面临着诸多困难。Graham Brown 的《塑造族群公民：马来西亚的教育政治化及其实践》（*Making Ethnic Citizens：The Politics and Practice of Education in Malaysia*）② 也是采用了上述分析路径。作者提出在马来西亚教育是被高度政治化的，是为特定的国家利益服务的。中小学阶段的教育被视为进行国家建构的工具，主要是灌输马来西亚国家感和爱国主义精神。大学阶段的教育则被视为是促进马来人利益的工具，通过提高马来学生的大学入学率，从而为改变马来人经济上的贫困打下基础。最后作者分析了在这种教育政治化的环境下华文教育的生存状态以及面对政府颁布的一系列不利于华文教育的法令华社的反应与抗争。

另外关于这方面的研究还有很多。如 Machi Sato 的《教育、族群和经济：马来西亚的高等教育改革（1957—2003）》 [*Education，Ethnicity and Economics：Higher Education Reforms in Malaysia*（1957—2003）]③，Suet‑ling Pong 的《马来

---

① Elsa Lafaye，*The Role of Educational Policy in Overcoming Ethnic Divisions and Building Malaysia's Nation*，Oxford International Conference on Education， "Education and Geopolitical Change"，11 – 15 September 1997，Oxford，Grande‑Bretagne.

② Graham Brown，*Making Ethnic Citizens：The Politics and Practice of Education in Malaysia*，http：//www. crise. ox. ac. uk/pubs/working paper 23. pdf.

③ Machi Sato，*Education，Ethnicity and Economics：Higher Education Reforms in Malaysia*（1957—2003），http：//www. nucba. ac. jp/cic/pdf/njlcc071/05Sato. pdf.

西亚的族群和学校：政策角色》（*Ethnicity and Schooling in Malaysia：The Role of Policy*）① 等。

3. 关于华文教育与华人政党、华人社团的关系研究

马来西亚华文教育的发展离不开广大华人的大力支持，更离不开华人社团的鼎力相助，尤其是被誉为"华教保姆"的董教总。华人政党在华文教育的发展及华教权益的争取上也扮演着不可或缺的角色，尽管以马华公会为首的华人执政党出于政党本身的需要，有时会偏离华社意愿，甚至走到华社的对立面。但总的来说，华人社团及华人政党为了反抗政府的不合理政策，争取华教的合法权益，与政府展开了长期博弈，这也是马来西亚华文教育能得以发展壮大的重要原因。因此，要对马来西亚华文教育进行研究就离不开对华人政党与社团的研究。但国内外关于这方面的研究成果并不多，研究得也不甚深入。

Tan Liok Ee 的《马来西亚华文教育的政治化（1945—1961）》［*The Politics of Chinese Education in Malaya*（1945—1961）］② 一书对相关问题进行了探讨。作者首先回顾了华文教育的发展历程，然后详细分析"二战"后至 1961 年这段期间华文教育发展面临的一系列政策问题，探讨了为了反抗政府的不合理教育法令华人政党与社团所作的各种努力，期间也充斥着诸多矛盾。并对一些关键性历史会谈做了详尽描述与分析。但该书主要是分析 1945—1961 这 20 年间的情况，以后几十年的情况却鲜有涉及。陈绿漪（Tan Liok Ee）的《董教总及对文化霸权的挑战（1951—1987）》［*DongjiaoZong and the Challenge to Cultural Hegemony*（1951—1987）］③一文首先分析了长久以来对华教的研究存在着的两种偏颇论调。一类研究认为华教运动组织是种族沙文主义的支持者，他们反对以单一语言、单一文化作为建国的基石；另一类研究把他们看作是"压力团体"，其主要目的是提出华人的要求，这样的看法则是把他们排在以政党政治协商为中心的边缘。她认为这些都是很不公允的观点。作者提出，董教总所扮演的是对抗国家文化霸权的角色，在争取华教权益方面坚持不懈，积极地抗争政府的不合理政策。

孙易红的硕士论文《沈慕羽与马来西亚华文教育》④ 以马来西亚华校教师总会主席沈慕羽作为研究对象，考察他在 20 世纪 60—90 年代这一历史时期，执教

---

① Suet‑ling Pong，*Ethnicity and Schooling in Malaysia：The Role of Policy*，http：//www.cicred.org/Eng/Seminars/Details/Seminars/education/ACTES/Com_ Pong.PDF.

② Tan Liok Ee，*The Politics of Chinese Education in Malaya*（1945—1961），Kuala Lumpur：Oxford University Press，1997.

③ Tan Liok Ee，DongjiaoZong and the Challenge to Cultural Hegemony（1951—1987），in J. S. Kahn and Loh Kok Wah（eds.），*Fragmented Vision：Culture and Politics in Contemporary Malaysia*，Sydney：Allen & Unwin，1992.

④ 孙易红：《沈慕羽与马来西亚华文教育》，福建师范大学硕士学位论文，2006 年。

杏坛以及捍卫华教两大方面的活动，全面分析其教育思想以及为维护华文教育合法权益的斗争经历，解读他在政治领域的影响力。程嘉辉的硕士论文《马华公会与华文教育》① 探讨了作为华人的最大政党——马华公会与华文教育的关系，重点分析了马华公会从成立伊始对华文教育态度的转变及其原因。但该论文只分析到 20 世纪 80 年代末，90 年代至今的 20 年基本没有涉及。

4. 关于华文教育与（华人）政治的研究

直接研究华文教育与政治参与关系的论文基本上没有，但很多文章在研究华人的政治参与时都不同程度地涉及华文教育问题。Richard Mead 的《马来西亚的国家语言政策和法律体系》（*Malaysia's National Language Policy and the Legal System*）② 就首先分析了马来西亚语言政策的政治化，然后分析了马来西亚的法律体系及法庭用语。作者指出马来西亚的国家语言政策就是要确立马来语的官方及国语地位，并限制其他语言的发展，这就不可避免地对其他族群的母语教育产生打压之势。再如 Amy L. Freedman 的《政治参与和少数族群：马来西亚、印尼和美国的海外华人》（*Political Participation and Ethnic Minorities：Chinese Overseas in Malaysia，Indonesia，and the United States*）③ 主要探讨了少数族群的政治参与问题，并以马来西亚、印度尼西亚和美国的华人作为研究个案。在开篇作者就回顾了少数族群参政的动力机制，有三种理论可以对此做出解读：一是社会阶层因素强调其所处的经济社会地位；二是族群和文化因素；三是制度因素。其中，作者认为第三种因素即制度因素要比前两种因素能更好地解释少数族群的参政动力。在本书的第三章作者详细解读了马来西亚华人的制度化政治参与，分析了马来西亚华人政治的历史、影响华人政治参与的因素以及马来西亚政治制度的本质，并把华文教育当做案例来分析华人内部不同力量主体对政府教育政策的反映；指出华人领导者在 1950 年争取公民权的时候能把华社团结在一起，但在以后如何保护华文教育、动员民众方面则显得比较困难，这主要源于每个人都有狭隘的个人利益；并把华人精英分为两类：一类是政党的领导者，他们通常代表大财团和商人阶层的利益，有影响政治的机会和能力；一类是华人社会活动家，他们为争取广大华人利益以及华文教育的合法权益积极奋斗，但在组织集团行动方面面临着困难。最后作者总结认为华人在马来西亚政治中只是一个常规的参与者，而不能成为重要的影响力量，主要原因在于华人没有形成一个真正的团体，内部斗争分

---

① 程嘉辉：《马华公会与华文教育》，暨南大学硕士学位论文，2009 年。

② Richard Mead, *Malaysia's National Language Policy and the Legal System*, New York：Yale University Southeast Asian Studies, 1988.

③ Amy L. Freedman, *Political Participation and Ethnic Minorities ：Chinese Overseas in Malaysia，Indonesia，and the United States*, New York ：Routledge，2000.

散了其力量。

杨建成的《马来西亚华人的困境——西马来西亚华巫政治关系之探讨（1957—1978）》① 一书是一本极具参考价值的文献。本书首先分析了西马多元的社会结构，进而探讨了华巫在政治上的竞争、种族冲突事件的意义和影响以及共产主义运动对西马社会的影响，并探讨了在这种政治结构下华文教育受制于一系列政治因素的影响与制约。此外，王国璋的《马来西亚的族群政党政治（1955—1995）》② 主要研究马来西亚族群政治中的政党政治面向，分析了族群政党政治的特质与变迁，指出在马来西亚族群政治的环境中，政党与政党的互动最为明显，其中也涉及华文教育问题。

5. 研究现状评析

通过以上对国内外文献的回顾可以看出，直接或间接探讨马来西亚华文教育的研究相当丰富，主要存在两种倾向。

一是国内学者多从华文教育本身着手，回顾其发展历史、发展现状、存在的问题及其前景，并把教育政策法令及华文独立中学作为研究的重点。对教育政策法令的分析还多是从史学的角度进行论述，局限于就法令而论法令，以及这些法令对华文教育产生的影响。但对这些法令出台的背后因素以及华人社会各种力量主体为影响政府决策所做的努力、期间与政府的博弈与斗争亦即对法令的建构因素分析不足甚至鲜有涉及。国内虽然也有人开始探讨华人政党、华教人士等与华文教育的关系，但并没有进一步解读华人政党尤其是执政党在不同时期政策转变的深层次原因及其在影响政府政策制定过程中的受限因素。总的来说，国内学者对马来西亚华文教育的研究方法、研究视角都较为单一，主要采用历史学的研究方法，通过对文献资料的分析，来展现马来西亚华文教育的发展状况。而多视角、跨学科的综合性研究较少，理论性研究则更显单薄。

二是国外学者，以马来西亚、新加坡华人学者为主，由于他们有条件进行实地考察获取第一手的资料，而且自己身为华人，能更好地从华人自身的角度思考问题。他们的研究有两方面的特点，一方面研究非常翔实，通过大量的实地调研资料全面展示马来西亚华族母语教育的历史、现状等；另一方面，侧重从制度的层面展开研究，把华族的母语教育置于马来西亚大的政治体制环境下，并探讨教育与族群、教育与政治参与、教育与民族—国家建构等之间的关系。这些多层面、多维度的研究不但为本书提供了丰富的资料，而且对本书的写作有极大的启

---

① 杨建成：《马来西亚华人的困境——西马来西亚华巫政治关系之探讨（1957—1978）》，台北：文史哲出版社，1985 年。

② 王国璋：《马来西亚的族群政党政治（1955—1995）》，台北：唐山出版社，1997 年。

示意义。总之，国外关于马来西亚华文教育的研究要比国内更为深入，研究视角也更为多元化，跨学科研究是其一大特色。但全面探讨马来西亚的华文教育政策及政策制定过程中华人力量主体与政府间的博弈、华人力量主体间的联合与分裂的文章并不多见，这也正是本书所要达致的目标。

三、研究内容、方法及创新之处

1. 研究的主要内容

母语教育作为少数族裔保持与传承本族群文化、保留本族群特性以区别与"他者"的主要方式与途径，是每个民族都为之争取与奋斗的原动力。但在许多多民族国家中，主体民族出于各种考虑，往往总是想法设法压制少数族裔的母语教育，由此也引发了族群矛盾甚至冲突，严重影响着国家经济的发展与社会的稳定。从当今流血冲突不断的国际社会中我们都可以找出族群冲突的影子，所以给予并重视少数族裔母语教育的权利是化解族群冲突的有效方式之一。

广大华侨华人自漂洋过海移居他国以来，就非常重视子女的教育问题，为争取本族群的文化教育权利进行着孜孜不倦的努力。东南亚作为海外华侨华人的主要聚集地，亦成为海外华文教育最为发达的地区。在东南亚诸国没有摆脱殖民统治之前，华族的母语教育都获得了较好发展，取得了巨大成绩。但在这些国家相继取得独立后构建民族—国家的过程中，华族母语教育的命运发生了根本的改变，相继衰落，有的甚至被连根拔起，尽管各国华人都进行了艰苦卓绝的斗争。与东南亚诸国相比，马来西亚的华族母语教育之所以能保持良好的发展势头，形成较为完善的华文教育体系，华人社会自身的努力当然功不可没，但马来政府相对宽松的制度环境为其发展创造了条件，成为影响华文教育的关键因素。但这种制度环境是如何建构起来的？期间受到哪些力量的影响？

马来政府华教政策的制定，可以说受到诸多因素的影响，是国内外相关力量互相斗争、妥协的结果。本书试图借助国际关系的体系层次分析方法，将之置于不断变化的国际国内大背景下，探讨华人社会不同力量主体是如何影响政府的华教政策制定的。本书选取华人政党、华人压力集团、华文报刊作为主要变量，系统分析在不同历史时期这几个关键变量对政府华教政策制定的影响。与此同时，国际体系、中马双边关系及马共因素也影响着马来政府对华文教育的认知，从而在一定程度上影响着其华教政策的制定。不管是英殖民政府还是独立后的联盟政府，其教育政策（针对华族的母语教育政策）都深深打上了时代的烙印，可以说是特定历史时代的产物。通过系统的分析，可以发现在华社与政府的博弈过程中，抗争与妥协始终贯彻其中。以董教总为首的压力集团始终走在抗争的最前线，以马华公会为首的执政党时而抗争，时而妥协，其态度主要取决于当时的政治环境对其是否有利及其领导层。在华社的大力抗争及政治所需（如为了竞选需要、国际形势的改变）下，政府的态度有时会有所缓和，进行一定的妥协，并对相关政策作出修订。总的来说，马来西亚华教政策的出台是马来西亚内部与外部相关势力相互斗争、妥协的结果。虽然华人社会的斗争是主要的，但我们也不可忽视国际因素的影响力。

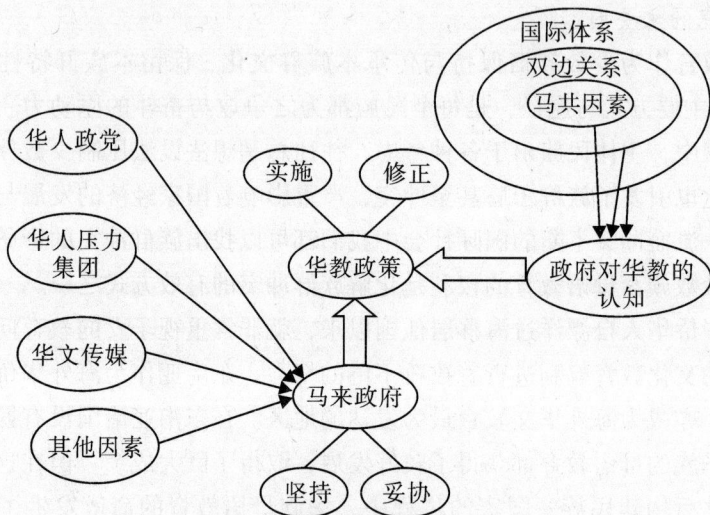

图1-1　本书所用变量分析图

基于此，本研究重点解决的问题有以下几个：

（1）马来西亚的华族母语教育与东南亚其他国家相比，为什么能够一枝独秀，形成了较为完善的华文教育体系？

（2）制度因素作为影响马来西亚华文教育的关键因素，是如何建构起来的？期间各种力量主体是如何进行博弈从而影响着马来西亚华族母语教育的政策制定？

（3）华人政党、华人社团等华人力量主体，在抗争政府不合理的华教政策、争取华人权益上，在不同时期为何会出现联合与分裂？这种转变的深层次原因是什么？

（4）马来西亚华教运动的经验与教训及其发展路径对少数族裔争取本族群的合法权利有何启示意义？

2. 研究方法

（1）历史分析法。历史分析法一是根据历史发展的线索展开研究讨论；二是根据史料分析历史人物和历史事件，揭示历史发展的过程和规律。在此过程中，研究者必须运用搜集、鉴定和整理史料的方法，对史料进行去粗取精、去伪存真的工作。本书主要采用历史结构分析法，以时间为经、政策法令为纬，力图全面展示与探讨不同时期当局的文化教育政策及其制定过程中华人社会力量主体与政府间的博弈及结果。本书主要采用马来西亚当地资料进行研究，包括政要言论、资料汇编、调查访谈、官方统计以及大量的报刊资料等第一手资料，此外还有当地华人、马来人撰写的学术论著和网络资料等。

（2）比较分析法。比较分析方法是分析两种或两种以上的对象之间的差异和共同点的方法，可分为纵向比较分析和横向比较分析。本书首先通过对"二战"后东南亚其他国家的华文教育与马来西亚华文教育发展现状的横向对比分析，提出马来西亚华文教育得以保存并发展的制度因素作用。然后在分析不同历史阶段华教政策的制定过程中，对华文教育的生存状况进行了纵向对比分析。

（3）演绎推理法。演绎推理法是指人们以一定的反映客观规律的理论认识为依据，从服从该认识的已知部分推知事物的未知部分的思维方法。本书系统考察了马来西亚华文教育的发展历程，从中我们可以预测其今后的发展前景及对其他少数族裔争取合法权益的借鉴意义。

3. 创新之处

（1）研究方法上的创新。从前面的文献回顾中可以看出，对马来西亚华族母语教育的研究多是采用历史的研究方法，分析其现状、成果以及面临的问题，孤立地进行研究。本书则采用实证分析法，系统地考察了不同历史时期华人力量主体对政府政策制定的影响，并以此考察华人政治参与度的变化及其对争取华人权益尤其是华教权益的影响。

（2）新理论的运用。以往有关马来西亚华族母语教育的研究大多是述多评少，视角单一，缺少理论性的分析手段。本书在研究过程中力图弥补这一缺憾，综合运用了政治学、国际关系学、族群社会学的相关理论，如威权体制论、社会运动理论、多元文化主义等。

（3）研究视角的创新。本研究从制度层面探讨马来西亚华文教育的生存状态，并具体分析了政府政策制定过程中华人社会力量与政府间的博弈。

四、概念界定

1. 华人社会与政府

关于社会的含义，学术界有很大争论。我国社会学研究者归纳出"社会"的特点包括：由人群组成的；以人与人的交往为纽带；有文化、有组织的系统；

部是华人。① 该党号称是仅次于中国共产党、中国国民党的第三大华人政党。

马华公会的成立有着深刻的历史背景。"二战"后，英国重返马来亚，但当时由华人左派组成的抗日力量已非常强大，这引起了英国人的惊恐。他们害怕马来亚大部分的中下阶层华人会倾向于左派，因此发动了一系列打击马来亚共产党的武装行动，还将很大一部分中下阶层华人迁徙至"新村"，将其与外界隔离，以彻底剪断其与马共的联系。马华公会就是在这种状况下成立的。它自称为福利机构，最初动因是协助华人排除在紧急状态下受到的苦难，尤其是住在新村的华人。通过对新村华人提供帮助，将其势力伸入到华人各阶层中，为稳定政党根基打下了基础。其标榜为华人争取利益，并标榜反共主张，明确表明马华并不与马共同流，而是愿意效忠当地政府。② 首任会长是受西方教育的陈祯禄先生。他提出了马华公会的两个基本目标：一是团结所有阶层的华人，二是促进种族间的亲善、和谐和合作，特别是华巫之间；③ 并说："1949 年 2 月马华公会成立，其近因主要是因为马来亚的忠诚华人，在紧急状态下受到苦难。紧急状态下不断危及许多华人的性命，威胁华人的切身利益，而且还能使人怀疑我们对本邦的传统忠诚感，虽然我们之中已有许多以马来亚为永久家乡。"④ 马华公会一成立就受到英国人的欢迎与支持，因为英国政府认为拉拢马华公会，将其当成代表华人社会利益的政治团体可以打击马共势力。总之，"二战"后当马新华社还纠缠于中国政治即亲国民党和亲左派的斗争中时，马华公会的创立有着重大的历史意义，成为战后马来西亚的第一个华人政党。此后，马华公会以华人社会合法政治代表的身份参与了 1955 年的议会选举，通过议会道路参政的尝试，避免了华人在马来亚政坛上被边缘化的危险，积极推动了华人参与马来亚的政治活动。

马华自成立至今，作为代表华人利益的执政党，在维护华人权益方面发挥了很大作用，从最初发行福利彩票、争取公民权运动到争取华人文化教育的合法权益等。但随着马华在国民阵线中的地位不断被边缘化，为了获得巫统的信任与支持，其态度逐渐倾向中庸。在很多政治议题上，它一方面要维护华族的权益，满足华社日益高涨的平等要求；另一方面又要照顾巫统代表的马来族立场，所以很多时候马华都在扮演左右劝说的和事佬角色。为此它也遭到很多抨击，被认为是软骨头、没原则，尤其是在争取华教权益上时常与以董教总为首的华教团体意见相左，被认为"出卖"了华教利益而一度受到华人社会的"唾弃"。如何看待马华在争取华人权益方面的有所为与有所不为，我们要结合当时的具体情况以及政

① 朱振明主编：《当代马来西亚》，成都：四川人民出版社，1995 年，第 10 页。
② 古鸿廷：《东南亚华侨的认同问题》（马来亚篇），台北：台湾联经出版事业公司，1994 年，第 22 页。
③ R. K. Vasil, *Ethnic Politics in Malaysia*, New Pelhi: Radiant Publishers, 1980, p. 18.
④ 谢诗坚：《马来西亚华人政治思潮演变》，槟城：友达企业有限公司，1984 年，第 30 页。

党的特性进行分析。这也是本书所要解决的重要问题之一。

（2）民主行动党与民政党。20世纪60年代下半期，马华因华文教育问题及内部党争逐渐失去华人社会的支持，主要体现在1969年大选的挫败。就在这个时期，两个受华人强力支持的政党先后出现。1966年成立的民主行动党（Democratic Progressive Party，简称"民行党"）脱胎于新加坡的人民行动党。它是一个非种族性的政党，争取实现西方式的民主理念，即不分种族，人人有平等的权利和义务，实现所谓"马来西亚人的马来西亚"。其政策主张主要体现在以下两个方面：第一，主张每一个种族在马来西亚都应受到公平的对待，包括政治、社会及经济的平等。坚决反对把公民划分为"土著"与"非土著"，反对一个民族享有比其他民族更多的权益，以及国阵以马来人为中心的政策。第二，倡导"多元文化"，接受马来语为国语，主张华语和泰米尔语享有官方语言的地位，要求平等对待国内巫、英、中、淡四大源流学校，反对为了确保马来语的传播而消灭华人和印度人文化特征的做法。从中可以看出，民行党在维护华人文化、教育方面立场鲜明，这也受到了以董教总为首的华人团体的拥戴，巩固了其在华人社会中的地位，获得了广大华人选民的支持。

1968年成立的民政党（Gerakan Rakyat Malaysia）汇集了专业人士、工会领袖、学术人员和前马华脱党人士，也标榜非种族政治以实现民主目标。但是，不管是民行党还是民政党，这两个标榜非种族政治的政党还是大部分依靠华人选票当选。他们是反对党的重要成员，对政府的政策加以批判和监督，对民主制度的实施有相当的贡献。[①] 1972年民政党加入国民阵线，成为执政联盟中的一员。它本身也产生了一定变化，在争取华人权益方面，不得不受制于巫统，逐渐与当初的愿望背道而驰。

2. 华人压力集团

利益集团又称"压力集团"，美国学者加布里埃尔·A.阿尔蒙德等人的定义是："所谓利益集团，我们仅仅是指因兴趣而联系在一起，并意识到这些共同利益的人的组合。"[②] 其特点在于"利益集团并不企图亲自参政。他们注意政治权力并不是为了占有它，而是企图用自己的能量影响国家的法律以及行政机关的政策的制定和执行，以使本集团获益"。华人压力集团是以华人为主体、以争取华人合法权益为目的的组织。如董教总、马来西亚中华大会堂总会等都是典型的华人压力集团，在争取华人权益、与政府博弈的过程中发挥着重要作用。下面主要

---

① 颜清湟：《马来西亚华人对国家进展的贡献》，《东南亚华人之研究》，香港：香港社会科学出版集团，2008年，第249页。

② 加布里埃尔·A.阿尔蒙德等著，曹沛霖等译：《比较政治学：体系、过程和政策》，上海：上海译文出版社，1987年，第200页。

选取董教总进行说明。

董教总是教总和董总的合称，两者自成立以来，就紧密配合，并肩作战，联手争取民族权益，是维护马来西亚华文教育的坚强堡垒。董教总依据公民权利与义务一律平等及接受母语教育是基本人权的理念，争取华印文与马来文并列为官方语文，主张各族母语教育一律平等，并为民族语文与教育的生存与发展展开了不懈的斗争，被誉为华教"保姆"、"民间教育部"，在马来西亚华人社会中享有很高威望。两者广泛地联合华人社会各政党、团体以及各阶层人士共同奋斗，积极争取华教的生存与发展空间。

（1）教总。教总是马来西亚华校教师会总会的简称，成立于1951年12月25日，是一个由全马各地区华校教师公会以及州级华校教师公会联合会组成的教师组织。其前身是华校教师公会，是以谋求教师福利、联络同道感情的联谊性组织。真正发展成为一个全国性的、以维护民族文化教育权益为使命的组织则是在20世纪50年代以后。这与英殖民政府的教育政策密切相关。1951年初，英殖民政府通过《巴恩报告书》欲消灭华文教育，迫使华校教师们团结起来寻求对策，教总因应而生。不同于其他联谊或谋求个人福利的一般教育组织，教总是为争取华文教育乃至华裔公民的平等地位而成立的。其奉行的基本信念是：第一，人皆生而平等，而作为马来西亚三大民族之一的华裔公民是建国功臣之一，其权利和义务必须与本国其他民族同等；唯有平等共存才能团结共荣。第二，在语文教育方面，教总认为，母语是最自然、直接、有效的教学媒介语。接受母语教育是基本人权，华文教育必须纳入国家教育主流。奉行的行动方针是：第一，合理的要求——要求本身应享有的权利，绝不侵犯别人；第二，合法的步骤——遵循法律，反对破坏；第三，坚决的态度——不达目标，绝不罢休。[①] 教总几十年如一日争取华教合法权益的斗争是其宗旨与行动方针的具体体现。

（2）董总。董总是马来西亚华校董事联合会总会的简称，成立于1954年8月22日，是马来西亚维护与发展华文教育的全国性领导机构。董总成立的宗旨是：一是联络马来西亚华校董事，以促进各华校之发展；二是共同研讨及举办马来西亚及州华校兴革事宜，包括课程、考试、师资、教育基金及其他有关事项；三是推进及巩固全马华校董事间之联系；四是团结马来西亚华人社会之力量，共谋改善及促进华文教育事宜；五是代表马来西亚各华校董事会与政府商讨有关华校的一切事宜；六是筹谋全马华校董教间之合作；七是促进各民族之亲善与团

---

① 参见董教总网站，http：//web. jiaozong. org. my/index. php? option = com_ content&task = view&id = 43&Itemid = 35。

结。① 其会员是由各州的华校董事联合会/董教联合会所组成。州董联会的会员是州内的华文独中董事会及华文小学董事会。各社区的华校董事会是董总的基层组织，也是当地华教的保姆。1973 年进行了独中复兴运动，并成立董教总全国发展华文独立中学工作委员会，以配合独中复兴运动的开展。1994 年成立董教总全国发展华小工作委员会以及董教总教育中心（非营利）有限公司。长期以来，华校董事会通过学校办学为民族、国家培养人才，为政府分担教育责任。为抗拒单元化国家教育政策，董总更是不遗余力地捍卫和发展民族母语教育。2011年新一届董总常务委员会即第 28 届（2011—2013 年）委员会更是把以下议题作为近几年的工作重心，包括促使政府全面承认独中统考文凭，拨款给独中，解决独中统考生在政府师范学院面对的不公问题；制度化增建华小、公平拨款给华小及解决华小师资等问题，恢复华小董事会管理学校的权力；履行承诺公平对待和发展改制中学，批准华社民办学院升格为大学等。② 这些议题也是华社一直关注并为之奋斗的事务。

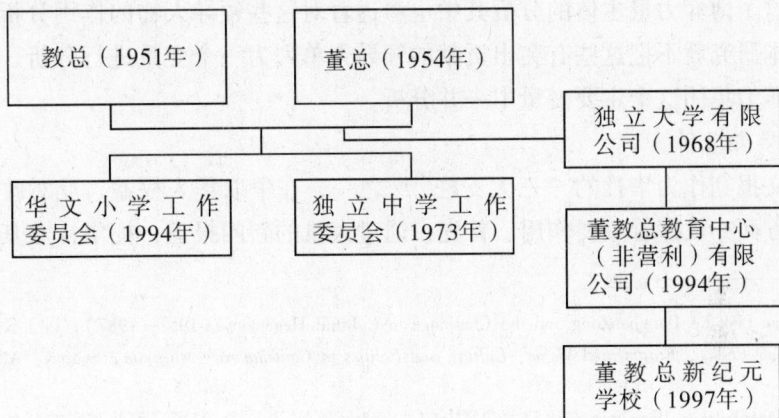

图 1-2 董教总组织结构图

（资料来源：董教总官方网，http：//www.djz.edu.my/home.htm。）

董教总作为文化教育领域的"领军"，几十年来屡败屡战，已被形容为一个"挑战（土著）文化霸权"的组织，在政治游离的华社里一定程度上扮演着一个利益集合的重要角色。③ Tan 也认为从社群而非宗教的角度来看，董教总无疑是

---

① 钟伟前主编：《董总 50 年特刊（1954—2004）》，吉隆坡：马来西亚华校董事联合会总会，2004 年。

② 参见董教总网站，http：//www.djz.edu.my。

③ 何启良：《路漫漫其修远兮：马来西亚国家机关、公民社会与华人社会》，吉隆坡：华社资料研究中心，《马来西亚华人研究学刊》，1997 年，第 1 期。

最具影响力的非政治性华人院外活动集团，一直以来在动员华人群体方面取得了成功。① 马来亚大学的高级讲师祝家丰博士对董教总的作用给予了高度肯定，他认为："董教总虽然屡遭政府排挤与打压，但它在华族中的影响力使得政府不能忽视它。华小的保存与独中的发展完全仰赖于董教总的支持。"② 总之，董教总在反对政府不合理教育政策、争取华教权益方面始终走在最前列，被政府视作"眼中钉"，并不断遭到政府的抹黑与打压，但其立场绝不动摇。

董教总还拥有一批如林连玉、沈慕羽这样的领导人，也正是在他们的坚定领导下，董教总才逐渐树立起在华社中的威望，同时也成为政府打压的主要对象。因而，在分析华人压力集团这个变量时，像林连玉、沈慕羽、林晃昇等这样对华教有突出贡献的领导人亦是我们不可忽视的因素。如被称为"族魂"的林连玉先生，为华教事业贡献了毕生精力，在抗争政府不合理的华教政策中起着中流砥柱的作用，并形成了今日为大马华人所熟知的"林连玉精神"。③ 而作为主要压力集团的董教总，也正是在他们的领导下，有理有据地与政府展开博弈，最大限度地争取华人权益，两者在某种程度上可以说又是"浑然一体"的。因而，对董教总这个博弈力量主体的分析其中也渗透着对这些领导人物的作用分析。有鉴于此，本研究就不把这些有突出贡献的领导人单列为一个变量进行分析，而是放在华人压力集团这个主要变量中一并分析。

3. 华文报刊

华文报刊作为华社的"三大支柱"④ 之一，在争取华人权益、反对政府不合理政策方面亦发挥着重要作用。首先，通过大量的新闻报道，把华社尤其是以董

① Tan Liok Ee. DongjiaoZong and the Challenge to Cultural Hegemony (1951—1987), in J. S. Kahn and Loh Kok Wah (eds), *Fragmented Vision: Culture and Politics in Contemporary Malaysia*, Sydney: Allen & Unwin, 1992.

② 2009年10月19—29日在厦门大学举办的"东亚区域整合：人口跨国迁移及其影响"的国际学术研讨会上，笔者与祝家丰博士的交谈。还有一些来自马来西亚的华人学者（如马来亚大学的潘碧丝、潘碧华，新纪元学院的廖文辉等）也持此种观点。

③ 包括五个方面：第一，从国家及人民关系的角度来说，主张国家独立、民族平等、人民团结友爱、互相忍让、互相帮助、共存共荣建设祖国；第二，从民族权益特别是民族语文教育合理地位的维护与争取的角度来说，就是敢于斗争与牺牲、不屈不挠、义无反顾，而且是保持"贫贱不移，威武不屈"的精神；第三，从民族文化建设的角度来说，就是不计名利、敬业乐业、全力以赴、"甘为孺子牛，乃至燃烧自己照亮别人"的精神；第四，从组织思想、工作作风的角度来说，就是依靠集体、善用人才、注重组织、群策群力、自力更生、积极建设的做法；第五，从个人生活修养的角度来说，就是那种不注重外表，又非常致力于求知充实自己，但非独善其身，而是关心时事、关心社会、维护正义、树立风标，并且如此坚持到生命最后一刻的态度。参见林连玉基金网站，http://www.llgcultural.com/index.php? option = com_content&view = article&id =73&Itemid =222。

④ 华文教育、华文报刊及华人社团被称为海外华人社会的"三大支柱"。其中，华文教育是华文报刊生存和发展的基础，反之，华文报刊是华文教育的后续载体和推动力量；华文报刊与华人社团之间互为需要；华人社团也是华文教育的强大支持者和坚强后盾。

教总为首的压力集团的声音传达出去，让政府当局了解华社的诉求。同时，适时地把政府的回应传达给华社，起到了上情下达、下情上达的作用。其次，通过发表社论，表明自身立场。社论，亦称社评、社说，指"报社的言论"或"代表报社立场的文章"，针对最近发生的重大或有意义的新闻事件，迅速地提出解释、批评、主张，以反映或引导社会舆论的评论性文字。社论是报纸的灵魂，代表了报纸的立场和方针。正如学者胡殷在《新闻学新论》中所说："社论是代表报社的主张，是一份报纸的灵魂，是创造舆论的总枢纽，是行动的直接指导者。"[①]

　　鉴于华文报的上述功能，本研究在对这个变量进行分析时采取了如下处理手法。一是华文报对华教政策及华社反应的大量报道，这本身亦可看作是影响政府政策制定的一个重要方面，在引文中有具体体现，故文中不做分析；二是重点关注华文报刊发表的社论，以此来探究报刊的言论导向及对政府政策制定的影响。本研究主要选取《星洲日报》和《南洋商报》两份华文报纸作为主要的分析对象。

　　（1）《星洲日报》。《星洲日报》由万金油大王胡文虎于1929年1月15日在新加坡创办出版，其目的除了提高侨胞的爱国意识外，也是为了促销药品。他说："与其花钱登广告，为什么自己不办报。"蒋介石为《星洲日报》题写了报头。胡文虎在创报宣言中阐述了该报的使命："求民族政治、经济的平等地位；力倡华侨投资祖国，籍定国基；提供各种教育，沟通中西文化，以增进华侨地位。"[②] 1942年2月15日，《星洲日报》停刊，1945年9月8日复刊。在国共内战时期，《星洲日报》偏向国民党，但到20世纪50年代，开始疏离中国情结，专注报道马来亚本地新闻。新马分家后，《星洲日报》独立成为一家马来西亚华文报纸。1986年因涉及"马华人反对政府错误处理华人教育"等敏感问题，1987年被吊销出版准许证半年。1988年，被木材大王张晓卿"常青集团"下的"朝日报业有限公司"收购。复刊后，张晓卿立即宣布《星洲日报》的立场："报道时考虑多元民族社会，时刻自我克制和约束，扮演上情下达、下情上达的角色。""为读者提供互通信息和表达心声便利，推广教育、发扬文化和促进各族间文化交流，在党派政治中严守中立。"[③]

　　从上述宣称的立场中，我们不难看出经历了1987年的"茅草行动"后，《星洲日报》的报道立场将更趋中立化，言论会更加谨慎。但其致力于推广教育、争取民族权益的一贯立场是没有动摇的。正如星洲日报报业集团前执行董事

---

①　胡殷：《新闻学新论》，香港：香港文教事业出版社，1966年，第140页。

②　彭伟步：《海外华文传媒概论》，广州：暨南大学出版社，2007年，第55页。

③　王士谷：《华侨华人百科全书·新闻出版卷》，北京：中国华侨出版社，1999年，第4、55页。

颜振浩在《星洲日报》创刊 75 周年之际所说："《星洲日报》维护华社权益向来不遗余力，因为我们知道，华社如果没有华文报章喉舌，就形同失去下情上达的桥梁，困境上诉无门，任何障碍都不能分割这种紧紧维系着的关系，华文传媒与华社相互扶持，紧密配合，共同为族群事业的发展做出努力。"[①] 时至今日，有超过 100 万的马来西亚人阅读《星洲日报》，成为马来西亚，也是除中国大陆、港、澳、台以外发行量最大的华文报。其自创刊以来坚持独立办报精神所累积的公信力使它成为马来西亚深具影响力的一家媒体。

（2）《南洋商报》。《南洋商报》是南洋最负盛名的一份报纸。它于 1923 年 9 月 6 日由陈嘉庚在新加坡创办，其目的是促进实业和激励教育。20 世纪 20 年代末，由于世界经济危机爆发，陈嘉庚损失巨大，无力独撑《南洋商报》。1932 年 8 月，陈嘉庚有限公司宣告收盘，《南洋商报》改组，由李光前与李玉荣兄弟等人接收。1941 年著名政论家胡愈之出任主笔，《南洋商报》成为抗日救亡的喉舌，号召华侨捐赠钱财，支持中国前线抗战，1942 年 2 月，日本占领星马前夕停刊。日军投降后复刊，经过苦心经营，《南洋商报》影响力大增，除了新马外，还远销至印度尼西亚、泰国等地。新马分治后，两报公开分立，并删去版头上"马来西亚版"字样，成为一家立足当地、完全独立的华文报纸。

马来西亚政府公布实施"新经济政策"后，该报作为华资企业也按规定将其股份的 1/3 卖给马来西亚国营企业机构，1/3 仍由李氏家族所有，1/3 分散于社会人士手中。1972 年 10 月 22 日，《南洋商报》改名为"南洋报业有限公司"。1990 年 11 月 24 日，马新最大的华资集团之一的丰隆集团入主南洋商报。1998 年 10 月 28 日，"南洋报业有限公司"改名为"南洋报业控股有限公司"。2001 年 5 月 28 日，马华公会收购南洋报业集团下的《南洋商报》、《中国报》和 10 多份杂志月刊，引起了华社的强烈抗议。因为广大华人害怕马华公会一旦控制了马来西亚华文报章中发行量居第二和第三的报纸——《中国报》和《南洋商报》，也就基本上控制了华社的言论。在华社的强烈抗议下，马华出面表示，如果有企业接收《南洋商报》，会考虑出让部分股权。

《南洋商报》展现了南洋浓郁的地方特色，显示了马来西亚华人社会独特的人文景观，成为传承中华文化的主要桥梁和纽带，深受马来西亚华人读者的信赖，同时也成为海内外研究马来西亚华人社会的重要资料来源。《南洋商报》注重言论，每天都会有一篇社论，而且日趋注重本国问题。在争取华社权益尤其是华教权益方面，《南洋商报》积极配合华社，报道有关华教的各种新闻，并适时发表评论，对政府的不公平政策给予批评并提出中肯性建议。

---

① 彭伟步：《海外华文传媒概论》，广州：暨南大学出版社，2007 年，第 237 页。

4. 几点说明

（1）关于本书的谋篇布局、分析架构。本书以马来西亚的国家发展阶段（主要分为独立初期、新经济政策时期及国家发展新时期三个阶段）作为历史阶段划分的标准，同时把其置于不断变换的国际大背景下，注重国际因素的分析，主要基于以下两点。

第一，不管是英殖民政府还是独立后的联盟政府，其教育政策（针对华族的母语教育政策）都深深打上了时代的烙印，可以说是特定历史时代的产物。"二战"后，国际体系已经形成了以美苏为首的两极对抗的冷战格局，冷战思维下的意识形态深深影响甚至主导着当局政策的制定。20世纪70年代后，随着中美关系的缓和，冷战思维意识已没有五六十年代那么浓厚，许多新建立的民族国家开始致力于国家建设。"5·13"事件后的马来西亚开始在政治、经济、教育、文化各领域强化马来人的地位，民族—国家的建构逐渐走上以马来人为中心、同化甚至排斥其他族群的道路。在这一时期，提出以马来文化为核心、排斥其他族群文化的国家文化政策以及限制打击其他族群母语教育的教育同化政策。20世纪90年代后，随着冷战的终结，国际体系发生了大改变，在全球化浪潮的冲击下，每个国家的中心任务都是进行经济建设。政治民主化及多元文化的理念也逐渐深入人心，执政当局亦开始正视这种现实，并采取相对宽容、缓和的政策处理各种问题。

第二，由两极对抗到全球化时代是每一个民族、国家都必须面对并经历的时代变迁。冷战后东南亚各国的华文教育迎来了发展的契机，各国也相继放松对华文教育的管制。华文教育进入复苏、快速发展的"黄金期"。而在国际生存背景具有同质性的马来西亚，其华族母语教育的发展以及华人争取权益的历史经验对其他国家少数族裔权益的争取具有借鉴意义，尤其是在华人众多的东南亚国家。

（2）为限制与打压少数族群的母语教育，以建构单一源流的国民教育体系，从英殖民政府到联盟政府都相继出台了一系列法令，数量众多，有的由于经济原因无法实施，有的由于民众的强力反对而做出修正，但是大部分还是通过政府的强势手法得以实施。本书由于篇幅所限，不可能对每个政策法令逐一进行探讨，故只分析对华族母语教育产生重大影响的政策法令，如《1956年拉萨报告书》、《1961年教育法令》等。而且每个法令条文众多，本书也不可能逐条罗列，只是择其重点进行介绍与分析。

（3）政府在拟定教育法令或修改现有教育法令之前，一般都会先设立一个委员会对相关问题进行研究，然后发表一个教育报告书。这些报告书往往成为新法令的基础或蓝本。如《1952年教育法令》是以《1951年巴恩报告书》为基础的；《1957年教育法令》是以《1956年拉萨报告书》为基础的；《1960年教育法令》是以《1960年拉曼达立报告书》为基础的；《1990年教育法案》为《1996年教育法令》的出台奠定了基础。为此，本书在分析这些政策法令的制定时，通常把报告书和教育法令放在一起分析，如把《1951年巴恩报告书》和《1952年教育法令》作为一组分析对象。同时也把一些大的行政课题纳入分析的范畴，如独大事件、3M制风波、华小高职事件、英语数理化政策等。

（4）关于博弈过程与结果的分析。马来西亚的政策制定主要由高级官僚掌控，缺乏公民社会的参与，往往是政策出台后，民众才得以了解政策内容。教育政策也不例外。因而，华人社会力量主体在影响政府政策时，通常有以下手法：一是政策出台后引起华社的强烈不满与抗议，向政府施压，迫使政府对已出台的政策做出一定修正；二是政府在出台新的教育政策之前，有时会成立相应的教育检讨委员会，象征性地征询民意，华社通常会利用这个机会表达诉求；三是前两者相结合，政策出台前千方百计地向政府传达华社意见，政策出台后通过向政府呈递备忘录等表达诉求，进行抗议。因而，本书在分析过程中也结合了上述三种方式，并不拘泥于过程—结果的分析范式。

（5）每个事物都不是孤立的，而是在与其他事物的相互作用中存在的。不同的华人社会力量主体虽然都以各自的方式影响着政府政策的制定，但这种影响不是孤立存在的，通常是几种合力共同作用的结果。因而，本书在分析这几种变量时，并不是把每一种变量单列开来进行分析，而是把几种变量放在一起分析，当然期间它们也有合作与分裂。

第二章 马来西亚华族母语教育的
发展状况及与东南亚其他国家的对比分析

第一节 东南亚华族母语教育发展的
历史回顾及其现状

一、东南亚华文教育发展阶段的历史回顾

俗话说，有海水的地方就有华人，有华人的地方就少不了华文教育。东南亚是华侨华人聚居最早也是最多的地区。华文教育源远流长，从16世纪早期的华侨教育算起，至今已有几百年的历史，虽历经曲折却始终不断发展壮大。东南亚华文教育发展史在一定程度上也是东南亚华侨华人艰苦奋斗的创业史，由"落叶归根"到"落地生根"思想的转变史。为了更好地阐述及论证这种思想的转变历程，本节拟从认同转换的角度对东南亚华文教育的发展做一简单的历史回顾，试图回答"华人向谁认同"、"为何产生这种认同"、"为何有认同的转换"等学术界广为关注的问题。

1. 第一阶段：16世纪到19世纪末——祖先认同的乡土教育阶段

早期中国人到海外谋生只为生存赚钱、日后衣锦还乡，并无定居打算，而且由于人数少，根本无华文教育①可言。随着华侨聚居区人口的增长、经济的发展和生活的相对稳定，一部分人逐渐定居下来，其中较为富裕且有远见的华侨恐其子弟为当地习俗所染，数典忘祖，便倡办私塾、义学，讲授四书五经，这便是最初的华文教育或称为华文教育的萌芽。20世纪以前，除少数的私塾或义学外还没有一间正式的华侨学校。② 这一时期的华人首先表现为对亲缘关系和祖籍地的

---

① 这时期的华文教育其实是华侨教育，为了行文的方便，本书一律采用华文教育的提法。
② 温广益、蔡仁龙：《印度尼西亚华侨史》，北京：海洋出版社，1985年，第442页。

认同，这是一种"先赋式"认同①。对于来自同一地区操同种方言的"老乡"有一种自然的亲切感，而且他们之间也需要相互的提携与关照，这样就逐渐形成了以血缘、地缘为纽带的宗亲组织。由于东南亚地区的华人大多来自福建和两广地区，因而形成了福建帮、客家帮、潮州帮、海南帮等具有明显地域色彩的帮派组织，各派之间相互竞争，甚至互相敌视，因为在这一时期还没有形成统一的"华人"这一身份认定，而是认同于自己的祖籍地。

在华文学校建立之前，私塾、义学和学堂是华文教育的主要形式。课堂一般设在大户人家的家庭、会馆、祠堂或神庙里，主要的教学内容是三字经、百家姓、千字文、四书五经以及尺牍、珠算等，可以说是原乡中国教育的延伸。② 从华人的身份认定以及华文教育的教学目的我们可以看出，这一时期的华文教育主要是培养华侨子女的祖先认同，是最为朴素的乡土教育。大多采用方言教学，广州话、潮州话、福建话等成为主要的教学媒介语。据历史记载，今日的印度尼西亚雅加达，早在1690年就开办了明诚书院，至1899年全印尼的义学已多达369所，学生达6 600余人。③ 在华人早期的主要居住地，一般情况也大体如此，如1819年马来亚槟榔屿华侨创办了五福书院，1829年新加坡华侨创办了三所私塾。这种基本的、旧式的教育虽然具有局限性，但它们分布在东南亚各地，为提高华人社会的文化水平，增强华人社会的凝聚力，作出了历史性的贡献。

2. 第二阶段：19世纪末到20世纪50年代——培养海外华人的国家主义与民族主义的侨民教育阶段

1898年，由孙中山倡议，并在康有为、梁启超等的扶持下，在日本横滨建立了第一所近代意义上的华侨学校，即今天的"横滨山手中华学校"，开启了近代华文教育的先河。随后华文学校如雨后春笋般涌现，到20世纪30年代初华校已星罗棋布，"只要有小市集，必有华侨学校"，渐渐形成华文教育的第一次高潮。这一时期的华文教育，主要是培养海外华人认同于中国的国家主义与民族主义的侨民教育。这一情况的出现与当时中国的国内形势紧密相连，成为中国民族民主革命的大后方。概括来说，主要源于以下两种原因。

（1）中国政府对海外华文教育的大力支持。在这一时期，广大华侨华人的主要居住地——东南亚地区，还是英、法、美等列强的殖民地或半殖民地，没有

---

① "先赋式"源于血缘、遗传等先天的或生理的因素；"先赋式"认同即人一出生就获得的基于血缘、地缘等的认同。

② Lee Ting Hui, *Chinese Schools in British Malaya*：*Policies and Politics*，Singapore：South Seas Society，2006，p. 160.

③ 彭俊：《华文教育的百年历史和发展规律》，中国华文教育网，http：//www. hwjyw. com/jxyd/xskj/200802/t20080202_ 12171. shtml。

形成独立的民族国家。自然广大华侨华人还是拥有中国国籍的侨民。当时华文教育的宗旨，首先就是要保存中华民族的文化，发扬爱国精神。"南洋华侨教育，我们认为第一要保住吾华的民族性，对祖国有彻底的认识与爱护。"[①] 其宗旨决定了华文教育的"课程多注重祖国语言"，而且"学制取自中国，教师来自中国，而课本、图书、仪器也购自中国"[②]，完全照搬中国的一套。大部分华校也把中国政府视为最高领导。不管是晚清政府还是民国政府也都积极参与其中，把华文教育视为中国教育在海外的延伸。与此同时，还在国内发展华文教育，作为海外华侨教育的辅助和提高。如晚清政府在 20 世纪末期开始大力扶植海外华人教育，采取了派使臣劝学、奖励华侨捐资兴学、派专员视学以及兴办暨南学堂等措施。

　　这一时期的华文教育还与中国的民族民主运动关系密切。从 19 世纪末期到新中国成立的几十年，正是中华民族命运多舛、战乱不断的时期。先是腐败的清王朝的没落，接着迎来了孙中山先生领导的民主革命的春风，后来又受到抗日战争炮火的洗礼。在事关中华民族命运的每一次斗争中都可以看到华校师生的身影。华文教育也正是随着中国民族民主运动的发展而不断出现高潮。在辛亥革命、五四运动、抗日战争中，华校师生都积极响应并投身其中，为革命筹集所需资金，在海外积极宣传民族民主革命，唤起更多华侨华人对中国革命的支持。因此，孙中山先生把广大华侨华人誉为"革命之母"。

　　（2）与当时的国际局势和西方列强的殖民政策密切相关。这一时期的国际局势动荡不安，第二次世界大战给全世界人民带来了巨大灾难。西方列强对沦为其殖民地半殖民地的国家采取"分而治之"的统治策略。其教育政策主要是培养精通英语的精英阶层，作为其进行殖民统治的工具。而对其他族群的教育则采取不加干涉的政策，以形成与当地民族文化的隔离，从而达到分而治之的目的，这就为华文教育的发展提供了良好的空间。后期由于殖民政府忙于战争无暇东顾，对殖民地的控制放松。加之当时华侨经济的发展，为华校发展提供了经费支持。这些因素都促使了华文教育的蓬勃发展，并以培养爱国主义的侨民为目的。

---

　　①　陈福璇：《南洋华侨的教育谈》，《华侨教育论文集》，上海：国立暨南大学南洋文化事业部，1929 年，第 372 页。

　　②　战后英殖民地政府首任提学司芝士曼曾表示，直至 1948 年时仍有 50% 的华校教师来自中国。参见 Tan Liok Ee, *The Politics of Chinese Education in Malaya* （1945—1961），Kuala Lumpur：Oxford University Press，1997，p. 31.

3. 第三阶段：20 世纪 50 年代到 80 年代——培养公民政治认同的国民教育阶段

"二战"后，出现了民族解放运动的高潮，许多被西方列强奴役的殖民地半殖民地都获得了民族独立，建立了新的民族国家。在争取民族独立的过程中，广大华侨华人也积极参与其中，作出了巨大贡献。随后，广大华侨华人大都加入了所在国国籍，成为所在国的公民。从此以后，华侨教育向华人教育转变，华人的政治认同也由认同中国转向认同所在国。尽管华人改变了政治认同，成为所在国的公民，但并没有获得同等公民待遇，未享有平等权利。对华人的一系列限制与打击不断出现，表现在文化教育领域就是对华文教育的限制甚至取缔，华文教育进入发展的寒冬。这种局面的出现有其深刻的国内、国际背景。

首先，民族—国家建构中的国内环境。这些新独立的国家在民族—国家建构的过程中，除了加强政治控制之外，对文化教育也采取了严格的限制措施，以塑造统一的政治认同与国民团结。他们认为华文教育是中国教育在海外的延伸，是传播共产主义思想的摇篮，是中国在海外的"第五纵队"，是塑造国家认同与国民团结的障碍，因而要限制其发展，甚至取缔。

其次，冷战思维下的国际大环境。"二战"后，形成了以美苏为首的两大阵营，两极对抗、划分势力范围成为国际格局的总体特征。新中国建立伊始，以美国为首的西方国家对中国实施遏制战略，企图把年轻的中华人民共和国扼杀在摇篮中。由此，西方殖民宗主国在撤离殖民地时，大力扶植土著民族，给予土著民族特权，并极力打击华人。东南亚国家亦成为西方对华弧形包围链的重要组成部分，对新中国采取防范甚至敌视态度。这也是华文教育式微的国际大背景。

4. 第四阶段：20 世纪 80 年代至今——培养民族文化认同的族群文化教育阶段

20 世纪 80 年代后，随着冷战的结束，国际格局由两极对抗向多极并存转换，中国与周边国家的关系也逐步改善和发展。加之中国经济实力的不断提升，中文的经济价值逐渐凸显，这些因素都为华文教育的复苏创造了和平的国际大环境。通过几十年的强化（印度尼西亚、菲律宾和泰国）或适应政策（如马来西亚、文莱）的实施，东南亚国家大都实现了统一的政治认同和国民团结，华人的政治认同发生了根本改变，这都促使东南亚各国政府逐渐放开了华文教育，并给予不同程度的政策激励，华文教育迎来了发展的春天。如泰国、马来西亚、新加坡、菲律宾、老挝和印度尼西亚等国政府相继采取了鼓励华文教育的一系列措施，在公立学校中开设华语课程，学习中文也不再限于华族子弟。与此同时，在东南亚各地蓬勃发展的华文报刊、电台、电视台及网站等多种华文传媒也对维护华文教育的合法权益和提高华文文化层次起到了积极的推动作用。

　　但在华文教育迎来新的发展机遇的同时，我们也应看到其面临的问题。在20世纪五六十年代，由于当局严厉打击限制，华文教育几乎销声匿迹。再加上当局同化政策的推行，许多新生代华人根本不懂华语，更不用说对民族文化的了解，华人面临着严重的文化认同危机。因而这一阶段华文教育的目标也发生了一定转变，在满足受教育者的实际需要之外，培养族群的文化认同成为当务之急。

　　所谓文化认同是个人对某种文化形态的确认，包括对其价值规范、宗教信仰、语言、艺术、风俗、习惯的认同。其最初是依附于种族、语言、习俗、民族、地域等属性的认同之上，是无法从这些属性中分割出来的。个体随着出生和社会化过程自然而然获得了这种文化属性，成为皮肤之外最为重要的类别特征。然而，随着社会历史的变迁，对于个体来说，文化蕴涵的意义和内容也在发生变化，个体不但面临着文化选择的问题，而且也面临着如何参与建构的问题。因而，新生代华人虽然从一出生就具有华人这一文化属性，但随着社会化的过程也会发生变异。我们也就不难理解为什么现在的新生代华人不懂华语，不谙华人文化了。所以在海外华人面临文化认同危机的新时期，华文教育的任务也发生了转变，在传授科学知识的同时，培养族群的文化认同感成为主要任务之一。

二、东南亚华文教育的发展现状

　　20世纪80年代后，随着国内外形势的缓和，华文教育迎来了新的发展机遇期。目前，海外华文学校超过5 000所，华文教师达2万多名。东南亚各国被压制几十年的华文教育逐渐复苏并蓬勃发展。主要表现在以下两个方面。

　　第一，该阶段华文教育的蓬勃发展突出表现在各类学校、华文补习学校和补习班的大量涌现，学习华文人数的急速增长。不但广大华侨华人热衷于学习华文，而且数量可观的非华人也加入其中，学习者的族群结构呈现多元化趋势。如华文教育基础最好的马来西亚，现有华文小学1 291所，华文独中60所，华文大专3所，形成了从小学到大学完整的华文教育体系。此外，还有153所国民小学开设华文课，78所国民改制型中学设有华文必修课程，24所寄宿中学向马来学生提供华文课程，16所师范学院开办中小学华文教师培训课程，全国就读华文人数超过20万人。不但华人子弟选择就读华小和独中，一些马来人、印度人的子女也选择到华校读书，如2008年就读于华小的土著学生达5万多人。泰国目前有华文民校150所，分布于曼谷及其他各府，就读人数约2万人，其中曼谷有7 000人。在排华最为严重、华文教育曾被连根拔起的印度尼西亚，情况也逐渐好转。目前，印度尼西亚共有华文补习中学1 000多所，学员20多万人。印支三国的华文教育也开始复苏发展，如柬埔寨自1992年复办华校以来，目前已有80

多所华校；老挝现有华侨学校5所；文莱共有华校8所，学生6 000多人。①

第二，许多国家的政府重新审视其华文教育政策，对汉语热表示默许、关注或支持。以海外华人数量最多、对海外华文教育措施最为严厉的印尼为例，印尼校外教育司阿里芬司长就表示："过去30多年禁止使用华文是个错误，在运用华文这方面，我们已经落在邻国后面，现要急起直追，才能赶上经济全球化的来到。我们认为将来印尼华文教育不会倒退。"② 据不完全统计，印尼从事汉语教学的中小学、幼儿园大约有50所，从事汉语教学的高等学校至少有22家，有3 000~4 000名华人在从事华文家教；至少有103家正规华文补习班或者补习学校；2004年以后，印尼又出现了一些华人新办的三语学校，中文、英文和印尼文三种语文并重，而且还新办了语言专科学院，如成立于2004年的万隆国际外语（汉语）学院。③ 再如曾经发生大规模排华运动的越南，冷战后对华文教育的政策也不断宽松。1989年，越南政府准许在中小学校设立中文夜校。1990年，越南国会通过决议，准许成立民办华文学校和实行华文教育形式多样化。1991年9月5日，越南教育部在胡志明市举行首届华语初级会考。这些对发展华文教育都是一种鼓励与支持。

冷战后东南亚各国的华文教育虽然呈现全面复苏的大好局面，但仍然面临着一系列问题，如师资、资金及教材不足等，这也是所有国家华文教育面临的主要问题。在印度尼西亚、马来西亚、泰国等地，华文虽然已经进入国民教育体系，成为中小学开设的学科课程，但随之而来的是华文教师和华文教材形成大量缺口，华校资金也严重不足。

首先，东南亚各国的华文师资严重不足，且师资结构不合理。如国务院参事室特约研究员丘进所表示的，"海外特别是东南亚地区的华文教育在师资方面存在很大缺口，仅印尼目前就缺10万名华文教师"④。现有的东南亚国家华文教师的主体是华文遭禁锢前华校的初、高中学生。他们的普遍状况是汉语的交际能力强，但其语音方言浓厚，普遍缺少汉语知识的素养，欠缺教学理论和教学法的正规训练，而且大多年龄偏大。正如印尼智民学院院长陈玉兰在接受中新社记者采访时所表示的："印尼目前教授汉语的教师大部分年纪在60岁以上，年轻汉语教师明显缺乏，师资队伍'青黄不接'。印尼智民学院现在就有100多名学生因师

---

① 黄耀东：《东南亚华文教育现状和出路》，《东南亚纵横》，2010年第1期。

② 温北炎：《印尼华人社会的发展与前景》，《八桂侨刊》，2001年第4期。

③ 宗世梅、王妍丹：《当前印尼华文师资瓶颈问题解决对策》，《暨南大学华文学院学报》，2006年第2期。

④ 郑莹莹、许婧：《海外华文教育师资短缺 专家呼吁"双轨并进"》，中国新闻网，2011年10月27日。

资不足尚在等待开班。"① 总之，目前东南亚各国华文教育的师资呈现老龄化趋势，适应社会需求的年轻教师数量不多，出现了青黄不接的局面，存在断层的危险。

为解决这些国家华文师资的短缺问题，中国侨办、汉办等机构采取"请进来，走出去"相结合的办法，资助这些国家的华文教师来中国接受培训，并从国内选拔有经验的对外汉语老师向其提供短期师资培训，派遣志愿者支教等。近两年来国务院侨办培训海外华文教师近 2 万人次，外派教师规模也扩大至现在的每年 400 余人。而且自 2010 年起，国务院侨办较大幅度地提高了外派教师待遇，工资全部由国务院侨办承担，在很大程度上减轻了海外华校的负担。再如，仅从2001—2005 年，中国国家汉办、侨办资助了约 450 名印尼华文教师来中国接受培训；广东省海外交流协会、中国国家汉办前往印尼的短期师资培训，共培训印尼华文师资 3 000 多人次。暨南大学、厦门大学、华侨大学分别在印尼开展了印尼教育部认可的函授或自学的学历教育。另外，暨南大学还在华文学院择优选拔硕士研究生和本科生，经系统培训后作为汉语教师志愿者，目前共派往印尼、泰国各地的志愿者已达 68 名。为了提高海外华文教师的水平，扩大华文教师的师资队伍，2010 年国务院侨办正式确定开展海外华文教师教育教学水平测试系统开发及教学能力认证工作。该项目预计于 2012 年内完成，2013 年在海外开始测试。但这些办法并不是解决师资问题的最终方案，只是策略性安排。师资问题的最终解决还要靠当地华文教育的发展及华人人才的培养。

其次，教材是教师教学和学生学习的依据，是教学之本，但东南亚诸国华文教材的缺乏已成为推广华文教育的一大障碍。由于各国的具体情况不同，加上华文教育也需要按照教育对象的年龄和程度来划分等级，各等级的教材内容又有难易之分。如暨南大学华文学院院长郭熙所说："与外国人学汉语情况不同，侨胞的情况比较复杂。如何确定一套适合多样性学生的教材和教学方法是个很大的挑战。比如，印尼的华教经历了 30 多年的断层，目前他们的华教针对的学生至少要分为三种情况：一种是和外国人一样，完全不懂汉语；一种是只会讲某种方言；还有一种是从小就会说汉语。对他们而言，一套教材肯定不行。"② 因此，编写适合本土化的华文教材便成为华文教育顺畅发展的关键所在。

为适应海外华文教育迅猛发展的形势，也为解决这些国家存在的教材短缺问题，从 1995 年起，国务院侨办就组织编写了一批高水准的汉语教材，如暨南大

---

① 郑莹莹、许婧：《海外华文教育师资短缺　专家呼吁"双轨并进"》，中国新闻网，2011 年 10 月27 日。

② 张红：《海外华文教育难在哪儿？每一样都是挑战》，《人民日报》（海外版），2011 年 11 月 11 日。

学编写的《中文》教材和北京中国语言文化学校编写的《汉语》系列教材。这些教材针对性强，教材的内容和出版质量都较以前大为提高，现已成为海外华校汉语教材中的精品。但要做到完全适合每一个国家的实际需要，仍需继续改进，并要与当地情况密切结合。近几年来，国务院侨办加紧对中文教材的编写与改进，完成了从幼稚园到初中，从夏令营到师资培训，从语言到文化的海外华文教育主干教材体系的建设工作。并在此基础上，陆续启动"本土化"教材的编写工作。目前，适用印尼华裔幼稚园的《千岛娃娃学华语》教材已经出版发行，配套学习机的开发工作也已完成，面向东南亚地区幼儿华文教师的培训教材，适用于缅甸、泰国北部地区全日制华校使用的华文教材的立项工作均已启动。

最后，华文教育的发展还面临着资金匮乏问题。就拿情况最好的马来西亚来说，尽管华文小学已被纳入国家教育体系，但华校每年都面临着资金短缺问题，尤以得不到政府资助的独中最为严重。为了解决这一难题，华社不得不通过各种途径自筹经费。再如在印尼西加省两所以"印华"冠名的华文学校，教室简陋，教师工资低下，学生无力购买教材，条件非常艰苦。资金的匮乏成为制约华文教育发展的一大障碍，各国政府虽然放松了对华文教育的管制，但华文学校仍未进入当地的主流教育体系，政府对华校的拨款更是寥寥无几。华校的发展基本上是靠当地华社的大力支持，但这不是长久之计，积极争取纳入国家教育体系，获得政府拨款才是解决资金匮乏的根本之道。

总之，东南亚地区的华文教育在经历灾难性的 20 世纪六七十年代后，80 年代终于迎来了发展的机遇期，开始复苏并发展，前景一片大好。但与此同时，我们也要看到华文教育的发展仍然面临着诸多困难与挑战。

第二节　马来西亚华族母语教育发展状况透视

马来西亚的华文教育，若从 1819 年在槟城建立的第一间私塾——五福书院算起，迄今已有 190 多年的历史。期间经历了无数风雨波折，几经沉浮，直至今天取得了可喜成绩，形成了从小学到大学较为完善的华文教育体系，成为除中国大陆、台湾地区外华文教育最为发达的地区。但在取得巨大成就的同时，仍然面临着一系列问题，甚至陷入了发展的困境，形成了所谓"成就困境"的局面。一方面面临着师资、教材等普遍性问题，另一方面则是政策性限制。尽管马来西亚对待华文教育的政策相对于东南亚其他国家要宽松许多，但以"复国主义"为核心内容的马来民族主义支配着国家政治、经济、文化、教育政策的方向和执行。在文化教育上提出"一个国家、一个民族、一种文化、一种语文"的单元

化政策，时时刻刻强调马来民族的特权，并把这种特权通过法律形式合法化。政府在制定各种法规政策的时候，也以维护马来人特权为准绳。这是马来西亚华文教育发展的最大桎梏。

一、"成就困境"中的华文小学

华文小学是华文教育的根，是完善母语教育体系最重要的一环。没有华小，华文教育也必将没落，华小是华文教育的重中之重。因此，华人社会历来重视华小的发展。截至2010年，马来西亚共有华文小学1 291所，学生604 604人，大约93%的华裔子女都进入华小学习，接受母语教育。[①] 华小在政府举办的各种活动以及考试测评中也都好于国小及淡米尔小学，因而吸引了许多土著学生，尤其是马来学生报读。根据副首相兼教育部长希山慕丁2008年发表的数据显示共有51 706名土著学生就读于华小。[②] 华小的教学方式也受到了其他语文源流学校的效仿，如希山慕丁就指示教育部研究把华小教导数理科的方式在国小实施，以提升国小的数理科水平；并且在国小逐步开设华文班，以满足不同源流学生的需求。在2007年共有150所国民小学实验性开设华文班。但在辉煌的成绩背后，仍存在重重困难，跳不出"成就困境"的怪圈。这种"怪圈"主要是马来政府长期以来的政策偏差所致。本书的后几章会对这些政策及行政偏差进行详细的分析，在此就不再赘述。

政府的政策偏差以及马来民族的优越心态，使华文小学虽然已经被纳入国家教育体系，但长期以来并没有受到公平对待，其地位与马来文教育是无法相比的。一位熟悉马来西亚华文教育的华人曾指出："我国的华文小学是国家教育体系的一环，但它是教育部的弃婴；同时还被借故踩上一脚（如派不谙华文者当行政人员，董事部不能签发支票等）。华小于1998年仅获得教育拨款的2%，而国内已大兴土木地建了800多间的国民学校，而华小仅增加数间，甚至华小欲自费增建或迁校也必须获得恩准或施舍。在国家经济已蓬勃发展的今天，我国的一些华小学生仍在破漏甚至是被公共工程局列为危楼的校舍上课。"[③] 总之，在政府不断挤压的困境下，华小面临着师资短缺、教材不合理、增建华小难等一系列问题。

首先，在师资方面，华小处境尤其艰难。全国华小年年都面临着师资短缺问题，21世纪的前十年，每年平均临教数目不少于2 000人，如2002—2004年缺

---

① 《各源流小学统计》，董教总网站，http：//www.djz.edu.my/resource/images/doc/DataAnalysis/2010%20SRJK%20ShuJu.pdf 。

② 《星洲日报》，2008年9月4日。

③ 许元龙：《探讨全面办好华小及其他》，《南洋商报》，1999年9月13日。

3 000多名教师，2007年缺2 345名教师，2008年需要补充2 196名临教，2009年需要3 678名，2010年则达3 782名。① 马来西亚前教育部副部长拿督韩春锦曾指出，华小在三年内增加了5 659名教师。② 可见，原来华文小学的师资是多么匮乏。从下面的对比中我们可以明显地看出师资分配的严重失衡性。据统计，国小共有学生2 209 736人，华小616 402人，大概是华小人数的3.58倍；而国小有教师123 359人，华小28 102人，约是华小教师的4.39倍。③

为了缓解华小师资短缺的问题，经过华社的努力，教育部允许华小雇用临教。这在一定程度上缓解了华小的师资荒。但也存在许多问题，如教育部通常把这项工作放在新学期即将开始时开展，致使学校开课时老师无法立即授课，影响了正常的教学进度。一些学校为避免影响授课进度，董事部就要先行代付临教薪金，这在一定程度上又加剧了华小的资金紧张问题。而且教育部官员在面试临教时，通常提出面试者是否会唱歌、跳舞，甚至是演京剧等不合理的要求，使得更难招募到合格的华文教师。目前关于临教的合约问题④更是闹得沸沸扬扬，政府要将临教的聘约从雇用合约（Contract of Service）转换为服务合约（Contract for Service），这将严重剥夺临教福利，包括减薪、不再享有公积金等。这引起了华社的高度关注，教总发表文告指出，新合约剥夺临教基本福利，势必对华小带来严重影响，如同间接迫使临教辞职，并吁请教育部长取消新合约措施。⑤

表2-1　2010年各州临教人数（截至2010年1月31日）

州属	国小	华小	淡小
玻璃市	0	8	2
吉打	0	129	145
槟城	0	223	50
霹雳	0	378	329
雪兰莪	0	769	291
博特拉再也直辖区	4	0	0
吉隆坡直辖区	0	173	35
森美兰	0	241	133

---

① 刘敬文：《华小师资缘何年年"荒"？》，中国侨网，2009年5月6日。

② 董教总：《全国发展华小工委会2001年工作报告书》，吉隆坡：马来西亚华校董事联合会总会，2001年，第103页。

③ 董教总：《全国发展华小工委会2001年工作报告书》，吉隆坡：马来西亚华校董事联合会总会，2001年，第143页。

④ 参见2011年11—12月《星洲日报》等各大华文报刊。

⑤ 《星洲日报》，2011年11月24日。

（续上表）

州属	国小	华小	淡小
马六甲	0	92	10
柔佛	37	925	269
彭亨	1	180	63
丁加奴	0	24	0
吉兰丹	0	19	7
沙巴	0	199	0
纳闽直辖区	0	12	0
沙捞越	379	410	0
总数	421	3 782	1 334

（资料来源：董总网站，http：//www. djz. edu. my/v2/actshow. php？id＝52。）

其次，在资金方面，华小得到的政府拨款也非常有限。尽管华小已经被纳入国家教育体系之下，但并没有获得公平对待，获得的政府拨款远远低于国小。从政府在最近五个大马计划①下给予各源流小学的发展拨款中，可以清晰地看出华小在历年大马计划下都没有获得公平合理的对待，面临着资金困境。

表2－2　第六至第十大马计划下政府给予各源流小学的发展拨款及其人数

大马计划	事项	国小	华小	淡小	总数
第六大马计划 （1991—1995）	拨款（RM）	1 133 076 000 （89.72%）	102 726 000 （8.14%）	27 042 000 （2.14%）	1 262 844 000 （100%）
	学生人数 （1991 年）	1 845 400 （72.98%）	583 218 （23.07%）	99 876 （3.95%）	2 528 494 （100%）
第七大马计划 （1996—2000）	拨款（RM）	1 027 167 000 （96.54%）	25 970 000 （2.44%）	10 902 000 （1.02%）	1 064 039 000 （100%）
	学生人数 （1996 年）	2 128 227 （75.30%）	595 451 （21.07%）	102 679 （3.63%）	2 826 357 （100%）

---

①　马来西亚计划（Rancangan Malaysia）简称"大马计划"，是由联邦政府拟订的一份为期五年的涉及各个领域、内容涵盖各发展计划及拨款等事项的发展规划蓝图，经呈国会通过后由政府实行。政府将通过每年呈予国会并获得通过的财政预算案，分阶段逐年推行大马计划。

（续上表）

大马计划	事项	国小	华小	淡小	总数
第八大马计划 （2001—2005）	拨款（RM）	4 708 800 000 （96.10%）	133 600 000 （2.73%）	57 600 000 （1.17%）	4 900 000 000 （100%）
	学生人数 （2001 年）	2 236 428 （76.04%）	615 688 （20.93%）	89 040 （3.03%）	2 941 156 （100%）
第九大马计划 （2006—2010）	拨款（RM）	4 598 120 000 （95.06%）	174 340 000 （3.60%）	64 840 000 （1.34%）	4 837 300 000 （100%）
	学生人数 （2006 年）	2 298 808 （75.74%）	636 124 （20.96%）	100 142 （3.30%）	3 035 074 （100%）
第十大马计划 （2011—2015）	拨款（RM）	没有公布①	没有公布	没有公布	没有公布
	学生人数 （2011 年）	2 150 139 （75.41%）	598 488 （20.99%）	102 642 （3.60%）	2 851 269 （100%）

（资料来源：马来西亚华校教师会总会董教总文告，http：//www.djz.edu.my/resource/im-ages/doc/DataAnalysis/SRJKC_ 1991 – 2015（15 – 8 – 2011）.pdf，2011 年 8 月 15 日。）

由于各时期的大马计划都漠视华小的发展需求，未把华小的发展纳入计划中，政府不愿拨款给华小，因此华小的发展基本上依靠华社筹款。另外，每当华小向教育部申请发展拨款时，当局就以华小的拨款不在预算之内为由拒绝批准，或承诺会考虑把拨款申请纳入下一届大马计划中。华小申请拨款屡屡受挫，加之政府的拖延态度，久而久之，就对申请拨款失去信心，不再向教育部提出申请。

为了解决资金困难，华小只有通过华社的各种捐款及义演来募集资金，维持发展。如 2001 年为纪念教总成立 50 周年及林连玉百岁冥诞举行的"华教50100"系列活动，其中的"今昔教总华教魂"晚宴为董教总全国发展华小基金筹获约人民币 400 000 元。② 但这些通过募集、义演所得款项对于全国 1 000 多所华小的发展来说，真是杯水车薪。那么应该如何解决华小的资金短缺问题？争取政府制度化的拨款才是长久之计。正如董总资讯局研究员沈天奇所言："为解决资金困境，华小首先必须继续向教育部提呈建议书申请发展拨款，不要因心灰意

---

① 政府没有公布第十大马计划（2011—2015 年）下各源流小学的五年发展拨款数额，而只是宣布在 2011—2012 年的两年内，拨出 2.8 亿令吉给所谓"半津贴学校"（Sekolah Bantuan Modal）的华小、淡小、教会学校和宗教学校，这四类学校各获得 7 000 万令吉。为落实第十大马计划，政府在 2011 年财政预算案中，先拨出其中的 2.5 亿令吉给所谓"半津贴学校"的华小、淡小、教会学校和宗教学校。

② 董教总：《全国发展华小工委会 2001 年工作报告书》，吉隆坡：马来西亚华校董事联合会总会，2001 年，第 13—17 页。

冷而放弃本身的权益。如果大部分华小都向教育部申请发展拨款，就会形成一股广泛的民意，以促使政府正视问题，顺应民意，公平合理地对待华小。"①

再次，在增建新的华小方面也是困难重重。1999 年发生的白沙罗华小事件②充分说明了这一问题。当局不是根据不同源流种族人口增长的比例在新的住宅区内根据社区及发展需要兴建学校，而是根据所有新住宅区的学校保留地都划定为马来学校的行政措施兴建学校。华人人口稠密地区的华小常常爆满，而在人口稀少的偏远地区，搬迁华小又面临种种困难。如首邦市太子岭地区目前有约 16 000 名华裔居民，占总居民人数的 55%。但由于附近没有华小，大多数家长只好把孩子送往距离住家 12～15 公里的子文华小或首邦市宏愿学校就读。可喜的是在华社的长期争取下，政府在第九大马计划下公布在这一地区兴建一所新华小，即敦陈修信华小，并已获政府批准一块总值 1 100 万令吉的 5 英亩土地和 600 万令吉的建校拨款。③

华小增建问题自马来西亚独立以来就已存在，但自 "5·13" 事件后，随着巫统一党独大政治格局的形成，华小的增加数额大幅度下降。2004 年华校教师总会进行了一项名为 "从吉隆坡各源流小学统计资料的分析探讨华小不足问题" 的调查报告，希望通过各源流小学基本资料的比较和相关数据的呈现让广大的社会进一步了解及关注华小不足的严重性，以期引起华人政党和政府当局的正视与关注，并采取行动解决华小不足的问题。调查发现，从 1980—2004 年，国小增加了 50 所，学生增加了 28 622 人；华小减少 1 所，而学生增加 19 000 人；淡小减少 1 所，而学生也减少了 270 人。从数字上看，平均每增加 572 位学生就增加 1 所国小，如果以此类推的话，华小应增加 19 所。④ 但实际情况是，只在 1989 年增加了一所华小（康乐华小）。教总 2008 年的调查报告也显示，1957—1969 年在西马共增建了 60 所华小，但从 1970—2008 年政府却只增建了 25 所华小。从表 2-3 中可以更清楚地看出西马现有的 986 所华小中的 91.08%（898 所）都是在马来西亚独立前创办的。

---

① 沈天奇：《争取华小在第 9 大马计划的发展权益》，董总网站，http：//www.djz.edu.my/resource/index.php? option = com_ content & view = article & id =490：9 & catid =57；2009 -06 -16 -08 -02 -31.

② 围绕雪州八打灵县白沙罗华小迁校事宜引发的一场风波。2000 年 4 月，教育部来函批准白沙罗华小迁至万达镇一所新建峻的国小，后又通知迁往丽阳镇。而上述国小则改为培才二小的新校舍，引起白沙罗华小董事部的不满，并遭到白沙罗新村村民及家长的反对，引发了一场轰轰烈烈的保校运动。

③ 《星洲日报》，2011 年 5 月 31 日。

④ 《星洲日报》，2004 年 10 月 24 日。

表 2 - 3　西马华文小学创办年代及间数

年份	1956 年或之前	1957	1958—1969	1970—1979	1980—1989	1990—1999	2000—2008	总数
西马半岛华小总数	898	6	57	11	5	1	8	986
百分比（%）	91.08	0.61	5.78	1.11	0.51	0.10	0.81	100

（资料来源：教总调查研究机构咨询组，引自教总 2008 年（第 57 届）常年会员代表大会手册。）

　　面对华社急需增建新华小的诉求，国阵政府往往只会根据"政治需要"，在必要时，尤其是国阵政府在全国大选或补选面临反对党严峻挑战之际，宣布搬迁和增建一些华小。在此情况下，搬迁和增建华小已沦为执政党捞取华人选票而分发的"政治糖果"。如政府在 1999 年大选面对由前副首相安华发起的"烈火莫熄"政治改革运动时，宣布增建 6 间新华小和搬迁 13 间微型华小；2004 年大选，由于选情对国阵有利，政府没有批准增建或搬迁一间华小；2008 年大选前夕，当局势对国阵政府不利时，政府又宣布将增建 6 间新华小和搬迁 13 间微型华小。① 这些许诺的"政治糖果"若要实践起来，就显得更加困难和遥遥无期了。

　　华小的短缺又加剧了教师的短缺，并且直接影响了教师的授课质量以及学生的素质。如近 10 年来，华校教师的比例都维持在 1 : 28 ~ 1 : 30 的范围里，与教育部在教育发展蓝图中所列明的 1 : 19 的比例还相差甚远。② 通过表 2 - 4 教总的调查数据，我们可以更清晰、明了地看出华小在这方面的严重匮乏。

表 2 - 4　2003 年度吉隆坡各源流小学间数（按每班平均学生人数分类）

小学源流	按每班平均学生人数分类的学校间数					总间数
	<15 人	16 ~ 25 人	26 ~ 35 人	36 ~ 45 人	>46 人	
国小*	1（0.79%）	36（28.35%）	66（51.96%）	23（18.11%）	1（0.79%）	127
华小	—	—	5（12.50%）	12（30.00%）	23（57.50%）	40
淡小	1（6.67%）	2（13.33%）	12（80.00%）	—	—	15
总数	2	38	83	35	24	182

* 国小总间数为 129 所，有 2 所资料不祥。

（资料来源：《星洲日报》，2004 年 10 月 24 日。）

---

　　① 政府承诺增建的 6 所华小是万挠华小、双溪龙华小、加影华小、沙登岭华小、旺沙玛朱华小、柔佛培华二校；承诺迁校的华小则是巴生务德华小、蒲种竞智华小、安邦再也中华华小、武吉巴罗培智华小、滂滂华小、立人华小、乐圣华小、侨民华小、培风华小、武吉丁雅华小、东甲武吉士南邦培智华小与哥打丁宜泰丰华小。新增建的 6 所新华小都是位于雪隆和新山，但根据董总的数据，两地目前总共缺乏 135 所华小，其中新山 32 所，雪隆 103 所。

　　② 《从吉隆坡各源流小学统计资料的分析探讨华小不足问题》，《星洲日报》，2004 年 10 月 24 日。

二、"成就困境"中的华文独立中学

华文小学是华文教育的根，是传承民族文化的基础，但小学阶段的主要任务是识字，进行单词的积累，而且由于学生处于幼年阶段，还不能很好地理解方块字背后蕴藏的深刻含义，更谈不上对博大精深、生机勃勃的中华文化不同层次的把握，对本民族文化及本民族的热爱之情也不甚浓厚。这就要通过中学及高等教育来实现。十四五岁的中学生对许多问题开始进行独立思考并有自己的独到见解。通过加强教育，在增加知识、掌握生存本领的同时，对本民族优秀的文化也得以继承，对本民族的热爱也日益浓厚。因此中学阶段的教育不可小视，马来华人对独中的发展也尤为关注。

20 世纪 80 年代以来，华文独中突破政府的种种限制，在董教总的正确领导（如 1973 年作为独中全国统一的领导协调和指导机构的董教总全国发展华文独中工作委员会成立）及各界华人的大力支持下，取得了可喜成就。20 世纪 70 年代，独中实现复兴；20 世纪 80 年代以来的 20 多年间，华文独中保持着良好的发展势头。1973 年学生人数 28 318 人，1994 年一度达到 59 773 人，随后回落呈现平稳态势，2007 年为 55 818 人。[①] 据统计，2005—2011 年的 6 年间，独中增加了 13 843 名学生，增加率为 25.9%。截至 2011 年，独中共有学生 67 245 名，已经连续三年超过 6 万人，[②] 再创历史新高。新生人数也实现了平稳增长，2007 年达到 11 794 人。[③] 再如，吉隆坡中华独立中学自 1981 年迁入新校舍后，学生人数一直上升，由 1 000 多人增至 1989 年的 3 000 多人，1992 年学生人数突破 4 000 人大关，达 4 185 人，共开 75 班，教师 136 位。[④]

更为可喜的是，华文独中几十年来为国家、为社会培养大批优秀人才的努力，加之以董教总为首的华社的极力争取，在一定程度上得到政府的认同与肯定，如马来西亚首相纳吉就赞誉独中是国家重要的资产，"独中数十年来为国家

---

① 沈天奇：《全国 60 所华文独中人数统计表（1993—2007）》，董总网站，http：//www.djz.edu.my/resource/HWJYDG/2007 - 7/hwjy7（PDF）/jiaoyutongji4 - 1.pdf。

② 《2011 年董教总全国华文独中发展基金捐献人年度工作汇报及交流会》，董总网站，http：//www.djz.edu.my/resource/index.php? option = com ＿ content&view = article&id = 3874；2011 - 07 -172011&catid = 116；2011 - &Itemid = 42。

③ 沈天奇：《全国 60 所华文独中新生一览表（1995—2007）》，董总网站，http：//www.djz.edu.my/resource/HWJYDG/2007 - 7/hwjy7（PDF）/jiaoyutongji4 - 2.pdf。

④ 转引自古鸿廷：《教育与认同：马来西亚华文中学教育之研究（1945—2000）》，厦门：厦门大学出版社，2003 年，第 163 页。

培养了不少人才"①。政府对待独中的态度有所转变，并给予了一定的支持。如从2010年开始，政府开始承认独中统考文凭可以用以申请国家高等教育基金贷款，这就大大减轻了统考生在国内私立大专升学的经济负担。同时，50名统考优秀生可获得政府关联公司颁发的每人每年15 000令吉的学术奖学金以及为期3年在国内外求学的机会。高中统考文凭3科优等、大马教育文凭国文科优等及英文科及格的考生还可以申请就读师范学院。尽管政府还未全面承认独中统考文凭，但相比之前已经有所改观。在拨款方面，目前共有吉兰丹、吉打、柔佛、森美兰、沙巴、马六甲、槟城和雪兰莪8个州政府每年拨款给独中，每校获得的拨款数额在2万~50万令吉之间。另外，霹雳和沙捞越州政府拨地给独中以地养校，没有常年拨款。除了拨地或常年拨款，一些州政府也会根据个别独中的申请另外增加发展拨款给有关独中，或是减收学校门牌税、地税和地价费，以及颁发奖贷助学金等。虽然各州政府给予独中一定的拨款，但这些拨款对于开销巨大的独中来说是远远不够的，更为重要的是这种拨款不是制度化的，有时还要附加一些额外条件。

表 2-5　各州政府每年拨给独中的款额

州政府	独中数量	每所独中年度拨款（令吉）	备注
雪兰莪	4	50 万	—
槟城	5	50 万	—
马六甲	1	25 万	2009 年 6 月宣布拨出 30 英亩地给培风中学以地养校
沙巴	9	23 万	1998 年拨出 40 英亩地给沙巴崇正中学发展新校园；2010 年个别拨款 100 万令吉给沙巴崇正中学和古达培正中学
森美兰	2	10 万~27 万，个别独中每年获不同数额拨款	2010 年 9 月宣布拨出 3 英亩多地给芙蓉中华中学扩建校舍
柔佛	8	10 万	2011 年 2 月宣布拨款 100 万令吉，分两年发给麻坡中化中学
吉打	3	6 万	—

---

① 《星岛日报》，2009 年 12 月 14 日。

（续上表）

州政府	独中数量	每所独中年度拨款（令吉）	备注
吉兰丹	1	2 万	拨出 1 100 英亩地给吉兰丹中华中学以地养校；首相署 2008 年拨款 50 万令吉
沙捞越	14	无拨款	2010 年 12 月宣布拨出 2 000 公顷（约 5 000 英亩）地给 14 所独中以地养校；没年度拨款
霹雳	9	无拨款	拨出 1 000 公顷（约 2 500 英亩）地给 9 所独中以地养校；没年度拨款
吉隆坡	4	无拨款	2011 年 5 月，首相署部长许子根表示，中央政府将长期租借毗邻吉隆坡中华独中的政府地给该校，由该校负责兴建体育馆

（资料来源：董总资讯局整理，董总网站，http：//www. djz. edu. my/resource/images/doc/ DataAnalysis/DuZhongBokuan_ July. pdf，2011 年 7 月 15 日。）

华文独立中学的教学效果也较显著，独中统考生在统考的国文科方面都有较好表现。如 2010 年独中统考生国文科及格率达 84.77%，其中优等成绩占 61.48%。[①] 独中的升学率也不断提高。20 世纪 90 年代末，独中毕业生进入大专深造还只有40%～50%，而目前已超过70%，即全国高中毕业生 7 000 人中有 5 000 人要进入大专。[②] 独中的统考文凭虽然还得不到马来政府的全面承认，但已获得新加坡、中国大陆及台湾、日本、美国、英国、俄罗斯等国家和地区的 400 多所大专院校的承认。在世界排名前 200 所的顶尖大学中，独中统考生就读于其中的 82 所。这些都充分说明独中统考生具有一定的学术水平和综合素质，拥有更广阔的升学渠道和出路，可在东、西方国家或中文、英文及其他语文源流国家的大学深造。

总之，几十年来由华社苦苦支撑的华文独立中学在各个方面都取得不错的成绩，同时也被困境的鸿沟围堵着，在多重因素的挤压下，步履蹒跚，面临着政策的限制、师资、教材以及教学等各方面的问题。

首先，独中的发展受到政府政策层面上的种种限制。1961 政府出台的教育

[①] 《2011 年度全国"国语论坛"和"语文与文学节"开幕礼董总主席叶新田博士讲词》，董总网站，http：//www. djz. edu. my/resource/index. php？ option = com_ content&view = article&id = 3852；2011 -07 - 042011&catid =116；2011 - &Itemid =42。

[②] 《星洲日报》，2003 年 9 月 17 日。

法令强迫华文中学改制。一部分华文中学在政府的强大压力及自身缺乏资金、师资等条件的限制下，被迫改制接受政府的管理及控制。结果70间华文中学一分为二，有54间接受改制，16间不接受改制者成为独立中学。华文中学的数量急剧萎缩，步履维艰，陷入发展的低谷。1967年教育部又宣布没有考获剑桥高级文凭或马来西亚教育文凭的中学毕业生不准出国深造，1971年政府开始实施"固打制"（Quota System），即不以学生的学业成绩作为录取新生的标准，而是以种族人口比例作为录取新生的根据，政府把土著与非土著招生的固打比率定为55∶45。但政府并没有遵守这个比率。由国家经济咨询理事会发布的数据显示：1988年、1990年和1999年的土著招生比率分别为60.4%、65.9%和69.9%。[①]2000年马哈蒂尔政府宣布改"固打制"为"绩效制"，但这并不意味着政府大学向各族学生公平地敞开了大门，与此相反的是华族子弟进入大学的比例远没有实行"固打制"时的高。例如，在2002年公立大学共录取新生32 752人，其中，土著学生为22 557人，占68.9%；华人学生为8 665人，占26.4%；印度人学生为1 530人，占4.7%。[②]土著学生人数占2/3强，而非土著学生人数只占1/3弱，还远远达不到1980年规定的固打制标准，即55∶45。正如教总主席王超群在2004年12月召开的第四届海外华文教育大会的主题发言中所指出的："所谓的'绩效制'只不过是政府显示公平的'幌子'，第一名的华人子弟都进不了马来西亚大学。"在这种制度下，华人子弟进入公立大学，公平享受国家教育资源的人数不是增加了，而是减少了。直到今天独中文凭仍未获政府全面承认，独中毕业生报考大学受到诸多限制，迫使很多独中生出国深造。

其次，资金严重匮乏，制约着独中向更高层次发展。据董总估计，全国独中学生人数约65 000人，学校每年津贴每名学生约1 000令吉，单是这方面的开销便已高达6 500万令吉，再加上每年的校舍扩建与维修和购置设备等软硬体费用、行政开销约1亿令吉，以及家长缴付的1.5亿令吉学费，总开销为3亿令吉。由于独中被排斥在政府教育体制外，得不到政府的承认与资助。尽管近些年来这一状况有所改观，部分独中能获得州政府的微薄拨款（如表2-5），但这种拨款不是制度化的，有时还要附加额外条件。因而，独中发展所需资金基本靠华社筹集，主要有个人捐款、义演收入、学校食堂租赁收入等几种方式。而这些资金只能解决独中的一时发展，要实现其发展的连续性与层次性是望尘莫及的。近年来，霹雳和吉兰丹两州拨地给独中，提出"以地养校"的目标。如在2008年

---

① 《南洋商报》，2001年5月18日。

② 转引自胡爱清：《由固打制向绩效制转变：机遇抑或挑战——马来西亚教育政策的转变及其对华人受教育权利的影响》，《世界民族》，2004年第1期，第70页。

政治海啸中上台执政的霹雳州民联州政府就宣布拨 1 000 公顷土地给 9 所独中，让这些独中发展土地赚取利润，充作学校行政经费，以便落实"以地养校"的目标。但毕竟拨地的州政府有限，而且随着政局的变动，政策也会随之改变。因而争取政府制度化及无条件的拨款才是解决独中资金问题的根本，这也是华社长期争取的重心。

再次，独中师资来源短缺，教师的流动性较高，而且师资队伍不合理。马来西亚华文独立中学属于民办中等教育，学校必须自筹办学经费，得不到政府的拨款，因而提供给老师的福利待遇等条件明显不足。这就使得独中无法形成一个具备吸引力的物质环境，不利于人才的吸纳，更难形成人才竞争机制。由于师资不足，独中教师往往要担负繁重的工作，这一方面增加了教师的工作任务，另一方面也影响了教学效果。

由于教育法令的限制，民间机构不具备培养师资的资质，而且独中的师资也得不到政府的培训，因而独中的教师来源呈现多元化，很多教师不具备教育专业培训背景，同时学历也呈现多层次性。据统计，2010 年华文独中教师中具有教育专业资历的共 1 181 人，只占总人数的 32.36%，不具备教育专业资历的则多达 2 469 人，占总人数的 67.64%。本科学历及以上的占 76.3%，专科文凭及以下的占 23.7%。①

为了解决独中的师资短缺并构建合理的师资队伍，董教总尝试通过各种途径加强独中的师资培训，如与中国大陆高校订立培训协议，或聘请专家学者赴大马开讲习班等。2011 年 11 月 4—16 日，由中国海外交流协会主办，马来西亚留华同学会承办的"走出去"华文师资培训班，在短短十几天时间内培训独中老师多人次。2011 年中马两国签署了高等教育学历互认协议，大力推进教育合作（之前马来政府只承认中国少数大学的医科和牙科学位以及北京大学、清华大学的中文系），而且政府放宽了对独中统考文凭的限制，在一定条件下允许统考生报考师范学院。总之，政府的这些举措对于解决独中的师资问题有一定帮助。

最后，在课程设置、教材选用等方面也存在着一些问题。独中实行"三语教学"，即中、英、巫三语并重，其中中文为主要教学媒介语。这种教学模式有利于学生掌握多种语言，增强进入社会后的竞争力。但这种教学的弊端也很明显。三语并重，容易形成顾此失彼、抓不住重心的局面，结果哪种语言都没学好。存在的种种问题，已引起了董教总的高度重视，并开展一系列的改进工作。如在 2004 年 7 月发布的《独中教育改革纲领》中就指出独中要结合各自的客观环境

---

① 董总统计数据，董总网站，2011 年 5 月 2 日。

与实际条件，进行教育改革。① 董教总还不断完善独中的统考作业制度。经过多方努力，2011 年 3 月，董总在"执行和管理华文独中统考"方面，取得了 ISO 9001：2008 质量管理体系认证，成功取得马来西亚、中国、英国和日本认证单位颁发的证书，进一步提高了独中统考的价值和形象。

三、艰难前行中的华文高等院校

民族教育的地位是民族地位的反映。没有平等的民族地位，民族教育也就得不到公平对待。反过来，民族平等必须通过民族教育的公平对待来体现。华文独中和高等教育除了肩负教育使命之外，对维护各民族语文的生存与发展、捍卫和发扬民族文化等基本人权和宪制权利都负有艰巨的时代使命。正如董总主席郭全强在出席槟城新纪元工委会新春聚餐会时所说的："没有大专教育，华教的学术水平永远只能停留在中学阶段；只有开办大专学府后，马国华文教育才能与国际接轨。"② 为创办高等院校，构建高等教育体系，华社同马来当局展开了长期斗争，从 20 世纪 60 年代争取创办独立大学到 80 年代第一所高等院校——南方学院的成立，走过了一条艰辛之路。90 年代又创办了新纪元学院与韩江学院两所民办华文高等教育院校，目前这三所华文大专院校的在校学生已达 1 万多人。这三所高等院校的创立，为独中毕业生开辟了一条升学之路，使他们能继续学习博大精深的民族文化，同时也为马来西亚培养了大批建设人才。但三所华文高等教育院校根本满足不了华文独中毕业生的需求，每年仍有大批毕业生不得不到国外深造。中国的暨南大学、华侨大学、北京语言大学等都是他们的首选院校。

华社通过几十年的艰苦争取才建立的三所华文大学，目前发展势头良好。如于 1998 年正式招生的新纪元学院，开始只有中文、商学、资讯工艺与社会研究四个专业，学生总人数不到 200 人。之后规模不断扩大，并增加了美术设计、媒体研究、咨商与辅导等专业，学生总人数超过 1 000 人，是三所华族民办学院中学生人数最多的学校。目前新纪元学院正积极申报成为大学，前景可喜。再如马来西亚第一所纯粹由华社自办的高等学府——南方学院，经过 20 多年的发展，学校的软硬体建设不断完善，学生人数日益增多。如在 2008 年第 2 学期与第 3 学期分别有 250 名及 200 名新生报到，目前全院共有学生 1 200 名。③

由于这三所学院只能颁发专业文凭学历，为了让学生取得大学学位，自成立

---

① 《星洲日报》，2004 年 10 月 11 日。

② 《南洋商报》，2002 年 5 月 10 日。

③ 南院秘书处：《新生人数再创新高》，《今日南院》第 19 期，第 19 页。

伊始它们就积极寻求与海外大学的合作，以推荐或学分转移方式让毕业生能够继续出国深造。如南方学院还专门成立了"升学辅导处"，专门负责与世界各大学的联系。截至 2005 年，该学院已经与美国、英国、新西兰、中国大陆及台湾等国家和地区的 82 所大学取得联系，达成了多项办学合作共识，其中重要的议程包括学分转移与合作开办中文系学士与硕士课程等。

新纪元学院成立之后，董教总教育中心即组成代表团前往中国大陆和台湾，与两地的大学洽谈学分转移或双联课程事宜。在学院刚成立的 1998 年就与中国大陆的北京大学、清华大学、南京大学等 23 所大学以及台湾的暨南国际大学、逢甲大学、彰化师范大学签订合作交流意向书，以"双联"或"学分转移"的方式，让新纪元学院的毕业生在这些合作学校就读，取得学士学位。[①] 在与国内外大学联合办学的第二阶段（2005—2010 年）的 2005 年，新纪元学院已与中国大陆、中国台湾和香港、英国、美国以及马来西亚国内外共 81 所大学建立了合作关系，拓宽了毕业生的升学渠道。除了提供文凭课程，新纪元学院也将与国外大学联办研究生课程。该院国际交流处主任邱金明说，在第一阶段时，该院是与中国大陆及台湾、英国、纽西兰、澳洲、美国及新加坡等地的大学合作，衔接国外的学士课程，现在进入第二阶段，该院是要扩展至联办硕士及博士课程。所有课程内容及师资都是由联办的国外大学提供，学生可在本地完成有关课程。[②]

韩江学院也积极寻求与国内外大学的合作，拓宽学生继续深造的渠道。如 2000 年开办的中文系，就与南京大学签署了合作办学协议，采取双联课程的合作方案，使用南京大学的教学课程，并邀请南大教授负责讲授部分课程。而且韩江学院中文系的学生一入学，同时也被承认为南京大学中文系一年级学生。[③] 2001 年，韩江学院与南京大学的合作进一步深化，两者合办中文硕士班，学制为 30 个月。其中 24 个月必须修读 12 门课程，教师由南京大学委派亲临授课，另外 6 个月撰写学术论文，并要亲赴南京大学参加论文答辩。韩江学院也是三所华族民办学院中第一个开办硕士班课程的学院。2004 年韩江学院又与中国的上海大学合办大众传播硕士班，招收具有海内外大专以上或同等学力者以及具有海内外专业文凭或同等学力并有三年以上相关工作经验者。其学制以及授课方式等效仿与南京大学的合作模式进行。总之，华文大专院校将广泛开展与海内外大学的合作与交流，丰富和完善相关课程，给学生提供各方面的便利，向纵深方向发展。

---

① 董教总教育中心（非营利）有限公司：《董教总教育中心（非营利）有限公司暨董教总新纪元学院 1998 年工作报告书》，雪兰莪：董教总教育中心（非营利）有限公司，1999 年，第 19—21 页。
② 《华教导报》，2002 年第 52 期，第 23 页。
③ 2000 年 6 月 29 日，韩江学院与南京大学签约，计划在该院华文研究中心设立中文系，毕业生可转入南大继续读大学三年级，修满学分后，由南大授予学士学位。见《光明日报》，2000 年 6 月 30 日。

尽管华族所办的三所民办高校获得了较快发展，在培养人才方面取得一定成绩，但与华文小学、独中一样，仍面临着许多亟待解决的问题。

首先，面临着师资严重不足的问题。不管是新纪元学院、南方学院等私立学府，还是国立的马来西亚大学中文系都面临师资短缺的难题，主要原因是教师的待遇过低。这样一来就无法吸引中国香港或台湾等地的名师前来任教，至于聘请从中国来的讲师仍然面临着一定的制约。而且本地许多相关的大专毕业生无心继续深造，这无疑进一步加剧了师资不足的问题。

其次，经费不足，各种硬体设施有待提升。由于这三所学院都是民办的私立学校，除学生所缴的学杂费外，其他经费完全靠董事会成员及其支持者捐款，得不到政府的丝毫赞助。就连学生人数最多的新纪元学院，其收支仍处于亏损状态。如在其学生人数达 1 416 人的 2004 年，仍亏损 90 万令吉。董总估计新纪元学院的学生规模要维持在 1 000 人以上，才能确保学院的收支平衡。① 如果这些学校收取费用过高，将使很多来自贫困家庭的孩子不能继续深造而辍学，这也违背了华社开办高等院校的初衷，因而收取的学生费用要尽可能低。所以华文大专院校面临着严重的经费短缺问题，这直接影响了其硬体设施的完善，课堂内的教学辅助器材也跟不上时代发展潮流。

再次，面临着生源短缺的窘境。如 2000 年成立的韩江学院，第一年学生不到 200 人，成立三年后的 2003 年还只有 550 名学生，2007 年有 800 名学生。② 与其他以盈利为目的的私立学校不同，这三所华族民办学院以传承族群文化、拓展华校生的升学渠道为己任，因而收取的学费相对较低，但与一般国立院校相比仍旧偏高。如 2003 年韩江学院学生每年需缴学杂费约为 4 000 令吉，住宿费用每月 180 令吉；2007 年 8 月时，学费依系别而有所不同，每学年调至 5 000 ~ 6 000 令吉，平均每月的学杂费及生活费约为 800 令吉。③ 即使这样对于一般工薪家庭来说也并不轻松，因而出于经济上的考虑，许多毕业生不会选择民办院校就读。

马来西亚每年有将近 6 000 名华文独中的毕业生，但选择就读新纪元学院、南方学院以及韩江学院的学生却只有数百人。④ 为了扩大招生，三个学院自成立以来就不断采取各种措施吸引各族学生就读，诸如宣传学院的办学理念和办学成效、提供各种奖学金及免息贷款、协助学生前往海外继续深造等。如自 2000 年 1

---

① 《星洲日报》，2005 年 3 月 14 日。

② 转引自曹淑瑶：《国家建构与民族认同：马来西亚华文大专院校之探讨（1965—2005）》，厦门：厦门大学出版社，2010 年，第 200 页。

③ 转引自曹淑瑶：《国家建构与民族认同：马来西亚华文大专院校之探讨（1965—2005）》，厦门：厦门大学出版社，2010 年，第 202 页。

④ 《星洲日报》，2005 年 3 月 14 日。

月起，韩江董事会成立总额为 200 万令吉的"韩江教育基金"，分奖学金和贷学金两种，每人每年在 3 000 ~ 5 000 令吉之间。新纪元学院自成立伊始，就设立了奖、助、贷学金制度，其中奖学金包括学优生奖学金（学费、杂费及住宿费全免）、保送生奖学金、新生奖学金、多元文化奖学金（主要针对非华裔公民）、东马学生保留奖学金（主要针对来自沙巴及沙捞越的学生）等；助、贷学金项目包括免息贷学金、紧急援助贷款、毕业生出国升学免息贷学金以及国外姐妹校奖助学金等。

第三节　对比分析——制度的分析视角

从前面两节的分析中，我们可以看出在东南亚诸国摆脱殖民统治、建立独立的民族国家之前，各国的华文教育都获得了极大发展，取得了丰硕成果。如"二战"后，印尼的华文学校多达 1 300 所，学生 45 万人，课堂教学用语是华文，教材多采用中国出版的课本；马来西亚的华文学校也达 1 000 多所，学生 50 万人；泰国华校 500 多所，学生 17.5 万人；菲律宾华校 178 所，学生 8 万多人。[①]但这些国家摆脱了殖民统治后，开始采取严厉措施限制、打压甚至取缔华文教育。许多国家的华文学校在一夜之间消失，几代华人辛勤创办的华文教育事业几乎丧失殆尽。马来西亚的华文教育虽然也遭受了限制与打击，但并没有像东南亚其他国家那样消失，而是顽强地保留下来，并不断地发展壮大，形成了今天较为完整的华文教育体系。当然也面临着许多问题与困难，正如第二节所分析的。造成"二战"后东南亚诸国华文教育的不同境遇，固然有着诸多因素，但笔者认为制度因素在其中起了主导性作用。

首先，"二战"后东南亚诸国相继摆脱了殖民统治，开始了民族—国家的建构，建立了不同的政治体制。如印度尼西亚和菲律宾实行总统共和制，泰国、柬埔寨、马来西亚和文莱实行君主立宪制，新加坡实行议会共和制，缅甸则建立了军政府等。需要指出的是，这些国家所谓的"共和制"、"立宪制"，与西方民主意义上的大相径庭，可以说只具备了其衣钵，并没有其实质。如印尼自苏哈托掌权之后，以苏哈托为首的专业集团垄断了一切权力，并得到军队的支持，进行了长达 32 年的独裁统治，其他被保留的几个小政党只是起着点缀作用。学者通常把马来西亚的政治体制界定为"半民主体制"，种族政治是其最大特点。这种政治体制

---

① 暨南大学东南亚研究所和广州华侨研究会联合编著：《战后东南亚国家的华侨华人政策》，广州：暨南大学出版社，1989 年。

为华文教育的保存与发展创设了一定空间，在第二章中会进行详细分析。

其次，"二战"后东南亚各国对待少数族群的政策，尤其是文化教育政策是有很大区别的。在对华人实行同化政策的印度尼西亚、菲律宾和泰国，其同化的目标便规定为减少少数民族的文化特性，以便华人能被当地民族所吸收。它们要求华族姓名"当地化"，说当地国家的语言，最终接受本国的民族象征。其中以印尼的同化政策最为彻底、最惨无人道，它消除了延续华人社会和身份的三大支柱：华文学校、华文报刊和华人社团。1965 年"9·30"事件后，印尼政府在反共的同时，把中文视为散播共产主义思想的洪水猛兽，查禁、查封所有中文书报和报馆。并自 1966 年起，苏哈托政府以消弭种族猜疑为名颁布了数十项排华反华的法规，涉及华人的宗教信仰及风俗习惯、华文应用、华文出版社等各个方面。这些法令法规的实质，就是要剥夺华人作为印尼公民应享有的政治文化权利，强迫华人放弃本民族的语言、文化、宗教信仰和生活习俗。如华人不得在公共场所举行庆祝华人宗教信仰和风俗习惯的各种节日活动，甚至要求华人皈依伊斯兰教或得到印尼官方承认的佛教，不得信奉具有中华文化传统的孔教。在政府的严格控制与打击下，20 世纪 60 年代后，印尼华校华文被全面禁止，华文教育绝迹。在 20 世纪 50 年代中期以后，菲律宾政府以"共产党渗透华校"为名，抨击华校，并且主张关闭华校。虽然在华族的坚持下，有部分华校保留了下来，但在 70 年代初，政府又采取了华校菲化政策，致使华文是唯一用华语教学的科目，华语华文退居第二语言阵线，与之前的母语教育可以说是大相径庭。

马来西亚华文教育的生存状况则要好很多，虽然政府致力于发展单一源流的教育体系，也相继出台一些不利于华文教育发展的政策，但没有绝对地排斥华人文化教育，没有强制执行文化禁令。而且这些政策不至于对华文教育产生毁灭性打击，经过华社的大力反抗，政府也做出了一定修正。正如许多学者依据大量的事实所评价的："马来西亚政府的华人政策还是相当温和的。"① 更为重要的是，马来西亚宪法规定各民族都有发展本族文化教育的权利，这为华人的抗争提供了法理上的依据。总之，马来西亚较之东南亚其他国家对待华人的政策相对要宽容许多。在一定程度上，华文教育作为民族语言文化教育得到政府的尊重与认可。与印尼相比更是如此。这种文化上较宽容的态度使文化的实际多元化成为合法现象，也就使各个民族融入整个国家的经济、政治生活成为可能，客观上有利于加强各族人民对国家的认同。②

---

① 暨南大学东南亚研究所和广州华侨研究会联合编著：《战后东南亚国家的华侨华人政策》，广州：暨南大学出版社，1989 年，第 77 页。

② 陈晓律等：《马来西亚——多元文化中的民主与权威》，成都：四川人民出版社，2000 年，第 298 页。

第三章　马来西亚华族母语教育生存的政治生态透视

马来西亚的华文教育之所以能够存在并在曲折中不断发展，最终形成较为完善的华文教育体系，固然离不开广大华人的鼎力支持，但政府相对较为宽松的华人政策也为其发展铺设了道路。在马来西亚华人社会可以通过各种途径对政府决策施加影响，不管这种影响的大小如何，最起码允许人们发出声音，表达利益诉求。这与马来西亚的政治体制有很大的关系。马来西亚的政治体制属于半民主形式，社会利益并未完全受到排斥，这就为华社预留了动员与抗争空间，从而形成颇具规模的华教运动。另外，马来西亚特殊的选举制度与政党制度，也会对华教运动产生一定影响，从而影响着华文教育的发展。因此，我们研究马来西亚的华族母语教育以及华人社会力量主体与政府的博弈，必须对马来西亚的政治生态有一定了解。本章主要对其政治体制与架构、政党制度、族群政策等做一简要概括。

第一节　马来西亚的政治体制及其架构

一、马来西亚政治体制的形成及特点

1. 马来西亚政治体制的形成

马来西亚是由马来族、华族、印度族三大主体民族以及其他少数民族构成的多族群国家。其中，以马来人为主的当地族群约占总人口的 65%；华人是第二大族群，占总人口的 25% 左右；印度人是第三大族群，约占总人口的 7% ~ 8%。马来西亚独立前是英国的殖民地，英殖民者为了便于管理与统治，实行"分而治之"的统治政策，使马来亚形成种族分裂的社会特征，国内的三大主体民族——马来人、华人以及印度人之间产生了很深的隔阂，并在政治、经济等领域形成了不同的优势族群，即马来人在政治上占据优势地位，华人在经济上实力雄厚。这

种相互分割的局面，为以后的族群关系埋下了隐患。

"二战"后，马来亚人民经过与英殖民者的和平斗争，于1957年赢得了国家独立，走上了现代国家的发展道路。但作为一个多元族群分歧的社会，要想缓和族群间的紧张关系和冲突，构建一个稳定和谐的国内环境以有利于国家整合，政治制度的设计就相当重要。正如学者江宜桦所言："这对族群政治的意义不仅是衡量国家认同的重要指标，同时也是政治稳定与国家整合的重要关键因素。"①但马来西亚这种复杂的社会构成，决定了无论民主还是权威在这个国家要想取得绝对的统治地位都十分困难，其政治发展只能是在两者之间艰难地寻找某种契合点。② 因此，马来西亚独立后实行了资产阶级代议制——君主立宪制，这一政治制度既沿袭了英国殖民统治的遗产，也结合了马来西亚自己的实际情况，与西方意义上的代议制并不完全相同，形成了自己的体制特色。

2. 马来西亚政治体制的特点

长期以来，诸多学者对马来西亚的政治体制进行了探讨。如 Clark D. Neher 称其为"半民主"③；William Case 将其界定为"准民主"④；马来西亚华裔学者祝家华则把其界定为"种族威权民主"（Ethnic - authoritarian Democratic）⑤，以突出大马政体中的种族、威权及民主（形式民主）面向，反映其混合的情况及特点。Levitsky and Way 认为马来西亚的政治体制是"竞争型威权主义"（Competitive and Authoritarianism）⑥。从上述学者的界定中可以看出马来西亚政治体制的两面性，即既具有威权体制的性格，又有民主体制的弹性。

一方面，马来西亚的政治体制是事实上的威权体制。其政治运作并不完全依宪法办事，而是基本上按照执政者的意志运行，很多政治行为的解释权掌握在执政者手中。那些自上而下的民主形式和仪式如选举等恰是使统治阶级权力合法化的工具。正如潘永强所指出的："在这种体制下，一国虽然存在民主制度，民主也被普遍认为是取得和维持权力的基本途径，但是掌权者侵害民主原则的制度已

---

① 江宜桦：《自由主义、民族主义与国家认同》，台北：杨智文化事业股份有限公司，1997年，第87页。

② 陈晓律、陆艳：《在民主与权威之间——马来西亚政治发展特点剖析》，《世界历史》，2000年第4期。

③ 参阅 Clark D. Neher and Ross Marley, *Democracy and Development in Southeast Asia*, West View Press, 1995.

④ 参阅 William Case, New Uncertainties for an Old Pseudo - Democracy——The Case of Malaysia, *Comparative Politics*, Vol. 1, Oct., 2004, pp. 83 - 104.

⑤ 参阅祝家华：《艰难的抉择：智慧和勇敢精神的考验——大马政治民主化的展望》，《南洋商报》，1994年9月15日。

⑥ Steven Levitsky and Lucan A. Way, Autocracy By Democratic Rules: The Dynamics of Competitive Authoritarianism in the Post - cold War Era, p. 281, paper prepared for the conference, *Mapping the Great Zone: Clientelism and the Boundary between Democratic and Democratizing*, Columbia University, April 4 - 5, 2003.

使得这类政权不能被认定为民主，也并非是通往民主之路的中途站。"①

　　但另一方面，它比一些威权主义国家又保留了更多的民主形式。例如，马来西亚的统治者是通过公开、自由的选举产生的，而民主作为一种政治体制最主要的特征或本质就是统治者由被统治者选举产生。再如，它也允许反对党的合法存在并具有广泛的政治影响力，尽管反对党还没有执政的可能，这也是一种潜在的民主特征。

　　总之，马来西亚这种民主与威权相结合的政治体制，比单纯的独裁或民主体制都具有更大的弹性，更适合马来西亚的国情，因而也更行之有效。

二、马来西亚的宪法制度

　　宪法是一国的根本大法，不是一国立法机关所制定的狭义上的法律。相反，一国的立法机关和其他国家机关都是宪法的产物。理论上，宪法是社会全体成员结成政府的契约，先于政府而存在。与立法机关制定的法律不同，宪法通常是由一个特定主体制定的，这个主体无论以何种形式出现，它必须代表全体国民。而且，一部成文宪法有着比法律更为严格的修改程序。从广义的法的范畴来说，宪法位于最高位阶。任何法律法规都不得与宪法相抵触。它是一切国家机构、社会团体和全体公民的最高行为准则。

　　1957年颁布的马来亚宪法是几方势力相互妥协的产物。联盟党内三个种族政党经过激烈的讨价还价最后达成妥协：马来人对非马来人的公民权要求做出让步，非马来人则无限期地承认马来人的特权地位。其中除部分宪法条文曾经更动修改外，大体上其基本内容一直沿用至今。这部宪法具有以下几个特点：第一，基本引进了英国宪政的君主立宪政体：由九位苏丹轮流担任立宪君主，议会分成参、众两院，由议会多数组成党组成责任内阁；第二，对公民资格的规定比以前更为宽松；第三，保护了马来人的"特殊地位"。② 其中，规定马来人的特权可以说是这部宪法的最大特点。因而马来人把特权看成是他们在这个国家的政治支配权的象征。在这种情形下，任何人对马来特权的质疑都将被视为对马来政治主权的挑战。政治学者 Means 认为："马来特权之制定是为了确保马来政治支配权

---

① 潘永强：《远离治理：马来西亚公民社会的兴起及其当前处境》，何启良、祝家华、安焕然主编：《马来西亚、新加坡社会变迁四十年（1965—2005）》，吉隆坡：南方学院出版社，2006年，第279—303页。
② 详见 Arend Lijphart 著，张慧芝译：《选举制度与政党体制》，台北：桂冠出版社，2003年，第78页。

受到永恒的保护。"① 同时，马来特权为 1971 年实施的新经济政策提供了法律依据。

关于文化教育权利方面，宪法第 125 条规定，国家语言必须是马来语，但又规定：第一，任何人不得受到禁止或阻止使用（除官方用语外）、教授或学习任何其他语文。10 年内英文仍是主要的官方用语。第二，本条款不得影响政府或任何州政府之权利去维护及扶助联合邦内任何民族语文的使用和研究。根据上述规定，可以作以下三种解读：第一，马来文成为唯一的国语（官方语言）；第二、华文及其他任何语文不能做官方用途，但可以自由传授学习，不受官方限制；第三，在宪法中并没有明确规定华文、淡米尔文可以在政府立案学校中自由传授学习，而只是笼统地说任何人都可以自由学习任何语文。马来西亚宪法向来以细致繁琐闻名，② 但在此条文上却是如此含糊，可见这是制宪者有意留下伏笔，以便将来整顿华文教育。③ 后来事实也证明了这一点。政府通常以华文不是官方语文政府就没有全面照顾华文发展的义务作为不给华校拨款的借口。正如当时首相东姑所言："没有人可以要求政府这么做。"④ 在拟定政策的过程中，政府常以发展官方语文为由，而不在意其政策能否直接或间接破坏其他语文的发展。也正是基于此，以董教总为首的华社早就意识到争取华文为官方语文的重要性，并开展了声势浩大的"争取华文为官方语文"的运动。

总之，马来西亚独立后颁布的这部宪法尽管存在着许多缺陷与不足，如规定马来人的特权地位等，但同时它赋予了公民享有各种权利，是一部具有"民主"特征的现代意义上的宪法。在语言文化权利方面，虽然华文与淡米尔文未被列为官方语文，但规定各族群有教授、学习本族群语文文化的权利，这就使得政府不能像东南亚其他国家那样毫无顾忌地压制甚至取缔华文教育，同时也为华社争取华文教育的合法地位与权益提供了法理依据。

---

① Means, Gordon. P. Ethnic Preference Policies in Malaysia, in Nevitte, N. &Kennedy, C. H. （eds.）, *Ethnic Preference and Public Policy in Development States*, Boulder: Lynne Rienner Publishers, 1998, pp. 95 - 118.

② 马来西亚宪法正文有 181 条，附篇分 13 部分，条文详尽而冗长，不失为全世界条文较多且冗长的宪法之一。

③ 杨建成：《马来西亚华人的困境——西马来西亚华巫政治关系之探讨（1957—1978）》，台北：文史哲出版社，1982 年，第 135 页。

④ Tungku Abdul Rahman, The National Language, Kuala Lumpur, *Federal Department of Information*, 1967, p. 4.

三、最高元首与统治者会议

在西方殖民者进入马来亚之前的相当长历史时期内，苏丹一直都是马来亚的统治者。西方殖民者（主要是英国）占领马来亚后，以不同的方式保持了苏丹在各州及中央的统治地位，利用其在人民心目中的影响，推行殖民统治。1948年马来亚联邦成立时确立了君主立宪制。1957年7月，马来亚宣布在英联邦体系内独立制定宪法时，明文规定了统治者苏丹的特殊地位和权利。

马来亚宪法规定，正、副最高元首由统治者会议从西马九个州的世袭苏丹中按年龄、就任年代轮流秘密投票选出，任期5年，不得连任且每位苏丹只能出任一次最高元首。宪法规定最高元首是最高国家权力的执行者，其地位在联邦所有人之上，拥有立法、司法和行政的最高权力，是联邦武装部队最高司令，有权委任武装部队参谋长、警察总监及武装部队委员会成员；有权任命总理、联邦法院的首席大法官、大法官及高级法院的法官，任命总检察长以及马六甲、槟榔屿、沙巴和沙捞越四个州的州长；有权下令召开国会或拒绝总理解散国会的要求；有权批准国会通过的法案及拥有最高赦免权等。尽管最高元首拥有上述权力，但他并不能独自行使。宪法第40条规定："最高元首在行使本宪法或联邦法律所赋予的职权时，应根据内阁或内阁授以全权的部长所提供的建议行事。"[①] 国家元首有权任命总理，但不得任意挑选，而只能任命下院多数党的领袖；任命高级官吏，则要按照总理和内阁的意见。宪法还规定最高元首不得从事以下事项：不得行使其本州统治者的职权（除行使作为本州伊斯兰教领袖职权外）；不得担任盈利职位及从事商业活动；除进行国事访问外，未经统治者会议同意不得离开联邦15天以上等。

统治者会议是1948年根据"马来亚联合邦协定"设立的。由玻璃市（Perlis）、吉打（Kedah）、霹雳（Perak）、雪兰莪（Selangor）、森美兰（Sembilan）、柔佛（Johor）、吉兰丹（Kelantan）、丁加奴（Terengganu）和彭亨（Pahang）等九个州的世袭苏丹（森美兰、玻璃市州的君主分别称为"严端"和"拉查"）以及马六甲（Malacca）、槟榔屿（Penang）、沙巴和沙捞越这四个州的州长组成。这四个州的州长虽是会议成员，但他们是由最高元首任命的，因此无选举权和被选举权。统治者会议无规定的时间，每年举行3~4次会议。

统治者会议行使的职权有：选举产生正、副最高元首；决定是否同意将任何

[①] 北京大学法律系宪法教研室编译：《东南亚国家联盟各国宪法》，北京：商务印书馆，1979年，第64页。

驾于技术官僚之上。①

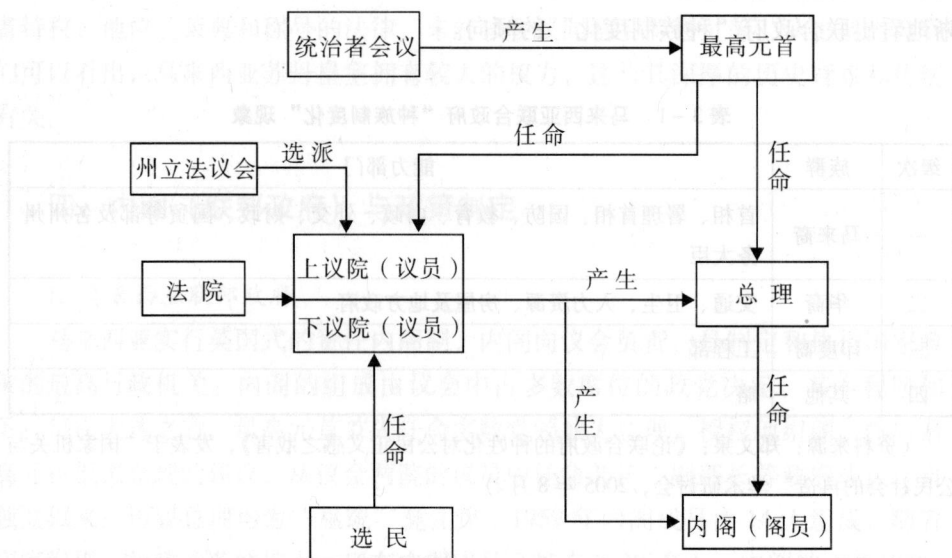

图 3 - 1 马来西亚的政治体制架构图
（资料来源：根据马来西亚宪法绘制。）

第二节 马来西亚的议会制度与选举制度

一、马来西亚的议会制度

马来西亚实行议会内阁制，议会包括联邦议会和州立法议会。联邦议会即国会，是马来西亚的最高立法机构，州立法议会是州的最高立法机关。马来西亚最早的议会是 1909 年的马来联邦议会，由英国驻扎官出任行政长官，霹雳、雪兰莪、森美兰和彭亨 4 个联邦州的苏丹和参政司组成。权力主要集中在驻扎官手中。1948 年，马来亚联合邦成立，同时成立马来亚联合邦立法议会，议员 75 名，1955 年扩大为 98 名。马来西亚独立后，议会从 1959 年开始实行上、下两院制。

上议院在 1978 年以前由 58 名议员组成，其中，每州立法议会选派 2 名（共

---

① 刘镇东：《布特拉再也：马哈迪的权力地位》，《民间评论三：再见马哈迪》，吉隆坡：大将出版社，2004 年。转引自何启良、祝家华、安焕然主编：《马来西亚、新加坡社会变迁四十年（1965—2005）》，吉隆坡：南方学院出版社，2006 年，第 295 页。

26 名），另外 32 名由最高元首根据总理推荐的在公共事务、商、工、农、自由职业或社会行业中取得卓越成绩者或少数民族、土著居民的代表担任。一般任期为 6 年，部分任期少于 6 年。议员年龄须在 30 岁以上。1978 年修宪后，议员增至 69 名。其中，各州立法议会推派 2 名（共 26 名），最高元首任命 43 名（包括联邦直辖区 9 名），任期改为 3 年。上议院对法案无否决权，也没有对内阁投不信任票的权力。

下议院是马来西亚主要的立法机构，由选民直接投票选举产生，采用选举区制，每个选区各选 1 名议员，每届任期直到下届大选为止，任期最长为 5 年。议员年龄须在 21 周岁以上。下议院可提出宪法修正案，并经 2/3 以上的议员投票赞同，最高元首批准后生效。此外，下议院还能制定法律和法令，讨论并通过财政部长提出的财政预算案和追加案，有权对政府各部门工作进行质询。

宪法对选民资格的规定：年满 21 周岁的马来西亚公民。但双重国籍、年龄未满 21 岁、精神病患者、破产者，判刑一年或曾被罚款超过 2 000 令吉又未获宽赦者无权参加竞选。竞选提名时，需用马来文填写表格，同时缴纳押金（竞选国会议员缴纳押金 1 000 令吉，州议员为 500 令吉）。若竞选者所得选票不足本选区所投有效选票的 1/8，押金将全部被没收。若在投票之日前死亡或退出竞选，押金可退还。

最后，需要指出的是马来西亚国会只是名义上的最高立法机构，实权还是掌握在以巫统为首的国阵手里。过去，马哈蒂尔曾如此激烈地嘲讽大马联盟时代的国会，说："总之，国会开会被看作是一项开心的程序，使议员们有机会发表意见和被引述，却绝对影响不了政府的施政。一般的感觉是这样：国会召开与否政府将会继续，开会只是对多余的民主惯例的一项让步，其主要价值在于有机会炫耀政府的力量。断断续续地，这种力量被用于修订宪法。宪法修改的方式、次数及其无关重要的理由，已使国家最高法律沦为无用的废纸。"[①] 其实，由国阵掌控的国会与联盟时代相差无几，甚至有过之而无不及。要改变这种状况，形成势均力敌的两线政治才是关键，国会才能真正变成监督施政、立法的地方。国会政治也将取代国阵成员党所谓的"内部协商"，进入"朝野协商"的时代。这可以使过去"关起门来自己人内部协商"的可能黑箱作业（如利益分配、输送、偏袒等）变得透明化，通过国会"朝野协商"来达致矛盾的解决，才能真正起到监督和制衡作用，民意才有可能真正反映在施政和决策及立法上。

---

① 祝家华：《两线政治的形成、冲击和意义》，张景云主编：《当代马华文存·政治卷》（90 年代），吉隆坡：马来西亚华人文化协会，2001 年，第 279 页。

二、马来西亚的选举制度

选举制度是西方式民主的重要内容。马来亚的独立过程也是引进西方式国会制度和选举制度的过程。1952 年，乔治市举行的议会选举是马来亚历史上的第一次选举，1955 年举行了全国第一次大选，以后每 4 年举行一次。马来西亚的选举制度并没有完全照搬英国的模式，而是根据本国的国情有所调整，反映了马来人政党占优势的政治局面，以及非马来人以独立为首要政治任务而重视种族团结的态度。

第一，采用了一般代表制而不是种族代表制。一般代表制是指以选区为单位，区内选民投票选举列名登记在区内竞选的候选人，而不考虑选民和候选人的种族属性。种族代表制是指政府当局依种族比例及其他考虑因素确定出各族代表名额，这个名额再作地域性分配，各种族候选人在名额限制及地域分配的条件下各自竞争席位，异族候选人之间没有直接竞争关系，选民则依自己的种族属性选举同种族的候选人。从中我们可以看出，种族代表制不利于族群间的交流，会加深族群隔阂，甚至引发族群矛盾。正如当时的联合邦立法会议设立的选举事务委员会所认为的："种族代表制违反了促进马来亚各种族民族团结的既定目标。"[①]

第二，采用小选区制而放弃大选区制。大选区制是每个选区可以选出两名以上的当选人的选举制度，而小选区是根据当选席位数量，将全国分为相应数目的选举区，每个选区只能选出一个当选人。小选区对马来西亚政局的稳定、防止多党林立虽有帮助，但此种选区制度对华人社会、华人政党产生不利的影响。由于华人多集中于市镇，马来人多居住于农村，小选区的划分原则是以全额议席与全区域人口作为分配选区的基数，对人口稠密的市镇选民较为不利。如何启良所言："由于此种不公平的选区划分（gerrymandering），华人政党只能在有限的选区争取席次，限制华人政党的发展。"[②] 这也是为了保障马来人的政治主导地位而做出的制度性安排，同时也是让非马来人诟病以及引起广泛争议的地方。

按照民主选举理论，一个国家内部的所有公民，应该是"一人一票、票票等值"。但在马来西亚虽然形式上马来人与华人都是一人一票，但票票并不等值，华人选票"权重"（weight）被严重低估（underrepresented）了。而且执政党还采取各种技术手段对反对党参选给予限制，以及防止选票流入反对党一方。例如

---

① K. J. Ratnam, *Communalism and the Political Process in Malaya*, Kuala Lumpur: University of Malaya Press, 1965, pp. 175 – 178.

② 何启良：《当代大马华人政治省思》，吉隆坡：华社资料研究中心，1994 年，第 113 页。

以细微技术性原因阻止反对党人士参加选举；在选票统计上做手脚；以各种方式推迟反对党参加选举以及以对执政党有利的方式划分选区等。① 总之，执政党设置种种障碍，以确保联盟的执政地位以及马来人在政治上的主导权。

第三节　马来西亚的政党制度

一、马来西亚政党制度的形成

政党是为了达到特定的政治目标和行使权力而专门组织起来的。马克斯·韦伯曾经观察到，"政党栖居于'权力'大厦之中，其行为取向是获取社会'权力'，去影响公共行动，而不管它的内容究竟是什么"②。政党集中精力并谋划各种对策是为了保护他们拥有的权力。在现代民主国家，政党是主导性的政治力量。政党制度则是民主政治体制的核心组成部分。政党之所以重要，是因为"它对这些社会的正常运转至关重要，透过政党，民众的看法、态度、情绪得以传达给决策者，潜在的领导者能够被提名并随后得以任命，政党被发现是迄今为止唯一能够担此重任的组织机构"③。

马来西亚的政党制度十分复杂和独特，既是马来西亚政治发展的产物，又对马来西亚的社会政治稳定和经济发展产生了深远影响。1952 年，为了在吉隆坡市议会选举中取得多数，巫统与马华公会开始在选举中结为联盟（华巫联盟），并取得胜利。1953 年 3 月，马来民族统一机构（简称"巫统"）和马华公会在吉隆坡举行联合大会，要求马来亚联合邦在英联邦内独立，举行马来亚联合邦立法议会大选。吉隆坡市议会选举的胜利鼓舞了马来亚各民族政党联合起来夺取大选胜利的信念。于是，1955 年 4 月 10 日，马来民族统一机构、马来亚华人公会、马来亚印度人国大党三党决定组成马来亚联盟党（巫华印联盟）。1955 年 7 月 27 日，马来亚联盟党在大选中获胜，成为马来亚联合邦的执政党。1957 年 8 月，马来亚独立后，联盟党在 1959 年的大选中获胜，继续成为执政党。

---

① John Fuh – sheng, *David Newman*: *How Asia Votes*, New York: Seven Bridges Press, LLC, 2001, pp. 212 – 225.

② H. H. Gerth and C. Wright Mills, *From Max Weber*: *Essays in Sociology*, New York, Oxford University Press. 1946, P. 194.

③ Jean Blondel: The Role of Parties and Party System in the Democratization Process, in Ian Marsh and Jean Blondel And Takashi Inoguchi ed, *Democracy*, *Governance*, *and Economic Performance*, New York: United Nations University Press, 1999, p. 52.

1969 年 "5·13" 事件后，拉扎克为扩大自己的政治基础，逐步扩大了政党联盟。相继吸收了民政党、人民进步党、伊斯兰教阵线及沙巴人民团结党等政党，组成了由 14 个政党加盟的政党联盟，并更名为 "国民阵线"①，具有相对广泛的社会基础。这是拉扎克政治上的巨大成就，不仅大大提高了其政治威望，而且获得大多数政治团体对其现实主义政治的认同与支持，弭平了政党之间、中央与地方政府之间以及种族与宗教之间的关系。② 1987 年，巫统内部发生过一次分裂，形成了以新巫统为核心的国阵。巫统主席任国民阵线主席，主席在各党分配国会议席中有决定权，其他成员党主席为最高理事会成员。同时，该阵线规定，成员党之间不能吸收对方党员入党，各党之间的矛盾由州联委会和最高理事会解决。国阵以它独特的组织形式和运作方式保持了政治活力，在马来西亚的政治发展中扮演了极其重要的角色。

二、马来西亚政党制度的特点

马来西亚的政党制度既非一党专政，也非多党竞争，而是结合了一党独大和多党竞争的特点，是在巫统一党的主导下，由若干政党联合组成的政党联盟。巫统在国民阵线中不可动摇的领导地位具有较明显的一党独大的特点，而国民阵线成员内部以及外部反对党之间又形成了多党竞争的格局。这种政党制度具有两个比较明显的特点：一是政党的种族性，即政党与种族之间具有同构性，政党的族群色彩突出。如三大主要政党巫统、马华公会、国大党分别是马来人、华人、印度人的利益代表，也就是说这些政党都是各自种族的代言人和利益的保护者，是其政治代表和权力的载体、工具。③ 二是政党的联盟性。由最初的 "马华印" 联盟到由 14 个成员党组成的 "国民阵线"，形成了以巫统为中心的政党联盟。但在国阵中各成员党的权力地位是不平衡的，尽管他们是平等的参与者，巫统在国阵中享有较大的领导权，其他党很难也无力在国阵中起主导作用。

如何看待这种族群政党政治？许多学者认为这种政党联盟有利于社会稳定。正如华人学者 Heng Pek Koon（王碧君）所指出的："所有的华人政党，包括执政党以及在野党都很清楚，在马来人控制的政治体制中，没有马来人联盟，他们是

---

① 国民阵线简称 "国阵"，是一个有严密组织形式、严格纪律和严格议事程序的统一的政治实体，在政治运作上，遵循高层、秘密、妥协等议事原则，形成了一种对政治权力进行争夺、妥协、分配的有效机制。作为一种精英政治安排，有很强的集体行动能力。事实证明，国阵是一个有较强适应性、自主性和凝聚力的强大政党，是国家现代化的启动者和主要推动力量。

② 林若雩：《马哈迪主政下的马来西亚：国家与社会关系（1981—2001）》，台北：韦伯文化事业出版社，2001 年，第 124 页。

③ 张锡镇：《当代东南亚政治》，南宁：广西人民出版社，1995 年，第 265 页。

无法获得成功的。族群政党联盟制度是马来西亚政治的基础，任何改变都会极大地加剧族群紧张并威胁到国家的稳定。华人在马来西亚政治里的合作是维持政治稳定和族群和谐所必需的。"① 韩方明也从以下三个方面阐述了这种政党制度的优势。第一，它不会像一党制国家那样必定产生专制或权威政治。虽然联盟党和国民阵线作为执政党，从独立至今地位没有发生变化，但这个执政党并不总是占有绝对优势，在一些州级政府，反对党控制州政权，也是执政党。另外，执政党本身是由多党组成的，最多时达到 14 个政党，通过协商出来的决策也就不可能是专制性或权威性的。第二，这种制度具有的层次结构，使执政党的政策能够较多地容纳不同政党的利益要求，从而间接地反映了不同政党所代表的民众的利益要求。第三，它不会像两党制国家那样出现"过度民主"的现象。两党制国家或两个主要政党竞争的国家，由于两党的政治力量势均力敌或相差不大，它们为争取执政党的地位而展开全面的竞争，这种竞争的激烈程度容易产生"过度民主"的现象。②

笔者认为这种特殊的政党制度比较适合马来西亚的国情。一方面，一党独大保证了执政党及政府的连续性，有利于经济现代化的发展，而多党竞争的格局又体现了民主的精神和要求，有利于政治现代化的推进；另一方面，政党与族群的同构性，每个族群在政府中都有自己的利益代言人，为族群间的沟通提供了渠道。许多敏感议题可以通过"族群代言人"传达给政府，先在联盟内部协商解决，以避免大规模的族群活动，降低引发冲突的可能性。例如，华人政党参与执政，为马、华两族之间的沟通和磋商提供了最大的方便，政府得以及时了解华人的情况，并据此制定较有效的应对措施，两族间的不少纷争和矛盾在激化之前就得到了解决和缓和。更重要的是，大多数华人把最大的华人执政党——马华公会看成是华人社会在政府中的代表，对政府的不满往往直接转化为对马华公会的不满。如在 20 世纪 70 年代关于新经济政策的争论中，马华公会成为众矢之的，政府和马来人也因此避开了与华人激烈的正面冲突。

总之，马来西亚的政党制度是其历史发展进程中的必然产物，在一定程度上满足了马来西亚的社会需求，但政治民主化的不断推进以及公民社会的培育，也要求对其做出变革。20 世纪 90 年代初"替代阵线"的成立，标志着两个政党联盟斗争新格局的形成。2008 年大选时，国内三大反对党——民主行动党、公正党及回教党，联合组成了人民联盟（简称"人联"），获得了国会 222 席中的 82

---

① Heng Pek Koon and Lee Karo Hing, The Chinese in the Malaysian Political System, in Lee Kam Hing and Tan Chee - Beng, eds. , *The Chinese in Malaysia*, *Slangor Darul Ehsan*, kuala Lumpur：Oxford University Press, 2000, pp. 215 - 223.

② 韩方明：《华人与马来西亚现代化进程》，北京：商务印书馆，2002 年，第 313 页。

席，并由此引发了一场让世人关注的"政治海啸"。但人联要想取代国阵，形成真正意义上的"两党"制，还面临着诸多困难。不可否认的是，反对党实力的不断增强反映了广大民众要求变革的呼声日益高涨，国阵的"霸权"地位不再坚不可摧。

第四节　马来西亚的族群政策与族群关系

族群关系是多民族国家不得不面对并要妥善处理的重要关系之一，直接影响着国家的发展、社会的稳定。族群关系的好坏对一个国家来说意义重大。马来西亚是由马来族、华族、印度族三大主体民族以及其他少数民族构成的多族群国家。其中，以马来人为主的当地族群占人口比重最大，占总人口的65%以上，原住民族中除了马来人外，还有西马的尼格列多族、先努伊族，以及东马的海达雅克族（又叫伊班族）、陆达雅克族（又叫比达育族）、卡达山族等30多个族群；华人是第二大族群，占总人口的22.5%；印度人是第三大族群，约占总人口的7%~8%。此外，还有极少数欧亚等地的外来族群。作为马来西亚第二大族群的华人与最大族群马来人之间的关系（简称"华巫关系"）是马来西亚族群关系中的主轴，对马来西亚的社会发展有着重要影响。

在一个多元族群社会中，族群政策常常视多数与少数之间所拥有的权力资源及动员能力而定，若族群间权力禀赋相当，族群关系则愈有可能展现平等性和竞争性。反之，则愈有可能展现霸权式及支配式。在马来西亚，少数族群虽然拥有一定的权力资源，但马来族群无论在人口、政治、经济、资源上都具有强大的优势地位，少数族群相对来说权力资源极为贫乏及薄弱，因此其族群政策几乎只是反映马来族群的文化价值及政经优势。政府政策是否"开明"，完全要视统治阶级内部政治环境和马来族群的态度而定。少数族群很少拥有较强筹码或机会与执政当局"议价"，许多时刻马来族群才是政策的主要考虑核心。而这种以马来族群为核心的族群政策的形成有其深刻的历史原因。

一、马来西亚族群关系形成的历史根源

马来西亚独立前是英国的殖民地，英殖民者为了便于管理与统治，实行"分而治之"的统治政策，造成当地种族间的隔阂，形成了马来亚独特的多元化社会形态，也在很大程度上影响了以后马来西亚族群关系的发展变化。这种"分而治

之"政策，表现在不同种族的居住区域、工作项目①等各个方面，有以下三个明显特征。第一，各族群由于地理及政策上的隔离，彼此之间交往不频繁，关系也很淡薄；第二，各族群之间种族界限极为明显，尤以经济领域最为突出，华人从事商业及矿业活动，马来人务农捕鱼，而印度人则为胶工；第三，为了平衡马来人与非马来人的人口比例，英殖民政府不断输入外来移民，导致多元种族社会的形成，也奠下了种族关系矛盾的基础。② 总之，英殖民政府这种隔离各族群以忽视彼此生活方式的做法，不仅对马来人与华人分别赋予"政治"与"经济"的功能，奠下以后这两大族群在马来西亚发展的基础，也导致了持续性的种族偏见和刻板印象。如马来人的懒散与消极、华人是中间人兼剥削者以及印度人爱酗酒等认知上的扭曲和偏见。③

日本占领星马时期，为巩固其对该地区的统治，分化原本融洽的华巫关系，推行"以马来人抑制华人"的分化政策。对华人加以迫害、勒索，发动数次"大检证"，屠杀华人，并强迫华人缴纳巨额的"奉纳金"。对马来人则采取笼络手段，一方面承认马来亚各州苏丹的特殊地位，任命马来人担任官吏，组织马来人警察充当其帮凶；另一方面则释放被英殖民地政府囚禁的马来青年会领导人，并利用马来民族主义分子的反英情绪，组成"半岛印度尼西亚人民协会"，承诺给予马来人独立地位，以获取马来族群的支持。在宣传上，一方面说是日本人赶走了欧洲人，替亚洲建立了"自由国家"，并极力丑化英国人的形象；另一方面则极力挑拨马来人与华人的关系，④ 说马来人的经济与政治受到华人的入侵，应将其驱逐出去。总的来看，日治时期对华侨残酷镇压，而对马来民族实行笼络利用政策，促使马华两族的矛盾日益凸显，也对战后两族关系的发展产生了负面的影响。⑤

---

① 如莱佛士与柔佛王国于1819年签订的《新加坡之处理协约》第2条就规定："凡华人迁居河之对岸，由大桥起至河口止；马来人及图盟果等则迁至大桥口起止河流发源处止。"参见朱镜宙：《英属马来半岛》，台北：乐清朱氏咏莪堂，1978年，第12页。

② 李宝鑽：《马来西亚华人涵化之研究——以马六甲为中心》，台北：国立台湾师范大学历史研究所，1998年，第82页。

③ 吴清德：《马来西亚的种族政治》，吉隆坡：远东出版社，1989年，第43—44页。

④ 前新加坡驻日、韩大使李炯才在其回忆录中指出，"日本占领马来亚期间曾刻意挑起华巫两族的冲突，致使战后初期受过日军迫害的人，到处搜寻曾与日本人勾结者私下报复"，"这些冲突促使马来人团结起来组成马来民族统一机构——巫统，成为马来（西）亚的执政党"。参见李炯才：《追寻自己的国家——一个南洋华人的心路历程》，台北：远流出版事业股份有限公司，1994年，第133—134页。

⑤ 参见新马侨友会编：《马来亚人民抗日军》，香港：见证出版公司，1992年；Cheah Boon Kheng, The Social Impact of the Japanese Occupation of Malaya（1942—1945）；Yoji Akashi., The Japanese Occupation of Malaya（1942—1945），in Alfred W. mccoy, eds., *Southeast Asia under Japanese Occupation*, New Haven：Yale University Southeast Asia Studies，1980.

二、"5·13"事件后相对融洽的族群关系的形成

马来西亚获得独立后，以巫统为首的马来人操纵了国家政权，确立了马来人的特权地位，华人则以承认马来人政治上的特权方式获得了平等的公民权和经济上的相对优势。但是，由于两大族群在许多方面存在差距，尤其是经济上的严重失衡，终于导致"5·13"族群冲突的爆发，国家进入紧急状态。

"5·13"冲突后，政府借此迅速以国家之力介入政治、经济、文化、社会各个领域，针对族群问题做出各项调整，从而走上"非自由民主体制"之路。其中，最直接的表现就是1971年宪法修正案的出台，这是当局第一次以立法的形式规定了马来人的特权地位不容置疑。政府通过《宪法》确立了马来人的特权地位，并进一步认识到要真正改变马来人的处境，大力发展马来人经济，提高马来人收入才是根本。因此实施了旨在提升马来人经济、打压华人经济的新经济政策。除了在经济上颁布有利于马来人的法令外，马来政府更进一步认识到，提升马来人的受教育水平才是解决问题的关键，同时还要改变"土地之子"（指享有特权的马来人）的文化观念。正如前首相马哈蒂尔所言："马来人固有的文化，诸如懒散、缺乏进取心等，阻碍了其在经济上的进步。新经济政策要改变'土地之子'的经济地位，关键是要改变其文化观念，而教育和培训是有效和必不可少的手段。"[1] 所以在最能提升人才竞争力的高等教育中做出了有利于马来人的制度安排，如在1971年开始实施的"固打制"，即不以学生的学业成绩作为录取新生的标准，而是以种族人口比例作为根据，规定马来学生与非马来学生的录取比例为55:45。这种"固打制"使马来学生进入大学的人数不断增多，有更多的马来学生进入医学、资讯等科系学习，从而大大地提升了马来人的竞争力。总之，通过新经济政策的实施，马来人的经济地位不断提升，种族之间的利益差别得以平衡，族群冲突得以缓和，为以后相对和谐的族群关系奠定了基础。

20世纪90年代以来，随着冷战的终结，世界经济形势发生了很大变化，经济全球化、区域一体化向纵深方向发展，这些都促使马来西亚政府开始调整各种政策，以适应全球化的新形势，推动经济的复苏和发展。并且通过新经济政策的实施，马来人的经济状况以及人力竞争力得到大大提升，并培养了一批马来中产阶级。同时，政府也逐步认识到以保护马来人利益为主轴的新经济政策已不适应

---

[1] Suet－ling Pong, *Ethnicity and Schooling in Malaysia：The Role of Policy*, p. 2, http：//www. cicred. org/Eng/Seminars/Details/Seminars/education/ACTES/Com_ Pong. PDF.

国内外形势，所以后来实施的国家发展政策及国家宏愿①政策，都采取了比较温和的有限干预政策。在坚持消除贫困和在各个民族间重新分配财富的同时，注重经济增长与利益分配的均衡发展，尤其强调通过迅速发展经济来重新分配财富，在稳定增长中获得经济的公平；而且更加强调发挥华人在国家发展中的作用，肯定和落实华人作为马来西亚人的政治权利，带有歧视倾向的政策逐渐退出，华人整体被看作是马来西亚共荣社会的组成部分，其处境以及与马来人的关系逐渐改善，族群关系朝着较为和谐的方向发展。

总的来说，马来西亚自"5·13"事件后保持了相对融洽的族群关系，较少发生激烈的族群冲突，尽管族群差异和族群矛盾随处可见，族群纷争课题连绵不断。② 同时，这种较为和睦的族群关系也为经济的发展、社会的稳定奠定了基础，并有力地推动着经济的快速发展。

---

① 国家宏愿又称"2020 年宏愿"，这个概念是由马来西亚第四任首相马哈蒂尔在 1991 年召开的第一届贸易议会代表大会中提出的，主要目的是到 2020 年将马来西亚发展成为资讯科技发达、先进繁荣的工业国。

② 廖小健：《战后马来西亚族群关系研究——华马两族关系与社会整合》，暨南大学博士学位论文，2007 年，第 197 页。

第四章　独立前后的马来西亚华教政策制定（1946—1969）

第一节　政府华教政策制定的国内外背景透视

一、两极对抗的国际格局

1946 年英国首相丘吉尔发表"铁幕演说"成为冷战的序曲，1947 年美国总统杜鲁门以土耳其和希腊受到共产主义危险为由宣布对这两个国家提供援助，拉开冷战的序幕。同年杜鲁门总统在国会正式提出"对苏联发动冷战以遏制共产主义"成为冷战正式打响的标志。此后，世界便分成了以美英为首的资本主义阵营和以苏联为首的社会主义阵营，两大阵营相互敌视，争夺势力范围，意识形态的对抗渗透到各个领域。这也是国际格局的总体特征。

东南亚地处亚洲与大洋洲、太平洋与印度洋的"十字路口"，连接三洲（亚洲、非洲、大洋洲）、两大洋（太平洋和印度洋），具有极其重要的战略位置。在美国决策者看来，"东南亚在政治、经济和战略上是极其重要的，这一地区沦为共产主义控制之下将会对整个自由世界构成严重的威胁"[1]。1949 年 12 月 23 日，美国国家安全委员会在 48/1 号文件中宣称："如果共产主义进而席卷东南亚，我们必将遭受政治上的大溃退，其影响将扩及世界其他地区，尤其是中东及暴露于危险边缘的澳大利亚。"[2] 苏联在这一时期开始推行一种更加灵活和积极的外交政策，尤其是争取第三世界的新战略，通过与亚非等第三世界国家建立友好关系、向它们提供大量的经济和军事援助等手段，来巩固新独立国家的中立倾

---

[1]　*The United States Delegation at the Tripartite Preparatory Meetings to the Secretary of State*, May 4, in FRUS, Vol. 3, 1950, pp. 943 – 945.

[2]　转引自尤洪波：《冷战期间美国对东南亚政策的演变》，《东南亚》，2000 年第 3—4 期。

向，与西方世界展开争夺。这更加剧了美国对东南亚地区的重视，进一步增强了东南亚的战略地位。美国采取一系列行动加强与东南亚国家的军事合作，并大力支持东南亚国家在政治上的联合。从 1951—1955 年，美国通过《美日安全条约》、《美菲条约》、《美澳新条约》、《美韩共同防御条约》、《东南亚集体防务条约》和《美台共同防御条约》，建立了一个包括韩国—日本—中国台湾—菲律宾—澳大利亚—新西兰的弧形军事链条，企图对中国形成包围之势，把新中国扼杀在摇篮之中。

在浓厚的冷战思维熏陶下，东南亚国家大都接受了西方的反共观念，对共产主义的中国持敌视态度，掀起反对中国的反共反华运动，认为中国是"亚洲泛华人主义的领袖和提倡者，并同海外华人合谋从内部颠覆东南亚"[①]。华文教育自然也被纳入意识形态对立所形成的尖锐矛盾中，华文被视为社会主义语言，甚至把华文教育和共产主义的传播联系在一起。作为英国的殖民地，马来亚通过和平斗争的方式获得了独立，在经济和政治上继承了一大笔殖民遗产，与宗主国保持着千丝万缕的联系，也自然成为"自由和民主国家"中的一环和反共帐幕下的一员。反共即是马来亚的基本政策之一，同时也是联盟得以从英国人手中接管政权的重要前提，这也深深影响了以后马来人对华人及华文教育的认知。

二、僵硬对抗的中马关系

新中国成立初期，由于受冷战的国际大背景以及之后相继爆发的朝鲜战争和法越战争的影响，加之当时以美国为首的西方国家对新中国的遏制与封锁，中国在外交上执行了"一边倒"的外交政策，加入了以苏联为首的社会主义阵营。从 20 世纪 50—70 年代，随着中苏关系的恶化和国内文化大革命的兴起，中国所表现出的国际身份具有明显的斗争性和意识形态性。所谓的斗争性，正如学者秦亚青所言："从总的趋势看，在 70 年代之前，中国自我身份定位是一个具有比较明显革命性的体制外国家。"[②] 俞正梁教授也认为当时"中国对国际整体秩序持全面不定的批判态度，反帝、反修、反对一切反对派，因而被一些西方学者描绘成愤怒的孤独者形象"[③]。总之，这一时期的中国对外政策是以意识形态、阶级分野来确定国际关系的价值取向。中国判断国际社会的是非、对世界力量的划分、对敌国友国的确认等，几乎都是以此为依据。因而，中国在国际上坚决立足

---

①　黄枝连：《东南亚华族社会发展论——探索走向二十一世纪的中国和东南亚的关系》，上海：上海社会科学院出版社，1992 年，第 6 页。

②　秦亚青：《国家身份、战略文化和安全利益》，《世界经济与政治》，2003 年第 3 期。

③　俞正梁、陈玉刚：《中国国际关系的战略与理念研究二十年》，《复旦学报》，1999 年第 1 期。

于社会主义阵营，积极援助与支持各国人民革命斗争和革命战争，把推进世界无产阶级运动作为其战略目标，从而给人有意输出革命的不良形象。[①] 中国的这种形象定位，必定会引起周边国家的恐惧与反感，在很大程度上影响着与周边国家的关系。

作为英国的殖民地，马来亚没有经过战争就从英国殖民统治下获得了独立，在经济和政治上继承了一大笔殖民遗产，与宗主国保持着千丝万缕的联系，自然成为"自由和民主国家"中的一环和反共帐幕下的一员。反共即是马来亚的基本政策之一，同时也是联盟得以从英国人手中接管政权的重要前提。在意识形态上站到了西方阵营一边，对中国的意识形态和社会制度持对立和敌视态度，认为中国是一个扩张的、侵略性的大国，一直试图利用同马来亚华人的密切关系，以及通过对马来亚共产党的支持从内部推翻马来亚政府。基于以上认识，加之当时中国的自我形象定位存在问题，马来西亚对中国的态度从一开始就充满了敌对情绪。尽管1957年8月31日马来亚脱离英国而独立时，中国国家领导人致电祝贺并宣布承认其地位，表示愿意与其建交，却得到对方充满敌意的答复。在台湾问题上，马来西亚采取"一中一台"政策，拒绝承认中华人民共和国。在1957年召开的联合国代表大会上，马来亚代表反对中华人民共和国恢复在联合国的合法席位，并表示不会改变对中国的强硬立场。1962年，中印战争爆发，马来亚政府指责中国"侵略"印度，并成立基金会，向印度提供资金援助。中国单方面的友好态度却遭遇马来西亚的强硬对抗，这也迫使中国政府逐渐改变了对马的态度，两国走向对抗与敌对。在1963年马来西亚正式组成前后，中国报刊就称其为"在美帝国主义支持下英国策划的新殖民主义"、"新殖民主义的马来西亚联邦"，并把东姑·拉赫曼政府叫做"拉赫曼傀儡集团"。在印度尼西亚对抗马来西亚时期，中国政府表示坚决支持印度尼西亚反对马来西亚的立场，坚决支持文莱人民党反马来西亚的人民起义。故从1949—1970年，两国基本处于隔离状态。

总之，在这一时期马来西亚对中国的认知及两国的僵硬敌对关系在一定程度上影响了马来政府对华文教育的认知。广大马来华侨华人一度被政府看成是中国大陆派遣的"第五纵队"，是潜伏的"特洛伊木马"，华文也被认为是"共产主义语文"，如马来西亚曾有一位部长就把华文形容成是"毛泽东语文"。[②] 中共对华侨（华人）问题的任何反应，都会被冠以"共党渗透"的恶名，并将华校当成共党分子的训练所及大汉沙文主义者的代表社团。[③] 这一时期政府的华教政策

① 赵海立：《中马关系及前景：建构主义视角下的思考》，《南洋问题研究》，2005年第3期。
② 林吉祥：《马来西亚的计时炸弹》，八打灵：民主行动党，1978年，第266页。
③ "沙文主义"是马来人指责华文教育的罪名。见1975年全国华人注册社团向部长级检讨委员会提呈的"备忘录"。参见《中华日报》，1974年12月20日。

虽然不像其他国家那样严厉与苛刻，但对华文教育的限制与打压却时刻存在，对华人的猜疑及华文的恐惧也伴随其中。

三、马来亚共产党的影响

马来亚共产党（简称"马共"）成立于 1930 年 4 月 30 日，在成立前曾是中共的海外支部，名称为"中共南洋临时支部"。当时的马共分子主要来自华文学校及星马两地的劳工阶层。由于潜赴南洋的马共分子多藏匿于华文学校之内，因此华文学校成为宣传共产主义的场所。华人青年学生成为马共争取的主要对象，华文学校成为培养马共中坚干部的温床。[①] 据 Frances L. 的研究发现，约有 60%的马共中央委员会来自华文学校。[②] 这为以后政府以华校藏匿马共分子进而查封与打击埋下了伏笔。1942 年日本侵占马来亚后，马共组织了人民抗日军，与英军合作展开了抗日游击战。1945 年日本投降，同年 9 月英国恢复对马来亚的殖民统治，同年 12 月马共解散了人民抗日军。但在英军抵达马来亚之前的近一个月的时间里，星马由马共所统治。在这短短一个月的时间内，抗日军设立了"人民法庭"，处理了大量在抗日期间有通日罪的华人、马来人和印度人，并对迫害华人的警察、政府官员（主要是马来人）进行报复。[③] 这也加剧了后来马来人对华人的猜疑与嫉恨。抗日战争胜利后，英国殖民者重返马来亚，并于 1948 正式宣布成立"马来亚联合邦"。马共内部经过多年激烈的讨论，最终决定利用工会组织、遵循宪制手段夺取国家政权。在国际问题上，马共坚决反对帝国主义的侵略战争和奴役政策，拥护苏联及欧洲新民主国家的和平、民主独立政策。在马来亚问题上，马共坚决反对保守的、反动的、压迫人民的殖民政策，坚决主张民族团结，实现民主自治。[④] 因而遭到英殖民政府的围堵打击。新成立的马来亚联合邦政府宣布全马进入"紧急状态"，采用高压手段来遏制马共的活动，并先后调动大批精锐部队，包括英国皇家军队、辜加兵团等数十个兵团以及英国机动部队、

---

① 杨建成：《马来西亚华人的困境——西马来西亚华巫政治关系之探讨（1957—1978）》，台北：文史哲出版社，1982 年，第 354 页。

② Frances L. Starner, Communism in Singapore and Malaya: A Multifront Struggle, Robert A. Scalapino ed, *The Communist Revolution in Asia*, *Englewo of Cliffs*, N. J. : Prentice Hall, 1965, p. 237.

③ 后来事实证明，马共这一时期的行为，一直没有得到马来人的谅解。1989 年 12 月 2 日，马来亚共产党、马来西亚及泰国政府三方签署了《和艾和平协议》，至此马共结束了历时 40 年的武装斗争。但作为马共总书记的陈平一直在为回国进行不懈的努力。国阵政府却表现出不让陈平回国的强硬立场，并一再谴责马共在这一时期对马来人的"报复"行为及"紧急状态"时期所造成的军警和平民伤亡。而且不时地借助其控制的主流媒体继续妖魔化马共，把其视为"影子敌人"。

④ 崔贵强：《新马华人国家认同的转向（1945—1959）》，厦门：厦门大学出版社，1989 年，第 212—213 页。

装甲部队、炮兵团，外加澳洲及新西兰东南亚驻军共计近 20 万名。另外还有马来军警、特警、警卫团，到 1951 年，马来军警、特警 6 万多人，警卫团团员达 10 万人。① 同时英殖民者还实行了"新村"② 战略，把少数散居乡村的华人集中到政府有能力防御的"新村"（西马地区共有 550 个新村），这样便断绝了马共的粮食和人员补充来源，致使马共的活动一直停留在"小规模的恐怖活动"阶段。马共的武装叛乱使得华人社会的政治活动全部停顿，稍有过激言论与行动便可能在紧急法令下被捕。在政府的宣传下，马共的华人性格更为突出，马来人则倾向把所有有政治野心的人视为马共分子或同路人。抵抗"共产党的威胁"也成为马来政治家统一内部意见、压制分歧分子抗议的最有效手段。③ 马来西亚独立后的联盟政府继承了英殖民政府的政策，视马共为破坏国家安全的最大威胁，坚决打击消灭。

总之，马共被视为马来西亚国内的最大安全威胁，是历届政府的心腹大患，千方百计地加以防范与打击。如自 1948—1975 年这 28 年间，马来西亚就经历了三次紧急状态：1948—1960 年、1963—1966 年、1969—1971 年，而这三次紧急状态都直接或间接地与共产组织有关。因而马来政府就认为："马国民主宪政最大的威胁，是来自'黩武的共党组织'。"④ 马共的成员又大多是华人，这就不可避免地使得政府认为华人与马共有某种天然的联系，对其忠诚度充满疑虑，对华文学校也十分警惕。如巫统主席拿督翁就在不同场合质疑华人的效忠问题，他抨击华人 98% 效忠中国，其中 2% 是共产分子。殖民地政府一直认为华人企图将马来亚变成中国的一个省，一些马来种族主义分子也抨击华人，认为华人大部分同情中共，要将马来亚变成"小中国"。⑤

---

① 陈剑：《新马共产主义运动简述》，《人文杂志》，2000 年第 3 期。

② 华人新村是马来亚英国殖民地时期设立的一系列华人集中定居点，是特定历史条件下的产物。其目的是为了在长达 12 年的马来西亚紧急状态时期，阻止华人与马来亚共产党领导下的马来亚人民解放军接触。这个策略后来被证明是相当有效的。

③ 参见杨建成：《华人与马来亚之建国》，台北：台北中国学术著作奖助委员会，1972 年。

④ 杨建成：《马来西亚华人的困境——西马来西亚华巫政治关系之探讨（1957—1978）》，台北：文史哲出版社，1982 年，第 351 页。

⑤ Oong Hak Ching, *Chinese Politics in Malaya*（1942—1955）: *the Dynamics of British Policy*, Bangi, Selangor: Penerbit University Kebangsaan Malaysia, 2000, pp. 107 – 125.

第二节 华人社会力量主体影响政府政策制定的方式

一、社会运动理论与华教运动的形成

在理想的民主体制下，社会不同利益群体可通过政党政治或游说等体制内的方式表达民意，影响政策决策。但是，体制内的管道往往不能满足人们的意愿和诉求，而且政策和资源分配也涉及各种政治利益和意识形态的角力，因此特定群体必须通过动员体制外的力量，以社会运动的形式介入政策制定过程。所谓"社会运动"（Social Movement）是指由具有共同目的与彼此团结的人民所发动的集体挑战，持续地与精英、对手和权威进行互动。[1] 社会运动可以被界定为一种集体行动过程（collective action），它一方面有目的地挑战主流社会，包括制度性安排与意识形态在内，另一方面也试图创造新的或重建过去受到压迫的社会意义。[2]

那么为什么会形成社会运动，并能产生强大影响力，甚至对当局有一定的冲击力量？早期的相对剥夺理论（relative deprivation theory）和资源动员理论（resource mobilization theory）对此做出了解释。前者认为社会上的不公平、不公道与不平等的主观认知，是社会运动形成的决定因素。[3] 后者认为运动的发生，是某些社会精英分子掌握权力及资源之后，对这些问题经过有效的组织运用所形成的。[4] 这两大理论在一定程度上对社会运动的产生给予了合理解释，但并未从体制的原因进行进一步探讨。后来以 Charles Tilly 为代表的学者以政体为模型来解释社会运动的形成。他把国家定义为一个政体，政体下分为两类成员：政体内成员和政体外成员。政体内成员包括政府和一般成员（如财团和其他利益集团），一般成员能通过常规的、低成本的渠道对政府施加影响（如游说、公关、政治捐款等）。政体外成员也能对政府产生影响，但其行动经常被忽视，甚至为此付出很大代价（如遭受镇压等）。[5] 这就使得体制外成员要想受到重视，打破被忽视的现状，实现自身诉求，要么设法进入体制内，要么致力打破这个体制，从而形

---

[1] Sidney Tarrow, *Power in Movement*: *Social Movements and Contentious Politics*, Cambridge: Cambridge University Press, 1998, p. 4.

[2] 张茂桂：《社会运动与政治转化》，台北：台北国家政策研究中心，1989 年，第 14—19 页。

[3] Ted R. Gurr, *Why Men Rebel*, New Jersey: Princeton University Press, 1970.

[4] J. Mc Carthy and Mayer Zald, Resource Mobilization and Social Movements: A Partial Theory, *American Journal of Sociology*, Vol. 82, 1977, pp. 1212 – 1241.

[5] Charles Tilly, *From Mobilization to Revolution*, MA: Addison – Wesley, 1978.

成社会运动。这个模型能够很好地解释华人社会运动的形成，即华人民间社会力量就是被排除在政体内成员身份之外，而被迫以挑战者的姿态争取权益。

马来西亚是一个典型的多文化、多族群的社会，国家独立是在各民族的共同努力下取得的，但独立后各族群并没有获得平等权利。首先，通过立宪与修宪保障了马来人特权的不可动摇性与不可质疑性；其次，通过制定一系列"歧视性"政策来限制少数族群的权利，尤其是对文化教育的压制。总之，国家的不少政策和制度不仅造成族群之间的分歧，还使其固定下来，少数族群的权利和参与往往要透过体制外管道加以表达。[①] 这就促使广大华人的集体利益与诉求在无法通过"制度性途径"得以表达的情形下，只有诉诸集体行动和社会运动。自"二战"后争取国家独立直到今天，华社的集体行动涉及各个领域，其中尤以文教领域的社会运动规模最大，动员人数众多，影响也最大。这是因为语言和文化是一个民族的灵魂，是一个民族保持族群身份认同、区别于"他者"的最主要标志，因而是最具动员能量的社会运动之一。

20 世纪 50 年代，随着一系列不利于华文教育法令的出台，教总、董总相继成立，成为争取华教权益的坚强领导者，就此拉开了华教运动的序幕。"5·13"事件后，马来西亚的民主退化，政经权力分配向种族权倾斜，国家机关力求去政治化，单元化政策愈趋严厉，对其他族群权益的压制随处可见。这一时期的华教运动蓬勃发展，如如火如荼的独中复兴运动、申办独立大学、反对国家文化政策等。这些运动奠定了董教总的实质领导权威地位，使其不再只是教育团体，而是捍卫华人各种权益的代表机构。[②] 20 世纪 90 年代后随着国内外形势的缓和，政府"小开放"政策的实施，以及政府对部分华团的成功"收编"，使得华人社会运动渐趋平缓。但以董教总为首的华教运动并没有停止，相继开展了反对《1996年教育法令》、2002 年数理英化政策等运动，坚决捍卫民族的文化教育权利。

二、华人社会力量主体影响政府政策制定的方式

Charles Tilly 的社会运动理论表明，人们表达利益诉求、影响政府政策制定的方式有两种：一是体制内成员，能通过常规的、低成本的渠道对政府施加影响（如游说、公关、政治捐款等）；二是政体外成员，也能对政府产生影响，但其行动经常被忽视。在马来西亚华人争取权益的过程中，以上两种方式都有体现。

---

① Amy Freedman, The Effect of Government Policy and Institutions on Chinese Overseas Acculturation: The Case of Malaysia, *Modern Asian Studies*, Vol. 35, No. 2, 2001, pp. 411 – 440.

② Alan Collins, Chinese Educationalists in Malaysia: Defenders of Chinese Identity, *Asian Survey*, Vol. 46, No. 2, 2006, pp. 289 – 318.

第一，以马华公会为代表的华人政党，作为体制内成员，按常理来说拥有对政府施加影响的有利渠道，而且其本身就是决策者成员之一，但由于巫统在联盟中居于主导地位及马华自身缺陷，使得这种渠道在争取华人权益方面并没有发挥出应有的作用。正如学者对马华所提出的批评："由于马华公会领导人的软弱性和妥协性，既没有在联盟内部理直气壮地捍卫华人社会的权益，又没有充分发动和依靠华社的力量，力争其他民族的谅解与支持。他们习惯于与巫统领导人在幕后进行'绅士式'的磋商。马华这种工作作风和领导方法，其结果是联盟制定重要国策时，华社权益经常被忽视和损害，并且随着巫统力量的壮大，马华公会在政治权益上愈发处于从属地位。"①

第二，以董教总为首的华人民间社会力量作为体制外成员，没有直接向政府表达利益诉求的管道，通常采取以下几种方式表达诉求，从而影响政府政策的制定。一是通过集会发出呼吁、制造舆论，以引起政府关注；二是通过文字作出要求，如提呈备忘录、意见书等，让政府了解华社诉求；三是向国家领导人提出，如通过信函或会见教育部长、元首等方式表达诉求。其中，又以提呈备忘录为主。这主要是因为"以巫统为首的政府成功地将华团摒弃于决策程序之外。缺少了有效的（与政府、决策者）接触管道是华团最严重的缺陷，撰写备忘录似乎成了向决策者传达要求的唯一途径"②。但这些方式的效果有限，如针对某个议题华社多次向政府提呈备忘录，但政府却不作出任何回应。不过华社坚决捍卫母语教育的决心及其持续性的斗争，形成了极具动员性的社会运动，声势浩大，影响范围广泛，使得政府不敢小视，而且这种社会运动还能产生巨大的舆论压力。而舆论压力作为一种政治参与方式，在资讯发达的现代社会发挥着重要作用，民主政府在强大的舆论压力下，往往会考虑民意，对相关政策作出一定调整。

---

① 张应龙：《战后初期马来亚华人的政治地位（1945—1957）》，暨南大学华侨华人研究所编：《华侨研究》，北京：高等教育出版社，1988年，第90页。
② 何启良：《政治动员与官僚参与——大马华人政治论述》，吉隆坡：华社资料研究中心，1995年，第84页。

第三节 "二战后"英殖民政府华教政策的 制定及其力量博弈

一、从马来亚联邦到马来亚联合邦

"二战"后英国殖民者重返马来亚，准备成立马来亚联邦，并于1946年公布《马来亚联邦计划》白皮书。在马来亚联邦宪法下，第一次规定公民权资格的取得，原则是采取出生地主义，任何人不分种族与信仰，只要符合马来亚联邦宪法所规定的条件，就可获得公民权。其有关公民权的重要条文如下[①]：

（1）因法律之施行而取得公民权：

①凡在本条例生效之日以前出生于马来亚及新加坡，并在该地为常住居民者。

②凡在本条例生效之日为马来亚及新加坡居民，年龄在18岁以上，在1942年2月15日以前的15年内曾居住马来亚或新加坡10年以上，并愿效忠者。

③任何出生于该条例实施后的人。

④条例生效后出生于星马之外的地区，但其父亲为公民者。

⑤上述①②两项之年幼子女。

（2）因登记申请而取得公民权：

①在申请日以前的8年中，曾居住于马来亚或新加坡合计4年者。

②品行端正者。

③通晓英语或马来语。

④愿永久居住并效忠马来亚者。

从中可以看出，本条例最明显的规定是不分马来人与非马来人均可取得或申请获得公民权，这是基于各民族平等的公民权法规，意在鼓励居民成为马来亚的一员。在这种条件下，约有83%的华人可自动成为公民。[②] 但由于当时华人普遍把自己定位为中国的一分子，不愿意放弃中国国籍，故对公民权的取得与否相当

---

① Great Britain Colonial Office, Malayan Union and Singapore, *Summary of Proposed Constitutional Arrangements*, 1964, Cmd. 6749, pp. 9 – 10.

② 暨南大学东南亚研究所、广州华侨研究会编：《战后东南亚国家的华侨华人政策》，广州：暨南大学出版社，1989年，第49页。

冷漠，① 这也是华人长期对于政治冷漠的必然反映。正如王赓武教授所言："这反映了他们在中国价值体系中的局限性，正是这个价值体系导致华人估计不准和失误。"②

马来民族则认为马来亚联邦在颁发公民权条例方面太过宽松，而且苏丹的权力也受到剥夺，威胁到了马来族的权益，因而激起了马来人潜在民族意识的觉醒，并催生了马来民族的组织——巫统的诞生。1946 年 3 月 1 日，在柔佛的"半岛马来人运动"、雪兰莪的"马来人协会"及拿督翁的领导下，在吉隆坡召开了"泛马马来民族大会"，会议决议成立"全国巫人统一机构"（United Malay National Organization，UMNO，简称"巫统"），作为动员马来社会的一个总机构，积极反对"马来亚联邦计划书"以维护马来人的特权。巫统认为如果以种族平等的原则推行新宪制，则等于使马来人永远受制于华人控制之下，认为"种族绝灭的危机"也已来临，如果不及时奋起，马来人就将沦为"博物馆的陈列品"。③在巫统的大力宣传与煽动下，马来群众也一致支持各州统治者与巫统领袖所发起的杯葛 1946 年 4 月 1 日马来亚联邦的成立典礼运动，并且积极反对英国吞并马来亚，抗议非巫人能在松弛的条件下获得公民权，与马来人分享国家的政治权力。④

在马来民族的强大压力下，加上华人对本邦政治的冷漠，英殖民政府作出了妥协，宣称以马来亚联合邦取代马来亚联邦，愿意采纳马来人意见，重新修宪。同时我们也应看到，英殖民政府放弃联邦计划，而改为联合邦，也是出于自身利益的考量。长期以来，英国政府在马来亚实行分而治之的统治政策，造成华、印、巫三足鼎立的多元种族社会。其中华人在教育经济各方面占有优势，如果实施马来亚联邦计划，马来人将失去政治上原有的特殊地位，华人将会在各方面占据优势而成为马来亚的主导民族。英国殖民官员就指出，此种情势若任其发展下去，十年内马来亚将可能变成中国一省，这将严重妨碍英国在东南亚的利益。⑤

正是在上述各种力量的共同作用下，马来亚联邦计划宣告破产，由 1948 年的马来亚联合邦计划取而代之。颁布的联合邦宪法则完全改变了公民权法规的基

① 学者崔贵强认为"二战"后初期马来亚华人对取得公民权的态度冷漠，是因为战后中国是五强之一，一般华人在潜意识里仍"以中国籍民自居，落叶归根的观念根深蒂固。战后初期，尽管政局已起了变化，但一般华人并没有及时改变，传统的大国民意识仍然牢不可破"。崔贵强：《新马华人国家认同的转向（1945—1959）》，新加坡：南洋学会，1990 年，第 153—165 页。

② 王赓武：《东南亚与华人》，北京：中国友谊出版社，1986 年，第 160—161 页。

③ 巴素著，郭湘章译：《东南亚之华侨》，台北：国立编译馆，1974 年，第 550 页。

④ Gordon P. Means, *Malaysian Politics*, London: Hodder and Stoughton, 1976, pp. 53 - 54.

⑤ 杨建成：《马来西亚华人的困境——西马来西亚华巫关系之探讨（1957—1978）》，台北：文史哲出版社，1982 年，第 109 页。

本精神，有关公民权的条款如下①：

（1）当然公民：

①不论出生何地，凡属任何一邦苏丹殿下之属民者。

②不论何时出生于任何殖民地的英国属民，凡在联合邦所包括之任何领土内为永久居住者。

③不论何时出生于现属于联合邦之任何领土以内之英国属民，其父亲具有下列条件之一者：

A. 其父本人出生于各该领土内。

B. 连续居住于各该领土内达15年以上者。

④不论何时出生于现属联合邦之任何领土以内，习惯于操马来语及遵循马来习俗者。

⑤凡其他任何时间出生于任何各该领土，其父母亦出生于各该领土之内，且在其间连续居住达15年以上者。

⑥凡出生之日其父为联合邦公民者。

（2）申请公民权：

①出生于现属联合邦之领土以内，且在该领土内之一地或多数地方，在其申请之前12年内，居住达8年以上之久者。

②在其申请之前20年内，于各该领土之任何一地或多数地方居住达15年以上之久者。

③通晓英语或马来语。

④品行端正并且愿宣誓为公民者。

从上述规定可以看出，联合邦条例则完全趋向于建立一个马来化国家，对公民权也是一种消极的承认与限制。其中规定"操马来语，并遵循马来习俗者"可自动成为公民，是完全基于文化的标准，而非政治。采用这种标准来对待其他民族，体现了欲同化其他族群的态度，这也是其后几十年马来人所遵循的原则。在这种规定下，非马来人获得公民权的条件更加苛刻——居住必须满15年，会讲马来语，效忠马来亚，并取消了公民权出生地原则，非马来人要想取得公民权更加困难。

总之，联合邦取代联邦，可以说是巫统成立后赢得的第一次巨大胜利，巫统由此赢得了广大马来人的信赖和倾力支持，"巫统就是马来人，马来人就是巫

---

① Great Britain Colonial Office, Malayan Union and Singapore, *Summary of Proposed Constitutional Arrangements*, 1964, Cmd. 6749, pp. 11 – 12.

统"①。而华人对政治的冷漠，也对自身造成了巨大损失。"华人不支持应该给自己带来同等公民权的马来亚联邦计划，而袖手旁观该计划在马来人领导者手中葬送了"②。在后来争取公民权的斗争中，华人付出了巨大代价，同时也直接影响了华文教育权利的获得与争取。

二、"二战"后英殖民政府教育政策的特点

在 20 世纪 20 年代之前，英殖民政府对华文学校并没有太多的管制，基本态度是任其自生自灭。五四运动后，英殖民政府逐渐认识到华文教育对马来亚华侨的巨大影响，以及中国本土所出版的教科书对英殖民统治可能产生的危害。为了防止华校不利于英殖民者的统治，英殖民政府遂于 1920 年、1926 年在海峡殖民地马来联邦颁布《1920 年学校注册条例》（*The Registration of School Ordinance of* 1920）和《1926 年学校注册条例》（*The Registration of School Ordinance of* 1926），开始管制非政府学校主要是华文学校，并对华校给予带有条件的部分津贴，企图通过"一手拿棍棒，一手拿萝卜"的做法，逐步将华校纳入其控制范围。并从 1930 年开始屡屡宣布禁止华校使用"含有煽动性的材料或者有煽动族群仇恨材料的教科书"③。但总的来说，这段时期英殖民政府对华校的管制主要还是在思想方面，即企图阻止华侨子弟产生效忠于中国的政治意识。对于学校内部管理和行政方面，董事会仍有较大的权力。

"二战"后，面对空前高涨的反殖斗争和独立要求，英殖民政府对具有强烈爱国意识和反殖传统的华文教育采取敌视态度。加之英殖民政府和日治时期的伙伴——马共的政治谈判破裂，导致全面的武装冲突，华人对马来亚的忠诚亦受到质疑。政府怀疑许多华校教师是马共的支持者或同情者，华文学校成为搜捕和关闭的对象。④ 1949 年 9 月，成立了马来亚联合邦中央教育咨询委员会，标志着政府新干预政策的推出。该委员会提出塑造"共同的国民意识"及提倡"统一教育制度"两项目标，企图打击华文教育的发展。1950 年 5 月，该委员会又提出扩张英语教育以解决种族间的教育问题。但英殖民者为了维持在马来亚的统治，需要得到马来人的支持与配合，因而在强调英语教育的同时，也赋予马来语同等

---

① 这是巫统创始人、首任主席拿督翁在巫统成立初期经常高呼的口号。《南洋商报》，2000 年 2 月 25 日。

② 原不二夫著，刘晓民译：《马来亚华侨与中国——马来亚华侨归属意识转换过程的研究》，曼谷：大通出版社，2006 年，第 197 页。

③ 古鸿廷：《教育与认同：马来西亚华文中学之研究（1945—2000）》，厦门：厦门大学出版社，2003 年，第 29—56 页。

④ 林连玉：《风雨十八年》（上集），吉隆坡：林连玉基金委员会，1988 年，第 24—29 页。

的地位与认同功能。

总之，"二战"后英殖民政府教育政策的特点可以归纳为以下三个方面。第一，认为多元种族的学校对一个团结的马来西亚国家的公民是重要的；第二，英文和巫文作为官方语文，两者都需要教导；第三，必须建立单元的教育系统并教导相同的学校课程。从中我们可以看出，政府在承认多元种族的多元教育系统的同时，定英文和巫文为官方语文，并认为国家需要单元化的教育制度，而相同的学校课程是迈向单元教育制度的第一步。这也就决定了这一时期政府教育政策的走向。

三、《1951 年巴恩报告书》与《1952 年教育法令》

1.《1951 年巴恩报告书》的出台与华社的强烈反应

1950 年，英殖民政府成立了一个由 5 名白人和 9 名马来人组成的马来文教育委员会（Committee on Malay Education），牛津大学教授巴恩任主席。这个委员会主要为一批以拿督翁为首的马来民族主义者不满马来亚联合邦巫文教育状况而设的。但该委员会的权限仅在于审查当时巫文教育的情况，并提出如何改善及提高巫文教育的意见。[1] 但巴恩委员会超越了它的权限，它推荐政府终止现行的民族语文学校系统，并以单一的"国民学校"代之，主张政府应把所有的教育款项都用在国民学校身上，以吸引各族群学生。该报告书首次提出了国民学校的概念，并将成为马来亚建国的工具。华校和印校在新教育系统中没有任何地位，因为他们认为那些把马来亚当作故乡的非巫人应该放弃他们的语文教育，即其所谓的"放弃对本族语文狭隘的偏护"，以达到国家与社会的团结。[2]

归纳来看，该报告书提出的下列建议直接关系到华语与华文教育的生存发展。第一，为了培养共同的国民意识，联合邦的所有小学都必须改为"国民学校"，以容纳各民族学生。在"国民学校"制度下，所有学生必须修读英文和马来文。成绩好的学生，小学毕业后可以升入以英文为媒介语的中学就读。第二，各民族独自创立的方言学校，必须逐步由国民学校取代。[3]

从这两项建议可以看出，殖民政府一方面欲扶持英语和英文教育的发展，另

---

① Tan Liok Eo, *The Politics of Education in Malaya*（1945—1961），Kuala Lumpur：Oxford University Press，1997，pp. 49 - 50.

② Tan Liok Eo, *The Politics of Education in Malaya*（1945—1961），Kuala Lumpur：Oxford University Press，1997，p. 58.

③ *Report of the Committee on Malay Education*，kuala lumpur：Government of the Federation of Malaya，1951，p. 51.

一方面则要把华语和华文教育摧残殆尽，连根拔起。该报告书反映了统治者的观点，认为东南亚的外来移民应放弃他们的文化和传统而接受同化并融入当地社会。这种观点受到马来民族主义者的欢迎和支持。

（1）华社激烈反对《1951年巴恩报告书》。

1951年6月10日巴恩报告书公布，6月11日见报，6月12日以后，华社反对报告书的激烈言论占据了华文报刊的绝大部分版面。吡叻中华大会党和中华总商会率先举起反对大旗，他们于7月8日联合召开全吡叻华团及学校代表大会，讨论报告书，并组成"吡叻中华华侨代表大会反对巴恩教育报告书小组委员会"，负责草拟意见书，以便提呈当局，表达愤懑。① 7月19日，雪兰莪中华大会堂召开全州华团及学校代表大会；② 8月9日，柔佛中华总商会及中华公会召开全柔华团及华校校长联席会议；③ 8月13日，槟城召开华校董教代表大会。④ 总之，在报告书出台不久，全马大小华团相继召开联席会议，并撰写备忘录提呈给联合政府，以表达华社忧虑与诉求。

该报告书的出台还直接催生了教总的成立。首先由森美兰华校教师公会函请吉隆坡华校教师公会负责人召开全马华校教师公会代表大会，研究《1951年巴恩报告书》以寻求对策。1951年8月24日，代表大会在吉隆坡福建会馆召开，会中一致决议坚决反对《1951年巴恩报告书》，并向政府提出有关华校的建议。此外，大会决议筹组全马华校教师会总会。1951年12月24—25日举行了马来亚联合邦华校教师会总会（简称"教总"）成立大会，并宣示教总的宗旨是"谋求华教同人之福利，发扬中华文化，争取华文教育在本邦的平等地位"⑤。教总的成立，标志着华文教育工作者的大团结以及华人社会文化力量的凝聚。此后，教总就成为华社反对政府不合理教育政策的坚强领导核心。其实，早在1951年11月24日，即在教总成立的前一个月，林连玉就已代表吉隆坡华校教师公会向特别委员会提呈了一份备忘录，反对巴恩报告书中"国民学校"的概念，并请求委员会把华文教育纳入国家教育系统，但并无下文。

华文报刊除了就相关内容进行大力报道外，还相继发表社论。《南洋商报》针对《1951年巴恩报告书》曾先后发表10篇社论，直接或间接地提出批评，加以反对。如社论《评巴恩委员会教育报告书》一文就用犀利的言辞，表达了华社对报告书的愤怒与委屈。"……换言之，巴恩报告书之扶植了巫英文，而将马

① 详见《南洋商报》，1951年7月9日。
② 详见《南洋商报》，1951年7月20日。
③ 详见《南洋商报》，1951年8月10日。
④ 详见《南洋商报》，1951年8月14日。
⑤《教总33年》编辑室编：《教总33年》，吉隆坡：马来西亚华校教师会总会，1987年，第7—8页。

来亚的中印文化打下十八层地狱。我们实在不解，巴恩氏根据何种理由，剥夺占全马来亚人口半数以上的 300 多万中印民族的子孙所应享受的本族文化的特权。更甚的是利用 300 万中印民族所缴纳的一切税款，来培护中印民族本身的异族文化，同时也摧残了中印民族本身的文化……岂得谓之平等和公正？一个国家内，尽管有若干不同的民族，但是一切权利的享受，不应有先后之分和高下之别。平等是各民族团结统一的重要因素。假如连这一点都不能做到，所谓团结统一，只是一种空谈。……"① 然后又一针见血地指出："如果联合邦政府采纳《1951 年巴恩报告书》强调英文和马来文以及发展国民学校的建议，那么，其他各民族，尤其是中印两大民族的教育，就必将遭受到不可避免的打击……中印方言学校虽不致完全倒闭，但至低限度必将遭受不可挽救的厄运。"② 并大声疾呼："希望联合邦政府慎重其事，任何决定，都必须以各民族的共同利益为依归。否则，非但无益，甚且会影响到整个马来亚的未来命运。"③

《星洲日报》对《1951 年巴恩报告书》也持坚决反对的立场，直接或间接批评报告书的社论约 20 篇。如《华侨教育的重大危机》一文就认为，"报告书对教育马来亚化的政策作具体的规划，主张废除方言学校，建立以英巫文为教学媒介的马来亚化教育制度，使联合邦的华侨教育面临空前的危机"，并表示"种族猜疑妒忌的阴影，现在仍然笼罩着整个马来亚"。④ 可以看出，这篇社论从根本上指出了当局的种族化思维及对华人的极度不信任，是巴恩报告书的源头。独立后尽管广大华人开始转变观念，把马来亚视为家乡，作为效忠的对象，但马来人却对华人始终持怀疑态度。如林连玉在 1951 年就正式申请成为马来亚公民，他落地生根的意愿是直截了当的。但在马来领导人看来，他却是一个不识时务的沙文主义者。《联合邦华文教育的新页》一文进而指出："争取华校在地方教育系统内的平等地位，是华侨社会的普遍要求，但未能获得政府当局的同情反应，是最为遗憾的事情。"⑤ 因此，该报呼吁当局："在检讨马来亚民族语文问题的时候，有需要把眼光提高看远，正视历史教训，把握住马来亚是多种民族共存并处的国家，让各民族语文教化传统自由平等发展。马来亚领导人物应该是融会贯通各民族文化教化传统的人士。"⑥ 从中可以看出，华社对各民族语文共同发展的殷切期望。

---

① 《南洋商报》，1951 年 6 月 13 日。
② 《南洋商报》，1951 年 6 月 13 日。
③ 《南洋商报》，1951 年 6 月 13 日。
④ 《星洲日报》，1951 年 6 月 11 日。
⑤ 《星洲日报》，1951 年 8 月 27 日。
⑥ 《马来亚民族语文问题重检讨》，《星洲日报》，1954 年 9 月 27 日。

该报告书不但引起华社的强烈反对，印度人对此也相当不满。1951年8月31日，由国大党主席迪瓦沙领衔代表全马35个印度教育及文化团体向政府提呈的一份联合备忘录，指出："国民教育的最基本原则应该是学童的教育必须以母语进行。这是一个人尽皆知的教育原理，不论怎么强调都不会错。我们感到遗憾，巴恩委员会在接受这个原理的时候，却不让非马来学童享有它的益处。"很显然，"巴恩委员会是为了政治目的而牺牲掉一个放之四海而皆准的教育原则"。①

（2）《吴芬华文教育报告书》的出台。

对于华社的激烈反对，联合邦政府作出回应，设立了"方吴委员会"，直接促成了《吴芬华文教育报告书》的出台，可以说是华社舆论力量的成果。1951年1月，成立了一个以吴德耀和威廉芬为首的吴芬委员会来调查马来亚华文教育的状况，并于1951年7月公布了《吴芬华文教育报告书》。报告书就马来亚联合邦华校的当前处境、制度、设备、语文、课本、师资、外国意识、华校与当地政府的合作等问题进行检讨，并提出建议。

该报告书提醒政府在一个多元种族的马来亚，强迫国民只学习一种或两种语言是危险的。虽然它支持所有学校应教授巫文和英文，但在非巫校中应保留民族语言教育。该报告书反映了当时少数较开明的观点，认为移民应当保留他们的文化与传统，慢慢融入当地主流社会。这种观点受到当时马来亚华社的认可。对于华社最为关心的语文和课本问题，也是关系到华文教育生死的关键性问题，《吴芬华文教育报告书》也作出了公允的评判。华社对较温和的《吴芬华文教育报告书》持支持态度，这从两大华文报刊所发表的社论即可看出。

《南洋商报》就认为该报告书"思深体密"，对马来亚华文教育进行了历史性的检讨，作出了正确性的批评，使得关心华文教育的命运者，如闻空谷足音，不胜雀跃之喜，也是一种"正义的主张"。② 对于报告书提出的华校课本应该修订甚至重新编写以符合当时当地的社会环境的建议，《南洋商报》完全没有异议，并且认为这是合理的办法。③

《星洲日报》对《吴芬华文教育报告书》的反应，比《南洋商报》还要强烈。直接或间接评论该报告书的社论就达15篇。如《马来亚华校不应被消灭——芬尼吴德耀两博士华文教育报告书》④、《"中国意识"是什么东西——芬

---

① 《教总33年》编辑室编：《教总33年》，吉隆坡：马来西亚华校教师会总会，1987年，第344页。
② 《华文教育报告书正义的主张》，《南洋商报》，1951年7月9日。
③ 《华文教育报告书正义的主张》，《南洋商报》，1951年7月9日。
④ 详见《星洲日报》，1951年7月7日。

尼华文教育报告书的初步分析》①、《华校语文与教材问题——三论芬尼吴德耀华文教育报告书》② 等，都从不同方面论证了华文教育的合情合理性，主张华文教育必须继续存在，同时政府应对其援助，使华校在马来亚教育中占据适当地位。并对该报告书中有关文化与民族的一些基本观点表示赞同，诸如"从各种不同的文化中，以人为的方法产生一种单元的文化，是不可能的事"以及"一个民族的形成，是各种文化遵循自然法则融合的结果"，并指出巴恩氏缺乏这种认识，或无视这种认识，正是造成《1951 年巴恩报告书》有无限缺憾的根本原因。③《星洲日报》把《吴芬华文教育报告书》形容为"疾风劲草"般的一份报告书，"读了令人产生一种愉快的感觉"，因为吴芬博士"能以高出一层的社会文化眼光，以大无畏的学者态度，把马来亚的教育问题，作根本上的探讨"。④ 同时还把这一时期两大重要报告书做了对比分析，认为"在教育言教育，从文化谈文化，根据事实的《吴芬华文教育报告书》和论点武断的《巴恩教育报告书》，有上下床之别"⑤。

尽管华社对性质温和的《吴芬华文教育报告书》持支持态度，并期望联合邦政府能采取多元的教育政策，但联合邦政府还是以《1951 年巴恩报告书》为蓝本制定了《1952 年教育法令》，并认为只有通过单一的媒介语——英语或巫语，才能促进种族间的融合及对国家的认同。

2. 《1952 年教育法令》的通过及华社与联合邦政府的博弈

（1）第一次联席会议的召开与《1952 年教育法令》的通过。

《1951 年巴恩报告书》及 1952 年教育法令草案出台后，引起传媒界、教育界等的密切关注。吉隆坡华校教师公会、马六甲华校教师公会、麻属华校董教会议、槟城华校教师公会等相继召开联席会议，坚决反对新教育政策方案。如槟城华校教师公会印发了《告华团公开信》，列举五大要点，吁请华社"要及早警觉起来"，并呼吁政府必须承认及接受"马来亚社会已经成为一个多民族，有着多样性教育体系"的事实，唯有据此制定的政策，才是"发展马来亚文化的真正办法"。⑥ 教总也在 1952 年 11 月 3 日发布《为反对遴选委员会报告书告各界人士书》⑦，抨击当局采用不正当的手法，把华教排斥在教育体系之外。提出英殖民

---

① 详见《星洲日报》，1951 年 7 月 16 日。
② 详见《星洲日报》，1951 年 7 月 17 日。
③ 《南洋商报》，1951 年 7 月 7 日。
④ 《南洋商报》，1951 年 7 月 7 日。
⑤ 《南洋商报》，1951 年 7 月 7 日。
⑥ 《星洲日报》，1952 年 10 月 29 日。
⑦ 《教总 33 年》编辑室编：《教总 33 年》，吉隆坡：马来西亚华校教师会总会，1987 年，第 315—317 页。

当局应该本着英国民主的传统精神，以公正的态度团结全民，而不是采取"两面手法"。并向各立法议员呼吁："各民族的立法议员们！你们是各民族的喉舌，希望你们站在正义的立场，以争取各民族教育之自由发展及保存各民族文化特质。""尤其是华籍议员①，更要本着正义及良心，反对报告书及草案，支持民族教育及文化。"②

为了缓和华族的愤懑，解除华族的抗争，政府于 11 月 7 日发表文告，对教育法令草案进行澄清和解释，最后提出："总而言之，此法令草案注意到华文方言学校的继续存在……继续获得经济的补助，而延续时期，将经过很多年，直至家长愿送其子女到国民学校求学。国民学校的数量充足，致使前述两种学校补助没有必要时为止；即使那时，如果愿意的话，各该校仍可继续存在而成为私立学校。此外，国民学校内也将有充分的华文教学，使中国文化得以对马来亚多元文化作出宝贵的贡献。"③ 这幅文告一看便是殖民政府为安抚华社所作的虚假之词，华社当然不会相信。当局或许也知道文告起不到任何作用，所以在文告发布之前，副钦差大臣麦基里莱就电函教总，约见教总代表以示安抚，减轻对抗。教总派周曼沙、汪永年、林连玉及沙渊如四人为代表，于 11 月 8 日与麦基里莱进行了会谈。双方会谈约 70 分钟，并没有取得任何实质性进展。但让教总认识到了"华教之所以屡遭挫折，核心原因是华族在政治上的弱势地位"以及争取华文为官方语文的重要性。发表文告、约见教总代表这也是英殖民政府对华社强烈抗议的一种反应与答复，尽管没有产生实质性效果。

殖民政府的不妥协态度，进一步激起了华社的抗争浪潮，并促成了第一次联席会议的召开。1952 年 11 月 9—10 日，雪兰莪、槟城、马六甲、柔佛等十州华校的董事及教师代表以及马华公会、华校教师总会的代表在吉隆坡大会堂集会商讨，并发表了联席会议宣言。这是一次极具历史意义的大会，它象征着华族的大团结，华社整体的总抗议，政党与社团实现联合，共同向政府施压。宣言首先从"基于教育原理"、"基于民族的权力"、"基于马来亚的环境"及"基于华人的愿望"四个层面详细论证了母语教育的合情合理性。并向政府提出下列建议："马来亚联合邦的教育，中、英、印、巫四种学校，各以母语教授，一律享受平等待遇，各族的学校，均列英文为必修课，可以英文为马来亚的共通语言。"④ 从上述建议中，可以看出华人愿意以英文作为共同语，并列英文为学校的必修课，但要捍卫母语教育的权利。在宣言的最后，提出了"我们的文化便是我们民族的灵

---

① 当时的立法会议中有四名华籍议员，即黄伯才、李孝式、叶松纲及林鸣凤。

② 《教总 33 年》编辑室编：《教总 33 年》，吉隆坡：马来西亚华校教师会总会，1987 年，第 316 页。

③ 《南洋商报》，1952 年 11 月 8 日。

④ 《教总 33 年》编辑室编：《教总 33 年》，吉隆坡：马来西亚华校教师会总会，1987 年，第 319 页。

魂。这崇高、圣洁的灵魂，必须受到极神圣的尊重。而我们文化的传递与发扬，必然寄托在华文教育的继续存在及其发展上面。所以尊重我们的华文教育，即是尊重我们的文化。我们最后宣称：政府要我们对马来亚效忠，也要尊重我们的华文教育"①。由此可以看出华社坚决捍卫母语教育的决心与信念。

在这次联席会议上，马华公会总会长陈祯禄爵士发表了"母语如身影，不可分离"的著名演词。他说："马来亚的华人，尤其是在家庭里说中国话的华人必须受母语教育，因为这样才能使他们依照他们的文化传统充分地发展及树立根基。失掉了自己文化熏陶的人们，绝对不会变得更文明。一个人的方言正像一个人的影子，不能够和他本身分离……在政治上，马来亚华人应该和其他打算长住在马来亚的民族成为一体，可是在文化上各民族应该独立地保持自己的精神生活。华人应该在生活中和我们固有的民族特性表现一致，才能够保持我们的传统、习惯、制度和仪态，也才能够通晓我们的经典和旧文化；唯有这样，才能成为良好的华人和良好的马来亚人民。我们马来亚华人，一定要保持我们的母语，更绝对不应忽视能使我们成为善良人民的我们民族最高尚的道德理想，这原则鄙人认为是绝对正确的。"② 最后表达了马华在华文教育问题上的坚定立场。他说："马华公会对于华文教育的发展将给予全力支持。马华公会的立场，就是为永久居于马来亚和愿意为马来亚效忠的人民争取不分种族、阶级或信仰的平等这个民主原则。"③ 随后，主席团把第一次联席会议反对意见的备忘录提呈给钦差大臣邓普勒爵士。同时，华人各团体也不断向政府致函请命。

这一时期的华文报刊也广发言论，一方面对联席会议的召开表示支持，另一方面对当局的教育政策提出批评。如《星洲日报》社论《有非常意义的华校会议》④、《忽视误解了的华文教育主张》⑤、《支持全马华校董教联席会议宣言》⑥等。其中，在《忽视误解了的华文教育主张》一文中指出："我们本身负有把我们立场主张向政府坦白陈词的责任，使其能充分了解；但教育当局同时亦有咨询博访的职责。为政之道，贵在勤求于民。关于华社方面对华文教育的基本立场主张的宣扬和认识，我们寄希望于这次全马华校董教联席会议，并寄更大的期望于联合邦教育当局。"⑦ 《中国报》也发表《政府应重视华教联会议决》的社论"……这一关系十分重大的教育问题的发生，肇因于政府的法令与政策，因此

---

① 《教总33年》编辑室编：《教总33年》，吉隆坡：马来西亚华校教师会总会，1987年，第319页。
② 《星洲日报》，1952年11月10日。
③ 《教总33年》编辑室编：《教总33年》，吉隆坡：马来西亚华校教师会总会，1987年，第317页。
④ 详见《星洲日报》，1952年11月10日。
⑤ 详见《星洲日报》，1952年11月11日。
⑥ 详见《星洲日报》，1952年11月17日。
⑦ 《星洲日报》，1952年11月11日。

这一问题最好的解决，仍须看政府当局所持的态度如何。假如政府当局能够真正遵守民主政治的精神，根据这次华教联席会议所发表的意见，调整法令与政策，那不会再引起其他的误会与麻烦。否则，政府当局，尤其是拟定教育新法令与新政策的有关人士，一味唯我独尊，不顾一切，恐怕未来的问题要日益增多了"①。

尽管华社掀起了声势浩大的反对运动，但 11 月 20 日立法会还是全体一致通过了《1952 年教育法令》。四名华籍议员除略表微词外，其他都是歌功颂德，支持法令通过，事前华社所想象的"激情抗议"的局面并没有出现。该法令规定，以英文、马来文为主要教学媒介语，以国民学校为准则，华文和淡米尔文为第三种语言，只能被列为所学课程中的一科。

（2）第二次联席会议的召开与华教中委会的成立。

虽然《1952 年教育法令》已获通过，但华社并未放弃，继续反对，期望政府能对该法令做出修正。1953 年 4 月 19—20 日，召开了全马华校董教代表及马华公会代表第二次联席会议，并成立"马华公会华文教育中央委员会"（简称"华教中委会"）。由于此委员会由马华、教总以及次年 8 月 22 日成立的董总三个机构组成，又被称为"三大机构"。这一机构由马华公会领导，共同向政府争取华文教育公平合理的权益和地位，一旦马华做出任何违反华文教育的行动，教总和董总则有权否决。在这次会议上拟订了具体的抗争方案：首先再次向钦差大臣递呈请愿书并选派代表团谒见；如无结果，再向英国殖民部大臣请愿，同时将备忘录送交英国国会议员及英国各报馆。在这次会议上，陈祯禄继续重申："我保证马华公会一定会支持华文教育，不支持就不是华人。将来马华公会如有一位会长是反对华文教育的，我相信诸位随时可以把他开除。""马华公会的章程明白规定要保护华人的利益。"② 再次表明马华捍卫华文教育的决心。

此次会议召开后不久，马华总会长陈祯禄就以华教中委员会的名义，致函钦差大臣邓普勒爵士，恳求修改教育法令中对华教的不利部分。在信中，陈祯禄言辞诚恳，有理有据地阐述了保留母语教育的合理性及必要性。但邓普勒在回函中，不仅对陈祯禄的合理要求置之不理，还提出以下论点：第一，《1952 年教育法令》已准许国民学校教授华文；第二，华校似乎在灌输一种远离其他马来亚社群的分离主义精神；第三，应该在"自由选修"的基础上，增加教授半小时的母语；第四，华语乃中国方言之一，吾人无法接纳它为马来亚国语之一，华校生逐年减少，证明家长不愿其子弟接受华文教育；第五，声称"华校亡，华人语

---

① 《中国报》，1952 年 11 月 11 日。
② 《教总 33 年》编辑室编：《教总 33 年》，吉隆坡：马来西亚华校教师会总会，1987 年，第 333 页。

言、文化不保"的论调只显示华人对自己历史悠久的语言和文化的延续性缺乏信心。① 从以上论点中，我们可以看出英殖民政府对华文华校抱有极大的偏见，视华文为共产主义语文的论调普遍存在，并把其看作不利于国民团结、导致民族分离的不安定因素。这封回函也引发了华社的极大不满，华社各阶层、团体都对此进行了批判。

各大华文报刊对此发表了多篇社论，表达了民情的愤怒。如《南洋商报》相继发表《马华遭受两重打击——不合理之新教育政策与教育税》②、《再评新教育法令》③ 等社论，对上述邓普勒爵士的观点给予鞭挞。其中，在《马华遭受两重打击——不合理之新教育政策与教育税》一文中指出："国语之成为中国全国之通用语，乃因教育与交通的力量所造成，与'政治理由'并无关系，凡了解中国现代史者对于这一点，当不至于弄错。国语用之于马来亚为教育之媒介，早在中国未统一之前，也全由于教育力量的关系，绝不是'统一中国的政治意识扩展至海外华侨之结果'……华语不过是一种媒介，一种工具，其本身并没有任何固定之政治意识，运用之于马来亚，则可以作为马来亚政治意识之媒介。把华语视为危险物者，乃属一种笑话！"④ 这篇社论有理有据地反驳了"华语是危险物"的意识形态观点。同时，报刊还刊登了大量的民间评论。如王振相的《读陈爵士及邓普勒爵士往复函后》⑤、阿门的《与邓普勒将军谈数字》⑥、黄尊生的《读陈祯禄邓普勒二爵士信函》⑦ 等。这些文章都从不同角度驳斥了邓普勒爵士的"荒谬观点"，重申了华社的正义、合理要求。

1954 年 3 月 31 日，马华公会（代表华人）与华教中委会（代表校董会及教师）共同拟写了《马来亚联合邦华文教育问题备忘录》，并提呈给马来亚联合邦政府、联合邦立法会及行政会议员。该备忘录的提出主要源于《1952 年教育法令》带给华社的恐惧，因为"根据该法令条文，华文之教授时间甚短，且属选修性质，因而使人相信，政府设立以英语及马来语为授课媒介语的国民学校，乃为关闭联合邦华文学校及终止华文教育的前奏"⑧。备忘录分析了《1951 年巴恩报告书》建议建立国民学校、消灭方言学校的荒谬及不合理之处，同时对《吴

① 柯嘉逊：《为民族教育辩证》，《教总 33 年》，吉隆坡：马来西亚华校教师总会，1987 年，第 819 页。
② 详见《南洋商报》，1953 年 7 月 25 日。
③ 详见《南洋商报》，1953 年 7 月 30 日。
④ 《南洋商报》，1953 年 7 月 25 日。
⑤ 详见《南洋商报》，1953 年 8 月 10 日。
⑥ 详见《南洋商报》，1953 年 8 月 16 日。
⑦ 详见《南洋商报》，1953 年 8 月 22 日。
⑧ 《教总 33 年》编辑室编：《教总 33 年》，吉隆坡：马来西亚华校教师会总会，1987 年，第 340 页。

芬华文教育报告书》给予支持。最后指出消灭华校将有损于马来亚文化的建立，呼吁政府不应采纳《1951年巴恩报告书》及《1952年教育法令》的建议，对华校采取敌视态度。

但华社的多次抗争及与政府的交涉并没有取得实质性成果，1954年8月14日，教总向联合国大会主席潘迪特夫人提呈备忘录，要求联合国关注并保障马来亚华人的合法权利，这实属无奈之举。正如教总在备忘录所言："我们华人在本邦政治的地位处于劣势，我们的公意已经无法通过议会得以表达。我们的要求不为当局所尊重，我们遭受严重的不公平，我们觉得实在无处可以申诉，因此不得不提呈此项备忘录请求联合国大会予以深切的关注，以保障本邦华人应享有的权利。"[①] 在此备忘录中，教总提出的三点要求也是华社一直努力争取的：第一，立即废弃《1952年教育法令》；第二，马来亚联合邦的国民教育应以各民族的母语为媒介；第三，马来亚各民族的教育一律享受平等的待遇。

四、《1954年教育白皮书》与董总的成立

《1952年教育法令》主张实施国民教育，建议将华校一律改为国民学校。但该法令通过后，却因政府财政问题不得不搁置。《1954年教育白皮书》就是针对《1952年教育法令》由于缺乏经费无法实施而采取的解决办法。1953年11月17日，联邦行政议会委任一个以教育部长都莱星甘为主席的十人委员会，深入研究在现时的经济情况下，如何确保《1952年教育法令》的有效实施。

1954年8月22日，马来亚联合邦各州华校董事会召开第一次代表大会。大会一致通过成立马来亚联合邦华校董事联合会总会，1963年之后改名为马来西亚华校董事联合会，简称董总。此后，董总和教总紧密配合，并肩作战，共同争取民族权益，成为后期马来西亚华教的领导机构。

1954年9月29日，报界披露了《1954年教育白皮书》的部分内容。教育白皮书委员会一致坚信，在朝向建国的马来亚联合邦中，教育政策必须遵循以下三个原则：第一，对于团结一致的马来亚未来公民的教育，各民族混合的学校最为重要；第二，必须兼授英、巫两种官方语文；第三，所有学校应有一共同的教育制度及共同的教授内容。[②] 10月7日，白皮书提交给立法会议，并讨论通过。该白皮书建议在非英文源流学校开设以英文为教学媒介语的班级，由政府委派教师和支付薪金，以便逐步将这些学校转型为英文学校。各地教育局也于同年10月

---

① 《教总33年》编辑室编：《教总33年》，吉隆坡：马来西亚华校教师会总会，1987年，第340页。
② 《南洋商报》，1954年9月29日。

底及 11 月初分别致函华校，征询其明年是否要增设国民学校性质的英文班级，希望以快速手段造成在华校增设英文班的事实。

在白皮书尚未通过之前，教总主席林连玉就已经开始部署反击步骤。林连玉指出："该十一位委员简直就是巴恩氏的传声筒，所谓研究，根本就是换汤不换药。"①白皮书通过的第二天，林连玉与教总其他代表一起赴教育署谒见教育部长，请求澄清若干问题。受到教育部主任 L. D. Whitfiel 的接见，但双方并未达成共识。第三天，联合邦华校教师总会立即举行了一个全马理事紧急会议，通过一项坚决拒绝改方言学校为国民学校的决议，并指出："华校是华人在无人帮助的环境中自力创办起来的。我们创办华校的目的，就是要教授母语，满足生活的需要，并且发挥优秀的中华文化。国民学校已经排除华文的地位，我们没有引狼入室，致令喧宾夺主、毁灭自己的道理。"②1954 年 11 月 14 日，董总号召全马华校一致拒绝设立英文班，并向钦差大臣要求准许华校继续开设班级，并予以津贴。

华文报刊除了刊登大量的华社抗争新闻外，还广发社论，表达对政府政策的不满。如《南洋商报》、《星洲日报》相继发表社论《再论华文应列为官方语文》③、《方言教育与国民教育》④、《华校教育基础的探讨》⑤、《挽救华校面对的危机》⑥、《挽救联合邦的华校教育》⑦、《正义勇气，最后抉择》⑧、《为维护华文教育而奋斗》⑨等。这些社论都用犀利的语言表达了华社对"改方言学校为国民学校"的强烈不满，以及对争取华文教育合法地位的期盼之情。其中，《再论华文应列为官方语文》一文就提出："马来亚是中英巫印各民族共同爱护的国家……联邦教育当局不问当地人口的分布，不顾一般社会的环境，轻描淡写地把所有华文学校当作方言学校，然后建议将方言学校改做国民学校。这种'以渐进的方法，使方言学校变质，由局部而全体，以至于消灭'；这不消说，'是一种极可怕的方案'。我们大胆地指出：运用政治力量去做违背个性、制造民族仇恨的政策是错误的。反之，尽量发挥各民族固有的文化特长，在马来亚的建国伟业

---

① 《教总 33 年》编辑室编：《教总 33 年》，吉隆坡：马来西亚华校教师会总会，1987 年，第 353 页。
② 《教总 33 年》编辑室编：《教总 33 年》，吉隆坡：马来西亚华校教师会总会，1987 年，第 353 页。
③ 详见《南洋商报》，1954 年 10 月 23 日。
④ 详见《南洋商报》，1954 年 10 月 23 日。
⑤ 详见《星洲日报》，1954 年 10 月 31 日。
⑥ 详见《星洲日报》，1954 年 11 月 7 日。
⑦ 详见《星洲日报》，1954 年 11 月 9 日。
⑧ 详见《南洋商报》，1954 年 11 月 10 日。
⑨ 详见《南洋商报》，1954 年 11 月 15 日。

上各尽一份力量的工作，是值得人称道的……"①《方言教育与国民教育》一文认为："草拟所谓'国民教育'方案者，认为教育统一之后，可以促进各大民族的团结及国民对马来亚的效忠。这一理由并不充分。可举事实证明，即今日马来亚各大民族，不但保持着数百年来的和平相处精神，而且较之十年前更加团结。这种团结运动正在日益发展，并不是那未实施的所谓'国民教育'造成的。至于效忠问题，也不必一定实施'国民教育'，华巫人民既已认马来亚为故乡，就必然爱其故乡与效忠其故乡。"最后提出："任何一个国家的法令，如经半数人民以上强烈反对，而竟予以强行通过，或付诸实施，那将是现代文化的最大遗憾。因为一个具有数千年悠久历史的优秀语文，在不合理的教育法令之下一旦受到摧残，实在是人世间最羞耻和悲恸的事！"②

针对华社的强烈抗议，殖民政府采取了两面手法。一方面，当局通过各种途径向华社传达无意消灭华文教育的想法，以掩盖其真实意图，并期望能缓和民众的抗拒心理。例如，钦差大臣就向陈祯禄保证政府无意消灭华文教育；在其亲自驾临尊孔中学视察演讲时，也再次保证，并赞扬尊孔中学兼顾英巫文，具有国民学校的特色；教育部主任接见教总代表时也说："白皮书建议将方言学校改为国民学校，主要是针对巫校。"③另一方面，政府却下令从1955年开始，所有华校不能再申请实行新薪津制；并且华校增加班级，政府也不予津贴。表明政府欲通过经济施压迫使华校接纳开办英文班，亦表明政府欲消灭华校的最终目的。同时，宣布政府明年将拨出1 000万元，在各方言学校开设250个英文班，并通过各州教育局，调查有意开设英文班的方言学校。

虽然政府采取了"巧妙"的两面手法，企图通过经济利诱的方式迫使华校屈服，但并没有达到预期效果。联合邦政府自从宣布实施《1954年教育白皮书》以后，各州教育局曾设法在各民族学校中推动开设"国民班"（即英文班）。但截至1955年9月，全联合邦只开设了60个国民班，而且全都开在巫印学校，华校并无一班。这说明政府的"蚕食"政策并不成功，最后在华社强烈的反对声中宣告结束。

五、博弈结果分析

《1951年巴恩报告书》、《1952年教育法令》及《1954年教育白皮书》都是

---

①　《南洋商报》，1954年10月20日。

②　《南洋商报》，1954年10月23日。

③　《星洲日报》，1954年10月29日。

种族色彩浓厚的政策法令，体现了执政者的单元化思维，认为只有建立统一的国民教育体系，实行统一的教学媒介语（只能是英语和巫语），才能确保国民的团结。也就是说，把其他族群的语言都视作造成国家不安定的重要因素。对华人极度的怀疑与不信任，尽管独立后广大华人的政治认同已经转变，把马来亚作为效忠的对象。如教总在成立时，就做出了认同马来亚的表态，"华人绝大多数与各民族和睦共处，且生聚教养，视若故乡，这可想见华人对本邦的热爱。……我们对建设马来亚的忠诚，过去如此，现在如此，将来也如此"①。

这三份政策法令都遭到了华社的强烈反对。尽管华社不能通过体制内管道对当局直接施加影响，但通过体制外渠道与执政当局展开了博弈，声势浩大，影响广泛，联合邦政府也不能对此熟视无睹。正是由于华社对《1951年巴恩报告书》的强烈反对，联合邦政府才设立了"方吴委员会"以调查华文学校的状况。尽管政府最后并没有采纳具有多元性质的《吴芬华文教育报告书》，但不可否认，华社的舆论力量对政府产生了一定影响。《1952年教育法令》更是遭到华社的猛烈抨击，从该法令在立法会议中通过到1954年教总向联合国主席提呈备忘录，这两年多的时间里，华社采取了各种抗争手段，据理力争。尽管最终没能促使政府对该法令做出修正，但使得殖民政府的态度有所缓和。钦差大臣曾为此事面告林连玉："《1952年教育法令》通过后不能执行，是因为教总反对的关系。"② 我们暂且不管钦差大臣所言的真实性，但可以肯定的一点是华社的强烈抗议对殖民政府产生了一定影响。《1952年教育法令》最终因殖民政府财力有限而搁浅。至于《1954年教育白皮书》，更是在华社的坚决抵制下宣告结束。

表4－1　华人社会与联合邦政府华教政策制定的博弈结果

时间	重要教育文件	重要条文	华社反应		博弈结果	
			接受	反对	政策实施	政策修正/未实施
1950	荷格报告书	主张小学教育制度必须以英文为主，马来文也被允许作为小学教育媒介语		反对		未实施

---

① 《联合邦华校教师总会宣言》，转引自崔贵强：《新马华人国家认同的转向（1945—1959）》，厦门：厦门大学出版社，1989年，第348页。

② 廖文辉：《华教历史与人物论集》，吉隆坡：策略咨询研究中心，2007年，第122页。

（续上表）

时间	重要教育文件	重要条文	华社反应		博弈结果	
			接受	反对	政策实施	政策修正/未实施
1951	1951年巴恩报告书	建议取消方言学校，国民学校的全部课程以英文/马来文教授		强烈反对		以此为基础制定了《1952年教育法令》
1951	吴芬华文教育报告书	支持在所有学校教授英文和巫文的同时，主张在方言学校保留民族语言教育	接受			未采纳
1952	1952年教育法令	宣布以英文和马来文为媒介的国民学校取代华文和淡米尔学校		坚决反对		未贯彻实施
1954	1954年教育白皮书	主张在方言学校开设以英文为媒介语的英文班级，逐步把这些学校发展为国民学校		坚决反对		未实施

第四节　联盟政府华教政策的制定及其力量博弈

一、联合邦立法议会选举与"马六甲密议"

　　"二战"后广大亚非拉国家掀起了反帝反殖民运动，通过艰苦的武装斗争相继赢得了国家独立。与这些国家不同的是，马来西亚人民是通过和平斗争的方式逐步赢得国家独立的。战后马来人民族主义情绪高涨，为反对马来亚联邦计划直接催生了巫统，此后巫统成为马来人的主要领导者和代言人。由于华人对政治持冷漠态度，因此错失了争取公民权的良机。但一批以陈祯禄为首的受英文教育者，即王赓武教授所说的第三群体①，看到了"二战"后东南亚和马来亚政治的迅速变化，认识到推动华人政治认同转变的重要性，也就直接推动了第一个代表本地华人利益的政党——马华公会的诞生。这标志着华社本地政治意识的抬头，而通过马华公会的组织和宣传，华社的本地意识也在逐渐提高。② 1952 年，代表华社权益的马华公会与代表马来精英分子的巫统携手合作组成联盟，后来代表印度人的国大党也加入其中。在马来亚人民的大力争取下，英殖民政府意识到要逐步放开对马来亚的控制，给予马来亚自治权利。1955 年 7 月 27 日举行的联合邦立法议会选举对于马来亚来说意义重大，也是其迈向独立的关键一步。

教总也计划利用此次选举，最大限度地争取华人权益。在距离选举还有近一年的时间（1954 年 10 月 25 日），教总就向各地教师公会、全马华校教师及学生家长发出一份传单，即《教总告各地教师公会、全马华校教师暨学生家长书——关于明年联合邦立法议员民选》（以下简称"《告》书"），除了猛烈批评当局颁布不当的教育条文毒害华教外，还提出三项主张：第一，华文教育应与各民族教育平等；第二，举办初级免费教育，应以母语教授；非英文学校，列英文为必修科目；第三，占全马人口半数的华人的应用语文——华语，应列为官方语文之一。同时，明确其三大宗旨：一是发扬中华文化，维护种族教育；二是与政府合力，共谋华校教育之改进；三是保障教师地位，改善教师生活。并表示：愿与各民族共同向独立自主的马来亚前途迈进，但不忘华校固有的文化与教养。并在最后提出："任何政党，或无党派人士，凡能同情我们的主张，尊重我们的意见，协助达到我们的目的者，本会均愿对之伸出友谊之手，于普选开始时，号召全民

---

① 王赓武教授根据海外华人与政治的关系，把华人分为三类：第一类，与中国政治保持直接或间接的关系，他们将自己的命运与中国联系在一起，认同于中国；第二类，由精明而讲求实际的多数华人组成，他们对政治很少表明自己的态度，主要是寻求经济利益；第三类，对马来亚有某种忠诚，属于峇峇、英属海峡殖民地华人或马来亚民族主义者，这一部分是少数。第一、第二群体抱观望态度，他们既希望保留中国国民的国籍，又不舍得放弃在马来亚的财富或生活环境，因此，主张双重国籍。第三群体对马来人的政治权力比较敏感，但他们只是少数，影响力很有限。参见王赓武：《东南亚与华人》，北京：中国友谊出版社，1986 年，第 159—160 页。随着时代的发展，马来西亚华人早已融入马来西亚，成为马来西亚国民，为此，王赓武教授又提出这三个群体之外的第四个群体，即以"马来西亚"身份自居或自认是新群体，而华人的身份是其次的年青一代。详见王赓武"迈向包容的马来西亚华人社会"学术研讨会主题演说词。此外，马来西亚著名评论家谢诗坚对此也有一个划分，但其更为强调华人思想的差异。他认为马来亚的华人在战后所受到的政治冲击，基本上可以分成下列三类：①倾向中国，但是属于国民党分子或思想右倾；②倾向中国，但思想左倾；③土生华人，受英文教育，思想倾向西方，尤其视英国为其效忠对象，他们被称为"峇峇"。参见谢诗坚：《马来西亚华人政治思潮演变》，槟城：友达企业有限公司，1984 年，第 20 页。

② Heng Pek Koon, *Chinese Politics in Malaysia: A History of the Malaysian Chinese Association*, Singapore: Oxford University Press, 1988, pp. 143 – 156.

华校教师、学生家长，投其候选人以庄严神圣之一票！"① 从中可以看出，教总其实是在向各政党传递信号，暗示教总与马华的合作并非必然，如果有其他的政党能够解决华教问题，教总将会号召华人在大选中支持该党。这也说明教总已意识到运用政治手段来争取华人权益的重要性，扩大了华人的参政热情。当时巫统也亟须华人的支持以获得大选的顺利。这就促成了所谓的"马六甲会谈"。

1955 年 1 月 12 日，在陈祯禄位于马六甲的住所，巫统、马华与董教总举行了三方会议，达成以下三点协议：第一，如果获得执政，联盟承诺将修改不利华教的法令条文，包括《1952 年教育法令》及白皮书，甚至于改写，使华人得以保存其学校、语言及文化；第二，在联盟的选举政纲中，将列明联盟"决不消灭任何民族学校、语言及文化"的政策；第三，1955 年将拨 200 万元予华校，作为津贴及发展之用。最后会议发表文告决议："联盟政府绝不摧残任何民族文化、方言与学校；至于华校教师方面，鉴于本日会议之决定，决不提出华文应列为官方语文的要求。"② 根据后来林连玉的回忆，教总只是暂时答应（即大选之前）不提"列华文为官方语文"一事，绝不是巫统所言以后不再争取，这也是后来引起最多争议的地方。③

会议的第二天，东姑公开表示反对《1954 年教育白皮书》。东姑对白皮书的及时回应，巩固了马六甲会谈的成果。后来出台的联盟选举纲领，提出以下三点：第一，允许方言学校正常发展；第二，对本邦各民族的学校、语文及文化，不但不能消灭，而且要予以鼓励；第三，重新检讨《1952 年教育法令》及《1954 年教育白皮书》。④ 上述纲领条款也基本符合马六甲密议的协定。东姑保证华文教育可以继续存在，并承诺对教育法令进行检讨，教总则保证不提列华文为官方语文的要求。

总之，双方为了各自利益，暂时搁置了一些问题，达成共识，为联盟赢得大选奠定了基础。但事实证明，这种通过领导人密议的方式所达成的协定，往往很难兑现。"从东姑以后接见华教代表、对华教问题的态度，以及所有回忆录绝口不提此事来看，他很可能觉得当时他高估了华教工作者在选举方面的影响力，就

---

① 《教总 33 年》编辑室编：《教总 33 年》，吉隆坡：马来西亚华校教师会总会，1987 年，第 350 页。

② 《星洲日报》，1955 年 1 月 13 日。

③ 马六甲会谈后林连玉先生不断表明其当时的立场，并没有说要永久放弃争取"华文为官方语文"，只是暂时不提而已。即使是在林老生命垂危的最后时刻，他还撰文《答东姑》，要求东姑对在英文《星报》发表的题为《胜利终于到来》歪曲史实的评论予以道歉。但遗憾的是，英文报甚至华文报都未给予刊登。详见甄供：《正邪的角力——读林连玉〈答东姑〉》，http：//www.djz.edu.my/resource/HWJYDG/2005 -4/hwjy4（PDF）xiuding/linlianyuzhenxie.pdf。

④ 董总出版组编：《董总 30 年》（下册），吉隆坡：马来西亚华校董事联合会总会，1987 年，第 592 页。

如当时华教人士无视选民种族比例，而高估自己的影响力一样，觉得密议实际上可以不必举行。有此认识后，东姑在密议中的承诺，诸如加拨 200 万，及修改教育法令'使各民族的学校、语文及文化，非但不使消灭，且予以鼓励'等，很快就成为泡影。总而言之，密议满足了双方'暂时'的要求，巫统得以满载信心逐鹿首届全国普选，华社得以'取得'若干利益惠施华教，'暂时'过后，密议在历史中无法泛起涟漪。"① 这次密议也暴露了马华公会作为政党所具有的弊端，在政党利益和民族利益相冲突时，政党利益总是第一位的。正如《星洲日报》发表的社论所言："马华公会一大弱点，是把政治竞选的利害关系放在维护华文教育的前面，为维护华巫联盟的政治团结，争取议员席位，在华文教育地位方面，表现出'委曲求全'，未曾向当局提出坚决的主张，结果弄到我方节节让步，政府节节进取……"②

表 4－2　马来亚联合邦立法会议首次大选各政党得票统计

政党名称	候选人数目	赢得席位	得票数（张）	得票百分比（除废票）（%）
华巫印联盟	52	51	818 013	79.6
国民党	30	—	78 909	7.6
泛马回教党	11	1	40 667	3.9
霹雳国民协会	9	—	20 996	2.0
霹雳马来同盟	3	—	5 433	0.5
劳工党	4	—	4 786	0.4
霹雳进步党	2	—	1 081	0.1
独立人士	18	—	31 642	3.0

（资料来源：杨建成：《华人与马来亚之建国》，台北：中国学术著作奖助委员会，1972年，第47页。）

二、1956 年《拉萨报告书》与《1957 年教育法令》

1. 《拉萨报告书》的出台与华社的抗争

在三大政党的通力合作下，联盟政府赢得了 1955 年的大选胜利。1955 年 8月 9 日，马来亚联合邦首席部长东姑·拉赫曼率领其他九名部长、两名助理部长

---

① 郑良树：《马来西亚华文教育发展史》（第三册），吉隆坡：马来西亚华校教师会总会，2003 年，第 293 页。

② 《星洲日报》，1955 年 4 月 8 日。

宣誓就职，开启了马来亚自治的新纪元，奠定了未来国家独立的基础，是大马历史上重要的里程碑。华人对自治政府充满了期待，希望自治政府能够改变以往不利于华教的政策，赋予华教公平的地位与权利。

1956 年，自治政府成立了以教育部长阿都拉萨为首的"15 人教育政策委员会"，以检讨《1952 年教育法令》及《1954 年教育白皮书》，并提出关于新教育法令的建议。其实，早在 1955 年大选过后，联盟政府就开始着手整顿教育制度，以建立一个统一的国民教育体系。这个教育政策委员会的 15 名委员都是现任的立法议员，其中 5 位是华人，即梁长龄、朱运兴、吴志渊、林苍佑以及李天兴。该委员会拥有以下权限："审查现行马来亚联合邦的教育政策，建议任何必要措施、改变或修订，以建立一个为全体联合邦人民所接受的国民教育体系来满足他们的需求和促进他们的文化、社会、经济及政治发展，目的在于使马来语成为国语，同时也维护及扶持我国其他族群的语文和文化的发展。"①

15 人委员会为了表示广纳民意，显示民主作风，给出一个月的时间来征求各民族团体或个人对制定新教育政策的意见。民众积极参与，举行过数次会议，提供了 140 多封意见书。华人对此事尤为关注，因为《1952 年教育法令》对华教是致命的打击，要利用此次机会争取对华教平等的新政策。为了取得更好的争取效果，华社积极利用体制内管道，并与体制外力量实现互通与合作。迅速成立了由董总、教总及马华公会三大团体代表所组成的"9 人工作小组委员会"，以便与"15 人教育政策委员会"中的 5 位华籍委员进行密切联系。5 位华籍委员在短短两个月的时间里，曾两度与 9 人工作小组举行联席会议，一方面报告 15 人委员会的意见，另一方面则是听取 9 人工作委员会的意见。两者相互交换意见，互相切磋，期望能在新出台的法令中争取到平等的华教权益。其中，当时的副教育部长朱运兴尤为积极并发挥了很大作用。据林连玉回忆："最热心跟教总联络的是副教育部长朱运兴，往往邀教总的代表到他在八打灵的住家作夜谈。"② 其实早在大选过后，华教工作者就已和民选政府进行了频频接触。如 1955 年 10 月 7 日，林连玉、沙渊如及温典光就谒见教育部正、副部长。当时教育部长重申教育委员会将接纳教总提出的"母语教育制度"及"各族教育平等"两个原则。10 月 14 日，林连玉等人再次谒见首相及教育部长，讨论华教问题，并要求政府遵守诺言，拨款 200 万元津贴予华校。

在与华族议员密切接触的同时，华社还通过集会发出呼吁。如吉玻华校董事

---

① *Report of the Committee on Malay Education*，kuala Lumpur：Government of the Federation of Malaya，1956，p. 1.

② 林连玉：《风雨十八年》（下册），吉隆坡：林连玉基金委员会，1990 年，第 145 页。

代表联席会议，鉴于5位马华代表对华教所知极其有限，乃要求民选政府在教育委员会内加选华校董教代表，以便"以民主之方式，共同厘定本邦之教育制度"①。再如吉隆坡及巴生教师会在欢迎正、副教育部长的晚宴上，提出"各族教育平等，应以母语母文为教学媒介"的要求。② 这一时期的华文报刊更为活跃，不断发文声援华社。它们与华教工作者站在统一战线上，或责求马华公会，或呼吁民选政府，为华社增加言论力量，成为华教运动的一股重要民意。如《星洲日报》相继发表《马来亚民族语文问题重新检讨》、《马华商量的两项要求》、《联合邦华教教育界的共同努力》③ 等社论。《南洋商报》也发表了《华文应列为官方语文》、《教育政策与教育需要》、《马华教育中委会应力争华文列为官方语文》、《马来亚华文之庄严地位》④ 等文章。

1956年5月6日，也就是国会召开的前一天，教育部长阿都拉萨邀请董教总代表及15人教育委员会举行会议，对新教育报告书作最后的交换意见。5月16日立法会议如期召开，教育部长阿都拉萨为教育报告书致辞，之后展开辩论。马华公会议员林苍佑、吴志渊以及劳工部长辛班登等都表示支持，但很多马来议员表示反对。他们认为在国家教育系统内，只有作为国家语文的马来文可以当做教育媒介语，多种语文教育制度不但危害了国家教育，也"打击了对本邦的效忠"⑤。教育部长对这些异议做出回应，解释说："基于马来教师的缺乏及马来语文有待发展、提升，将所有津贴的各方言学校转变为马来语为教学媒介的标准学校将是长远的目标；但我们也不能漠视或拒绝接受其他民族的语言及文化。"⑥其后，立法会议通过了报告书，即为《拉萨报告书》。

总之，为了保持三大民族的团结以便向英殖民政府争取独立，《拉萨报告书》对教育问题做了一些调整，显示了较为开明的一面，其中包括：第一，承认三种语文源流的学校并存，并以各自的母语为教育媒介语；第二，提供一种"能为本邦全体人民接受"的教育政策；第三，使马来文成为本邦的国家语文，同时维护并扶持本邦非马来人语文及文化的发展。但在"最终目标"一节以缓和的语气婉转地提出了"一种语文、一个源流"的教育政策，为以后的教育纷争埋下了伏笔，也成为华社最为担忧的地方。《拉萨报告书》规定的最终目标为："本邦教育政策之最后目标，必须集中各族儿童在一个国家教育制度之下，而在

---

① 《星洲日报》，1955年9月28日。
② 《南洋商报》，1955年10月5日。
③ 详见《星洲日报》，1955年9月27日、9月28日、10月19日。
④ 详见《南洋商报》，1955年10月12日、10月16日、10月26日、12月19日。
⑤ 《星洲日报》，1956年5月16日。
⑥ 《星洲日报》，1956年5月16日。

此制度之下，本邦国语成为主要教学媒介语，唯本委员会承认，欲达此项目标，不能操之过急，必须逐步推行。"① 其实，《拉萨报告书》的主旨就是要在国家统一的前提下，建立一个国民教育体系，推行马来语为全国通行的国语，同时保持维系国内其他语文文化的发展。为了达到上述目标，还建议："马来亚联合邦教育政策的一项基本要求是要把所有小学及中学引向一个马来亚化的前途中去发展。"② 华社对《拉萨报告书》基本接受，但对"最终目标"表示担忧与反对。

2.《1957 年教育法令》的颁布

1957 年，以《拉萨报告书》为蓝本制定了《1957 年教育法令》。该法令第三条明确规定："联合邦的教育政策是建立一个为全体联合邦人民所接受的国民教育体系来满足他们的需求和促进他们的文化、社会、经济及政治发展，目的在于使马来语成为国语，同时也维护及扶持我国其他族群语文和文化的发展。"③ 在此法令下，马来文小学被称为标准小学，英文小学、华文小学和淡米尔小学被称为标准型小学，都获得政府的全部津贴。马来文中学被称为国民中学，华文中学和英文中学被称为国民型中学。国民中学和国民型英文中学都获得全部津贴。国民型华文中学也可获得部分津贴，但是要获得全部津贴则必须改为以英文为主要教学媒介语（即改为国民型英文中学），而且最让华社担忧的"最终目标"并没有列入教育法令。这是以董教总为代表的广大华人积极争取的结果。早在《拉萨报告书》公布前夕，董教总代表就与教育部长阿都拉萨会谈，最后阿都拉萨保证不会把"最终目标"列入新法令。

总之，《1957 年教育法令》并未提及"最终目标"，这可以看作是马六甲密议及竞选纲领容纳各民族教育、文化承诺的反映，也说明华社影响政府政策的努力产生了一定效果。但我们也应看到，尽管华文教育赢得了合法地位，但华文的地位并不明朗，国家教育的最终目标仍然是以国语（马来语）作为主要教学媒介语，华文学校仍然面临着变质危险。正如崔贵强所言："《1957 年教育法令》表面上是让各民族方言学校存在，让它苟延残喘，最终却要被消灭。"④ 因而，华人社会并不满意《1957 年教育法令》，多次与教育部长交涉，并发起罢课抗争。

---

① 莫顺生：《马来西亚教育史》，吉隆坡：马来西亚华校教师会总会，2000 年，第 63 页。

② K. J. Rattan, *Communalism and the Political Process in Malaya*, kuala Lampur: University of Malaya press, 1965, pp. 127 – 128.

③ 《教总 33 年》编辑室编：《教总 33 年》，吉隆坡：马来西亚华校教师会总会，1987 年，第 203 页。

④ 崔贵强：《新马华人国家认同的转向（1945—1959）》，厦门：厦门大学出版社，1989 年，第 396 页。

三、1960 年《达立报告书》与《1961 年教育法令》

1957 年马来亚获得独立，以马华印为基础的联盟政党掌握了国家政权。虽然联盟政党采取协商精神，但巫统在联盟中占据主导地位。独立前，为获得各族群的支持，以利于争取独立，巫统对华文教育采取了相对宽容的态度。但独立后马来人的种族主义理念逐渐显现，单元化思维开始强化。加之，这一时期马华公会内部发生了严重党争，以陈修信为首的保守派上台，一改之前对华文教育的支持立场，逐渐走到华社的对立面。华社不但失去了争取华教权益的体制内管道，而且面临来自华人执政党——马华公会的压力，因而在反抗政府不合理教育政策时面临着更多困难与挑战。

1. 马华公会党争——改革派与保守派的斗争

1958 年 3 月马华公会举行党选，以林苍佑为首的少壮派（即改革派）赢得了中央领导权。少壮派代表有朱运兴、杨邦孝、陈世英等人。马华在以林苍佑为首的改革派崛起后，企图通过自身改革，希望在政治上有所作为，争取华社更大的支援，提高在国家政治中的地位。他们拥护母语教育，为争取母语教育权利，密切配合董教总等华社团体，与政府谈判，力图改变政府对华教不利的政策。在少壮派掌权的这段时间内（1958 年 3 月到 1959 年大选前），三大机构成功召开了两次意义重大的全国华文教育大会。

第一次大会于 1958 年 9 月 20 日在怡保召开，要求政府把华文列为官方语文，彻底解决考试媒介语问题，以保证华文中学的存在和发展。林苍佑致开幕词时说："在发展华文教育的过程中，三大机构是缺一不可的伙伴。但董教总是着重于提供华教应兴应革的意见；马华公会则是着重在政治的折中。前者为了阐明真理，可以畅所欲言；后者为了加强效率，必须量情度势。这种分别，是我们所不能不面对的，但它并不妨碍我们成为一体。"[1] 这表达了以林苍佑为首的马华愿意与董教总一起共同争取华教权益的信念。第二次大会于 1959 年 4 月 26 日在吉隆坡召开，通过了《全国华文教育大会宣言》以及华人对教育的总要求。其中，在总要求中提出：各民族教育均以母语母文为主要教学媒介，同时考试媒介必须与教学媒介相同。巫统对这两次表达华社民意的大会并不欢迎，甚至猛烈批评大会所通过的议案。

在 1959 年大选来临之际，马华公会会长林苍佑提出了符合董教总要求的主张，表达了马华认同华社的立场，并利用大选在即的机会，正式向联盟提出。林

---

① 郑良树：《林连玉先生言论集》，吉隆坡：林连玉基金委员会，2003 年，第 421 页。

苍佑致函东姑，提出两项要求①：第一，马华在104席国会里，应分得40个候选人名额（40席超过议席总数的1/3，如果巫统要修宪，必须得到马华的同意）；第二，华团对华文教育的总要求，必须列入联盟的竞选纲领。由此引发了马华与巫统的争执，联盟濒临解体。巫统内部的激进分子认为东姑对华人让步太多，有损马来人的利益，因而强烈反对。东姑在巫统内部的强大压力下，没有满足林苍佑提出的要求，并表示："随时准备与马华公会脱离，继续与马来亚印度国大党及不支持林苍佑医生立场之其他马华公会会员，在联盟之旗帜下参加八月间国会之大选。"② 林苍佑于是决定妥协，将议席减至35席，但东姑仍然不接受。这标志着华社欲通过政治途径解决华教课题的失败。

巫统对林苍佑的行为愈加不满，遂决定扶持以陈修信、翁毓麟为首的保守派。在巫统的支持下，保守派击败了少壮派，并提拔了李三春、李孝友等几位年轻领袖。他们坚决支持政府的华教政策，与董教总针锋相对，走到了华社的对立面，也直接导致了三大机构的解体。其后林苍佑在保守派的排挤下，于1960年12月30日声明辞职并退党。1959—1960年间，因不满马华在教育政策上所持立场，先后退党的党员非常多，在吉隆坡曾发生一次300余人集体脱党的事件。③

总之，1958年的党争和1959年大选与巫统抗衡的失败，使组织并不健全的马华公会的前途发生很大的变化。巫统通过此次事件，完全掌握了马华的"命运"，马华的政治作为能达到什么程度基本上取决于巫统容许的尺度。巫统对马华采取"打而不倒"的方针，一方面使马华完全成为弱势政党，另一方面又保持马华成为华人欲进入国家政治核心的窗口，以防止出现华人政治力量合成一股的可能。马华受制于巫统设计的政治游戏规则，也就是巫统所要的"协商文化"，即马华只能私下"表达"意见，不可以政治谈判的口吻开列要求。④ 在这次事件中，巫统还使用了分化马华的公开武器，即只要取悦巫统就能做官当议员，即使是得罪甚至出卖华社利益也无关紧要。巫统这一分化手段在日后不断使用，以挑选更合适的马华代理人。从这之后，以陈修信为首的马华逐渐走向华社

---

① 林苍佑致东姑的原函摘要如下："鉴于本邦趋向马来种族主义之明确趋势，我相信阁下亦与我同感，唯有给予马华公会至少40席，方可将华人对马来种族主义滋长之恐慌消除。……另一项问题我要请阁下注意的是我们子女的教育、将来的出路问题。简单说来，我本人的意见是：我们应在联盟的宣言中明确地说明，我们决议依照过去两年的经验检讨现行之教育政策，直至马来文达到充分之发展，而所有学校教授巫文之教材完整之时，学校为着升学之考试，应用其个别教授媒介语文进行，但巫文一科为必修课。……"详见《教总33年》编辑室编：《教总33年》吉隆坡：马来西亚华校教师会总会，1987年，第432—434页。

② 《中国报》，1957年7月11日。

③ 《吉隆坡有300余人集体退出马华公会》，《星岛日报》（香港），1959年7月30日。

④ 谢诗坚：《林苍佑评传》，槟榔屿：槟榔出版有限公司，1988年，第87—132页。

的对立面，三大机构陷于解体状态，马华在华社中的影响力逐渐下降。马华非但不能为华人争取权益贡献力量，反而成为华教运动的阻力。在反对《达立报告书》及华文中学改制等议题上，马华则与政府合作共同向华社施压。

2. 为反对《达立报告书》华社与联盟政府的博弈

（1）报告书出台前各界反应。

1960 年 2 月，马来政府成立 19 人教育政策检讨委员会，任务是检讨《拉萨报告书》及《1957 年教育法令》，提出改进的新建议，以达到国家教育的目的。委员会由新任教育部长拉曼达立领导。其中，委员会的 9 个成员中有 3 个华族成员：梁宇皋、王保尼及许金龙，这三个人都是马华中的新派人物，对华教持消极态度。① 其中身为司法部长的梁宇皋还挺身为《达立报告书》辩护。各族群对该检讨委员会的期待与要求并不相同，在政策检讨委员会展开调查工作之际，均向委员会提呈备忘录，表达族群诉求。

泛马回教党向政府提呈备忘录，提出三点主要要求：第一，本邦的所有学校，由小学至大学，应一概采用国语为主要的教学媒介语；第二，政府对于未采用或教授国语的所有政府津贴学校，应立即停止拨给津贴金，所有政府学校，应废除华语及印语的教导；第三，废除现行的《拉萨报告书》的教育政策，而以"符合马来民族主义愿望"的国民教育新政策代替之。② 从上述提议中，可以看出在泛马回教党中弥漫着强烈的马来民族主义倾向，并极力排斥其他族群的语言和文化，以建立马来文的独尊地位。其实，泛马回教党的这种思想广泛存在于马来人中。

代表淡米尔文③学校的联合邦印文学校全国教育发展理事会，也向政府教育检讨委员会提呈了备忘录。该理事会认为："巫语成为本邦的国语，每一个马来亚人都应感到骄傲，不过在巫文教师及巫文教科书尚未能完全供给各校的需求时，中学升学考试及初级文凭考试的巫文为必修课，须暂缓执行。建议初级文凭考试，须有淡米尔文出题……政府有责任维护与发展本邦的印文学校。"④ 从中

---

① 教总主席林连玉先生对此有精辟的评述："当我在报上看到教育检讨委员名表时，华人的代表竟是梁宇皋、王保尼、许金龙三人，我的心中非常不安，知道华文教育即将大祸临头了。……现在要检讨以华校教总及董总为对手定下来的报告书，反而把有充分代表性的华校董总踢开，点派三个与教育绝缘的人物冒充华人代表……那么他们对华文教育有非常恶意，可以不言而喻了。"详见林连玉：《有关最后目标问题》，《风雨十八年》（下册），吉隆坡：林连玉基金委员会，1990 年，第 151 页。

② 《星洲日报》，1960 年 3 月 21 日。

③ 马来西亚的印度裔所说的 Tamil 语，过去通常译为"淡米尔"，原是印度南方的一种方言，也是马来亚地区印度裔人民主要使用的方言。故马来亚地区通常以"印语"或"印校"来通称淡米尔语或以淡米尔文为教学媒介的学校。马来西亚华语规范理事会于 2004 年 7 月 29 日将 Tamil 正式译为"泰米尔"。见《星洲日报》，2004 年 7 月 30 日。因本书所引述的为过去官方文书和史料，因而仍沿用"淡米尔"的译名。

④ 《南洋商报》，1960 年 3 月 22 日。

可以看出，印度人主张在维护国语的前提下，发展其他各民族的语言，这也是宪法所赋予的权利。

在政策检讨委员会展开调查工作之际，以董教总为首的华社就开始思考如何向政府传达民意，形成舆论压力，使新政策不致对华教造成致命打击。一方面，董教总发动华社尽量表达意见，以使当局能够领悟华社群体的意愿。华社总共向政策检讨委员会提呈了 35 份备忘录，其中教总在备录中提出了两点主要要求：第一，考试媒介语必须是教学媒介语，因为考试媒介语不是教学媒介是不符合教育原理的；第二，本邦华人为欲使子弟有升学机会，乃在得不到当局资助下欲求自费开办之教育机构，当局不得以种种条件限制之。① 时任马青团团长的沈慕羽也指出："思想正确及教材划一可教导学生效忠。因此，各民族语文仍然让其自由发展。国语是国家的灵魂，但各民族文化是各民族的灵魂，政府推动国语教育，应勿引起各民族的文化面临危机。"② 另一方面，致函梁宇皋、王保尼及许金龙三位华族代表，希望他们能够从族群利益出发，尽可能地争取族群权益。

各大华文报刊也就此问题给予关注，除进行大幅报道外，还发表社论，表明报社立场。如《中国报》的社论就指出："本邦教育问题——尤其是华文教育问题，数年以来，一直都在华人不满意的情况下推行，虽经华教团体即全马各注册社团据理力争，却未能圆满解决。当今教育部长宣布检讨本邦教育政策，成立检讨委员会，其目的当然乃在冀求本邦教育政策之更臻完善，而更适合于全民族的需求……但当局对若干正确的原则和健全的政策，推行时予以误导和曲解。所以我们今天对政府提出检讨教育政策时，即应针对此种被误导和曲解之点，逐一详细指出；依过去数年来之经验，我们实在不能让其一误再误……"③ 从中，我们可以看出广大华人对检讨委员会的殷切期望，及对当局以往做法的严重不满，并提出要对政府的错误做法予以纠正和监督。

（2）报告书出台后各界反应。

1960 年 8 月 3 日，《达立报告书》出台，并交由国会审议，各政党表达了自己的立场。社阵及进步党主张暂缓讨论，但被否决；马来西亚回教党指责报告书强调英语教育的地位，该党重申"一个民族、一种语文"的主张；国民党拿督翁指责华校继续使用"中国国语"为教学媒介，建议政府应当在十年内取消华、印小学的津贴；马华议员表态支持。财政部长陈修信表态说："反对教育报告书的人是不懂教育的人，是另有居心的人。报告书不但没有消灭华文之意图，而且

---

① 《中国报》，1960 年 3 月 23 日。

② 《星洲日报》，1960 年 2 月 9 日。

③ 《中国报》，1960 年 3 月 7 日。

使华校历史展开新页，免再受'经济问题'之烦恼。"卫生福利部长拿督翁毓麟认为："我觉得凡是真正效忠于本邦的人，都应该支持报告书的建议，这份报告书是最佳的报告书……"另外一位马华高层领导人，任司法部长的梁宇皋公开指责，教总主席林连玉的行为是"走江湖，为了牛油面包，根本不是为了华社的利益，而是纯粹为了一己私利"①。从马华国会议员的言论中，可以看出马华新领导层对华文教育的态度和立场已经彻底转变，他们不但无意接受华教工作者的立场，而且准备在适当的情况下妥协和让步。经过激烈辩论，报告书"原则上"被获批准。8月12日，报告书在没有广泛征求民意的情况下，在下议院获得通过，但遭到华社的强烈反对。华教人士宣称，《达立报告书》违背了《拉萨报告书》的精神，他们难以接受"最终目标"的再次出现。

《达立报告书》在语言教育方面提出以下几点建议②：第一，所有标准小学和标准型小学应改名为国民小学和国民型小学，以符合马来文的国语地位。政府应为这些小学提供合格教师，特别是国语教师。第二，为了团结各族人民，中学的公共考试只用英文或国语出题。为了鼓励学生进入国民中学或国民型中学就读，政府将取消不遵从国家教育制度的学校津贴。因此建议1961年开始停办初中会考（华校初中），而1963年取消高中会考（华校高中）。第三，为了使所有中学改用官方语文教学，委员会建议政府只提供全部津贴给国民中学及国民型中学。从1962年开始，政府将不再提供部分津贴给其他中学。不过，这些不愿意改用官方语文为教学媒介语的学校，可依照学校注册条例，成为独立中学。这意味着，华文中学面临两个选择：接受政府的津贴和条件改制为国民型中学（即英文中学），或是不接受政府津贴，成为独立中学。第四，为了加强国语的地位，必须确保在每一间非马来小学都拥有足够的合格国语教师，因此政府需要定下一个日期，使国语在中学入学考试中成为必须合格的科目，同时也需要定下一个日期，使国语成为进入师训的必须条件，积极解决马来文课本缺乏的问题。从上述规定可以看出，《达立报告书》的主要目的是要以停止公共考试（初中会考、华校升学考试及高中离校文凭考试）、取消津贴等措施来"腰斩"③华文中学，使之接受政府条件改制为国民型中学。其中，以"停止公共考试"对华文中学的威胁最大。因为，这样一来等于把华文中学完全排斥在整个教育体制之外，毕业生的出路也就成了大问题。总之，《达立报告书》在"检讨教育政策实施"的名义下，实际上篡改了《1957年教育法令》第3条款所规定的国家教育政策，而

---

① 《南洋商报》，1960年8月11日。

② 详见莫顺生：《马来西亚教育史》，吉隆坡：马来西亚华校教师会总会，2000年，第66页。

③ 这是当时的9人检讨委员会委员之一的周曼沙在提及华文教育时所使用的词，详见《华校教总工作委员会决议不接纳教育报告书》，《光华日报》，1960年8月7日。

以《拉萨报告书》第 12 条的"最终目标"取而代之，并建议如果华文中学要想继续获得政府津贴，就必须将主要教学媒介语改为英文或马来文。这必然引起华社的强烈抗议。

在报告书通过的当天，教总就召开了 15 人工作委员会会议，强烈反对报告书的建议。林连玉在会上发表了激情澎湃的演讲①，全面攻击《达立报告书》。认为报告书不符合《宪法》第 152 条及《拉萨报告书》的精神，同时不符合联盟竞选时对人民所作的承诺；提出根据《拉萨报告书》第 72 条的规定，反对改变华文中学的教学媒介语，也反对考试采用官方语文，并决定成立 9 人小组委员会，以深入研究报告书，提出具体意见。最后会议还以教总的名义，呼吁全国华文中学自力更生，保持现状；并决定在适当的时候召开全国华人学校及社团代表大会，以及与董总协商吁请马华召开三大机构会议。

同时，越来越多的华校团体举行联席会议，表达抗议。全国社团代表大会于 8 月 20 日在中华大会堂召开，出席单位达 147 个，代表 200 余人。经过激烈讨论通过以下两项决议：第一，设 9 人小组研究教育报告书；第二，致函三大机构要求于必要时召开全国社团代表大会。玻（璃）、吉（隆坡）、槟（城）、霹（雳）、雪（兰莪）、森（美兰）、（马六）甲、柔（佛）、丁（加奴）等 9 州华人社团也要求三大机构迅速召开全国大会以商讨对策，进行交涉。董教总更是多次致函马华，要求召开三大机构会议，但马华并未给予答复。因为党争过后的马华领导层对华教的解释、态度及要求与华社、华教工作者存在很大差别。

在报告书辩论期间及通过后，各华文报刊也纷纷发表社论，抨击报告书的偏激。如《中国报》社论《寄望予马华公会领袖们》一文就提出："教育报告书之公平合理与否，应以全国人民的意见为依归……联合邦华校董总与教总有言，于必要时将召集全国性会议，实为合理的措施……我们希望贤明的联盟政府当局能顺应民意，对于施行方面，能如教长之声明，将与马华领袖从长研讨。"② 可以看出，该文以委婉的语气表达了对政府的不满，并希望政府能够考虑华社意见，顺应民意。

在华社的强力反抗下，政府也加大了宣传力度。例如，联合邦新闻部在 10 月中旬就印刷了四份华文宣传资料，向华社宣传《达立报告书》及华文中学改制的优点。这四份宣传资料的标题分别为：《每一位华校董事与监理员应有的认识》、《全马华校教师应有的认识》、《每一位华人家长应有的认识》及《全马华

---

① 林连玉发表了题为"我为什么失望"的演讲，引起华社的极大共鸣及广泛支持。详见林连玉：《华文教育呼吁录》，吉隆坡：林连玉基金委员会，1986 年，第 85—89 页。

② 《中国报》，1960 年 8 月 8 日。

人应有的认识》①，从这些宣传资料的标题，就可看出政府希望从学校董事、学校教师、学生家长及社会人士四个不同的受众主体入手，宣扬报告书的各种优点，并强调报告书不但无消灭华族语言文化的意图，反而使华族处处受益。政府的强力宣传，对华族产生了一定的消极作用，部分人士开始动摇。华教工作者不断敦促马华，希望三大机构能尽快召集会议，以寻求对策，但都未获马华明确答复。

11月5日，在马华拒绝召开三大机构会议后，董教总自行召开全国华文中学董教代表大会，大会通过五项决议：第一，根据《1957年教育法令》第2条国民型中学的定义，不应改变华文中学的教学媒介语；第二，赞成实施小学免费教育；第三，应有以华文为媒介语的初高级文凭考试，而且价值相等；第四，应有以华文为教学媒介语的后期小学；第五，小学升中学不应受30%的限制。②

11月7日，马华会长谢敦禄向报界发表谈话，宣称在马华新章程内，三大机构的中央教育委员会已不复存在，并说召开全国华团代表大会无益于华社。③此后，谢敦禄再次向外界宣称："在多元民族的马来亚联合邦，唯有通过真实性的和统一性的教育制度，才能达致团结，这份报告书的目的就是要培养及促成这种共同目标的实现。"④ 马华通过这种方式，告知华社三大机构正式解体。这对华教运动来说是一个沉重打击，华教工作者不但失去了与官方沟通的桥梁，而且华教人士也无法绕开马华直接与政府协商，致使争取华教权益更加困难。

3. 为反对《1961年教育法令》及华文中学改制华社与联盟政府的博弈

促使华文中学改制的活动早在马来亚联合邦独立前就已展开。1955年7月6日，槟城钟灵中学的校长汪永年和董事长王锦成等人秘密向政府申请特别津贴，变相把钟灵中学改制为准国民中学，成为马来西亚第一所改制的华文中学。钟灵中学的改制，为日后政府采取逐个击破策略、推行华文中学改制的政策奠定了基础。

1956年12月7日，教育部致函各华文中学，通知申请改制为准国民中学的20个条件，其中"改制后必须参加以英文作答的政府考试"这一重要条款，表示改制后华文中学即为英文中学。为了加速改制步伐，教育部随后向华文中学施加压力，驱逐在华文中学就读的超龄学生，由此引发了一股声势浩大的学潮。如1957年4月2日，钟灵中学发生学潮，学生抗议改制，用血指写血书："爱吾华

---

① 详见郑良树：《马来西亚华文教育发展史》（第三册），吉隆坡：马来西亚华校教师会总会，1996年，第46—47页。

② 《南洋商报》，1960年11月6日。

③ 教总教育研究中心编：《华文中学改制专辑》，吉隆坡：教总教育研究中心，1986年，第22页。

④ 《南洋商报》，1960年12月1日。

文、爱吾钟灵。"① 与此同时，韩江中学也发动罢课，声援钟灵中学，亦用血指写血书："维吾华教。"② 表达了维护华教，坚决反对改制的决心。

为此三大机构与政府展开了交涉，各地学校董事会及华团也纷纷召开联席会议，表示要共同维护华文中学不变质。1957 年 11 月，三大机构代表拜会当时的教育部长佐哈励，得到如下答复："高初级文凭考试出题和作答必须用英文；改制后，课本除华语文外，得全部改为英文；改制后，必须废除华校行政系统，引入英校行政系统。"③ 随后，三大机构召开了全马华文中学董教代表扩大会议，通过如下决议："在三大机构交涉没有满意答复，而高初级文凭考试未能用华文出题作答之前，全马华文中学应一致坚决拒绝接受改制，决不采取单独行动。"④ 同时，全国华文中学展开了罢课学潮并进行游行示威，以配合三大机构。最后，在华社团结一致的抗议下，政府同意继续主办津贴未改制的华文中学，并主办以华文出题的初中和高中会考，针对超龄生的态度也逐渐缓和，不做强制处理。这样 20 世纪 50 年代末出现的关于华文中学改制以及学潮等问题暂时得以解决。

20 世纪 60 年代，随着《达立报告书》的出台，关于华文中学改制的问题再次显现，并引发了更大规模的抗议活动。因为在《达立报告书》中提出的重要一点就是，只有使用官方语言为教学媒介语的中学方可获得政府津贴，否则，得不到政府任何津贴而成为独立中学。这对华文中学来说是一大严峻考验。如果接受政府津贴，必须改变教学媒介语，从而导致华校变质；如果不接受而成为独立中学，则面临着经济困难。加之政府实行"胡萝卜加大棒"的怀柔策略，致使许多华文中学摇摆不定。以董教总为首的华社积极引导，与政府展开了"改制与反改制"的较量。

1961 年 3 月 15 日，教总主席林连玉在槟城召开了教总 15 人工作委员会会议，会上林连玉强调"津贴可以被剥夺，独立中学不能不办"的坚定立场，大力呼吁全马华文中学不要申请改制，应积极筹办华文独立中学。5 月 30 日，退出马华的前教育部副部长朱运兴，以独立人士身份参加安顺国会议席补选，并以反对《达立报告书》作为竞选宣言，结果击败马华候选人华景裕。这反映了广大华人对政府华教政策的严重不满以及对马华退缩"叛变"行为的愤怒。总之，在董教总的积极宣传下，直到 1961 年上半年，各地华文中学还都按兵不动，等

① 《星洲日报》，1957 年 4 月 23 日。

② 《星洲日报》，1957 年 4 月 23 日。

③ 沈天奇：《华文中学改制》，载钟伟前主编：《董总 50 年特刊（1954—2004）》，吉隆坡：马来西亚华校董事联合会总会，2004 年，第 424 页。

④ 沈天奇：《华文中学改制》，载钟伟前主编：《董总 50 年特刊（1954—2004）》，吉隆坡：马来西亚华校董事联合会总会，2004 年，第 424 页。

待董教总的命令。

为了迫使华文中学改制，政府采取了"胡萝卜加大棒"的怀柔政策。1961年下半年，马华公会要员如李三春、李孝友①、谢敦禄、李润添以及教育部长拉曼达立相继通过电台推销华文中学改制的"好处"和"保证"。② 如教育部长就针对华文中学问题在马来亚广播电台发表了一篇冗长的特别广播，指出："华文中学如果不接受改制，学校的财政将会遭到重大困难，政府也不会给予任何津贴，而身为学生家长者将要加重负担。家长应该好好思考是为了私立学校的低劣教育去负担20元呢，还是在全津国民中学获得免费教育，或者在全津国民型中学付更少的学费以获得更好的教育。"③ 同时，教长也提醒华文中学董事会，坚持不改制是没有好处的，教育政策现已成为法律。教育部和新闻部也发放大量宣传品。例如新闻部的宣传刊物《今日之谈》几乎每期都以改制中学为题大肆宣传；梁宇皋的《事实胜过雄辩》一文也印成小册子到处派送，鼓动华校改制。但总的来说，当局的宣传重点不外乎以下几点：第一，宣传改制后的华文中学仍有1/3的时间学习华文，学生的母语学习仍能获得保证，广大华人不必担心自己的语言会被泯灭；第二，改制后华文中学将获政府资助，为此董事部不必再为经费问题操心，学生学费将会大幅减少，减轻家长的负担；第三，改制后学生更有出路，升学渠道拓宽。同时，为了削弱华社对华文中学改制的抗拒，教育部长在下议院提议准许国民型中学（改制中学）开下午班招收辍学生，这个建议后来发展为允许改制中学附设独立班。但马华和政府的大量宣传与游说都未动摇华族捍卫华教的决心，进行改制的华文中学并不多。为此政府开始采取政治压迫手段，以期达到目的。

首先是封锁新闻，钳制舆论。华社失去朝中的代言人——马华公会后，只能通过集会的方式，发表文告，让广大华人了解董教总在这个问题上的原则与立场。华文报刊作为传达华社心声的主要渠道，受到了政府的威胁与控制。例如负责教育新闻报道的记者受到政府威胁，不准报道华教人士的言论。一旦违背，报

---

① 李孝友是当时马华积极鼓吹改制的主要领导者之一。时隔40年后，已从政坛隐退24年的前教育副部长和前马华署理总会长的李孝友，在董教总于2000年11月20日举办的"从华文中学改制看宏愿学校"的汇报会上，就他40年前大力鼓吹华文中学改制而犯下的错误，公开向华社道歉。他说："我很痛恨欺骗我的人，我很天真地就受骗，而又来骗大家。"最后他要求华社要吸取教训，千万不要再犯错，要及时支持董教总，坚决反对变质华小的宏愿学校计划。参见沈天奇：《华文中学改制》，载钟伟前主编：《董总50年特刊（1954—2004）》，吉隆坡：马来西亚华校董事联合会总会，2004年，第423—428页。

② 如国会议员李三春在1961年7月2日、3日晚、李孝友在7月9日晚、教育部长拉曼达立在12月20日晚的电台广播中纷纷鼓吹华文中学改制的好处。详见郑良树：《马来西亚华文教育发展史》（第三册），吉隆坡：马来西亚华校教师会总会，1996年，第59—60页。

③ 《中国报》，1961年12月21日。

社就有被查封的危险。在政府的恫吓与胁迫下，这一时期华文报刊关于华教的报道大大减少，发表的社论也基本上不敢涉及此事。在这种情况下，华教人士关于华文中学是否接受改制的观点及对策就不能及时传达下去。

其次，政府褫夺了华教斗士——林连玉的公民权，并吊销其教师注册证，开除出教师队伍。内政部给出的理由有以下两点：第一，故意歪曲与颠倒政府政策，有计划激起对最高元首及联合邦政府的不满；第二，含有极端种族性质的动机，促成各民族间的恶感与仇恨，以致可能骚乱。[1] 教总教育顾问严元章博士也因在教总召开的紧急理事会上"仗义执言"而被勒令永远不准进入马来亚联合邦。这项禁令，直至1993年才被解除。他在会上说："连玉身为教总主席，他有道义上的责任来批评不利母语教育平等的教育法令，他有道义上的责任来批评破坏母语教育平等的胡说八道……在任何民主宪法统治下，在并非紧急的时期里，如果言论自由被剥夺了，不是宪法的死亡，便是政府的违宪。"[2]

政府这样做的用意很明确，林作为董教总最坚强有力的领导人士，在整个华社中都占有重要地位，通过对林个人的打压，一来可以造成"群龙无首"的局面，有分化华社的意味；二来有"杀一儆百"的用意，给其他华教人士造成恐慌与畏惧。事实证明，政府的这种做法确实起到了上述作用。在林连玉被褫夺公民权后，教总召开了紧急理事会议。但会上五位副主席互相礼让近半个小时，几乎无人敢主持会议，大家都不敢接这个烫手山芋。当会上一致决议发表声明为林连玉辩白并表明教总立场时，也没人敢执笔记录，最后黄润岳（后出任教总主席）自告奋勇挺身而出，才解决这一难题。

再次，政府一改前期较为缓和的宣传策略，发表带有威胁色彩的言论。在政府印发的解释1960年教育报告书"如何维护华文教育"的宣传单中，就带着威胁的口吻说："……他们（指反对此报告书者）尚未领略到他们这种行动的后果，是会毁灭了他们口口声声说要维护的一切……"[3] 暗示马来人宁可诉诸暴力也要坚持其语文政策。首相东姑·拉赫曼也亲自出面发出警告："任何人进行任何事情，使到民主蒙受困难或反对民主，是不适宜于居住在马来亚，而应被驱逐。"并指名道姓批评林连玉："极端爱国主义事实上是一种最为危险性的主义……为了这个理由，当华校教总主席林连玉君鼓励华人的极端爱国思想以及呼

---

① 教总教育研究中心编：《教总成立卅三年华文教育史料》（中册），吉隆坡：教总教育研究中心，1984年，第51页。

② 教总教育研究中心编：《教总成立卅三年华文教育史料》（中册），吉隆坡：教总教育研究中心，1984年，第44页。

③ 《1960年教育报告书　如何维护华文教育》，政府影印传单。转引自杨建成：《马来西亚华人的困境——西马来西亚华巫政治关系之探讨（1957—1978）》，台北：文史哲出版社，1982年，第137页。

唤不忠于中国的华人为走狗时，政府就取消其公民权，因为他已经不是马来亚人，因此没有资格保有他所拥有的公民权。"①

最后，为加速华文中学改制的步伐，马华积极介入，并以尊孔中学作为突破口。尊孔中学是吉隆坡的名校，而且是林连玉执教的中学。陈修信为了尽快让更多的华文中学接受改制，积极介入尊孔中学改制的决策过程，期望尊孔中学能产生示范效应。1962 年 2 月，在马华领导层的强烈要求下，尊孔中学最终接受改制。尊孔中学的改制，让更多的华文中学选择了同样的道路。

正是进行了以上精心部署，在华社毫无反击力量之下，1961 年 10 月 21 日，以《达立报告书》为基础的《1961 年教育法令》在国会中通过，并得到马华的大力支持。这份被教育部长形容为"国家团结宪章"的法令，在绪论部分声称引述《1957 年教育法令》所规定的国家教育政策，但在引述时却篡改了该政策，尤其是把"同时也要维护及扶持我国其他族群语文和文化的发展"这段极其重要的文字删除。在该法令下，马来文小学改称为国民小学，英文小学、华文小学和淡米尔小学被称为国民型小学；马来文中学为国民中学，国民型中学只限于以英文作为教学媒介语的政府中学或政府津贴中学，而以华文为教学媒介语的中学只能成为独立中学，政府不再给予任何津贴。更让华社愤怒与不安的是第 21 (2) 条款，即授权教育部长在他认为适当的时候，可以将一所国民型小学改为国民小学。也就是说，华文小学、淡小和英小可以随时变质为马来文小学。这像一颗定时炸弹，严重地威胁到华文独中的生存，甚至华文教育的存亡。而且在政府强大的宣传利诱以及马华公会的鼓吹②下，马来西亚共有 52 间华文中学接受改制，只有 14 间未接受改制者成为华文独立中学。③

四、"华文官化"运动及《1967 年国语法令》

W. Stewart 认为多元种族的社会在建国的过程中，对语言规划所采取的政策，通常可归纳为两大类：一是独尊一种语言。即利用教育及法律等手段消除其他语言，而独尊一语为国语；另一种是多种语言并存，而选择一种或若干种为官方语言，共同作为不同族群间沟通的语言。④ 1957 年马来亚脱离殖民统治而独立，当

---

① 教总秘书处编：《林连玉公民权案》，吉隆坡：林连玉基金委员会，1989 年，第 17—20 页。

② 由于很多马华公会的党员是华校董事，因而马华的鼓吹收到相当显著的成效。参见何国忠：《林连玉：为民族招魂》，《承袭与抉择：马来西亚华人历史与人物文化篇》，吉隆坡：马来西亚华社研究中心，2003 年，第 62 页。

③ 详见附录"历代教总主席"。

④ 郭振羽：《语言政策与语言计划》，云惟利编：《新加坡社会和语言》，新加坡：中华语言文化中心，1995 年，第 57 页。

时的联盟政府在制宪时期选择了以统一的语文作为塑造共同国家意识的工具，而放弃了宗教种族方式统一国家的构想。正如当时的教育部长所宣称的："通过国语，我们可以达致团结与和谐，我们诚恳地希望。"① 建国时首相东姑·拉赫曼也指出："国语（马来文）是团结的特征和国家的形象。"② 可以看出，联盟政府把统一的语言视为塑造国家团结的工具，马来人坚持以马来语为国语并作为建国的原则，其他族群的语文受到排斥。出台的马来亚宪法也规定，马来语是国语，英文和马来文是官方语文，但英文的官方语文地位只能保留 10 年，也就是 1967 年后再由国会决定。这必然引起华族的强烈反对，并引发了华社声势浩大的争取"华文为官方语文"（以下简称"华文官化"）的运动。

1. 华社为争取"华文官化"与联盟政府的博弈

（1）董教总努力争取"华文官化"。

早在 1952 年，教总就认识到争取华文为官方语文的重要性。事情源于当时的钦差大臣与林连玉的谈话。《1952 年教育法令》通过后，联合邦政府为了安抚华社，派副钦差大臣麦基里莱约见了教总代表林连玉等人。当林连玉质问为何华文教育得不到公平对待时，麦基里莱的回答是："因为华文不是官方语文。"③ 这引发了教总争取华文为官方语文的念头。正如林连玉在事后所言："这便是教总于 1953 年 4 月间提出争取华巫印文并列为官方语文的原因。"④

1954 年 8 月 8 日，教总在给马华教育中央委员会教育政纲的五项建议中，首次公开提出"争取华文为官方语文"的要求。在不久召开的华校教师公会第 41 次理事会上，再次强调要争取列华文为官方语文。这说明董教总已深刻认识到只有争取华文的官方语文地位，其他问题才能解决，即沈慕羽所言："华文教育是否有平等地位，关键在华文是否有官方地位。"⑤ 为此，华文报刊专门刊发社论予以配合。如《星洲日报》社论《争取将华文列为官方语文》就指出："马来西亚华文教育问题是一个相当复杂的问题，但我们争取的目标，大可以使之趋向简化。因而，将华文列为本邦官方语文之一，便成为我们争取的最高目标。""官方语文必须根据国民实际应用语文而制定。可惜的是，联合邦政府的施政却将事实颠倒，在联合邦协定订立之时，将华人作为外国人看待，只把英文和马来文列

---

① 谢诗坚：《马来西亚华人政治思潮演变》，槟城：友达企业有限公司，1984 年，第 123 页。

② 杨建成：《马来西亚华人的困境——西马来西亚华巫政治关系之探讨（1957—1978）》，台北：文史哲出版社，1982 年，第 131 页。

③ 林连玉：《回忆片片录》，吉隆坡：马来西亚华校教师会总会，1963 年，第 12 页。

④ 郑良树：《马来西亚华文教育发展史》（第三册），吉隆坡：马来西亚华校教师会总会，1996 年，第 205 页。

⑤ 《星洲日报》，1954 年 8 月 9 日。

为官方语文，而至后来产生敌视华文的教育政策。"①《南洋商报》社论《中文应列为官方语文》也提出："马来亚是中、英、巫、印四大民族共同合作的国家。照规矩，四国的语文文字应该并列为官方语文，使各民族能够维持他们应有的尊严，得到应有的便利。不幸一般浅见的政治家，滥用政治的权威，规定英文和巫文作为官方语文，中文和印文却被称为方言。这种削足适履的不合实际的做法，对于华人和印人可说是不公，对于本邦的前途可说是不智。以不公不智的人物做国家的舵工，前途真是危机四伏……"② 这些社论，都提出并分析了争取华文为官方语文的重要性与合理性，华文教育的困境主要是由于政府的敌视政策所致。

1955 年马来亚举行第一次大选。联盟政府为了选举需要，双方暂时搁置了一些问题。提出在此期间华人不再提"华文官化"问题，等到大选过后再做商议。但联盟政府上台后，并没有兑现当时的诺言。华社继续争取华文的官方语文地位。在每次召开的教总大会上，都会提出华人的这项神圣使命。

1956 年 4 月 27 日，全马华人注册社团代表争取公民权大会，一致通过四项基本要求，第四项就是"列华、巫、印文为官方语文"。但当局对这种要求置之不理。1957 年马来亚独立，并通过第一部宪法。其中第 152 条规定：国家语文必须是马来文，其字体必须由国会立法规定。③ 这项条款为其以后的"一个国家、一个民族、一种文化、一种语言"的单元化政策提供了法律依据，同时也为华社争取"华文官化"设置了最大障碍。1958 年 9 月 20—21 日，三大机构在怡保中华大会堂召开全马华文教育大会，最后通过沈慕羽的提议，"希望联盟政府在明年的竞选政纲内能够列华文为官方语文，如果政府坚持以官方语文为考试媒介语，即应请政府即刻列华文为官方语文"④。但联盟政府对此的反应是稍后出台了《马来亚联合邦 1958 年维护公共秩序法案》，授权全国各地政府必要时戒严一个月，包括禁止集会或游行。⑤

20 世纪 60 年代，华社再次掀起了列华文为官方语文运动的高潮。1964 年 11 月 7 日，教总呈函予首相东姑，请求政府列华文为官方语文之一。结果获首相政治秘书的复函，其中写道："……此并非首相权限内可以决定的问题。……此问题是需要以国家利益至上的每一位人士最审慎的思虑和研究。因为一项具有深远

---

① 《星洲日报》，1954 年 8 月 11 日。

② 《南洋商报》，1954 年 8 月 18 日。

③ 《马来西亚联邦宪法·条文选录》，《教总 33 年》编辑室编：《教总 33 年》，吉隆坡：马来西亚华校教师会总会，1987 年，第 850 页。

④ 《星洲日报》，1958 年 9 月 23 日。

⑤ 详见《华侨华人百科全书》编辑委员会：《华侨华人百科全书·法律条例政策卷》，北京：中国华侨出版社，2000 年，第 256 页。

影响和牵涉广泛的问题，它超越宪法的条款。"① 以此表明首相反对列华文为官方语文的立场。11 月 19 日，马六甲华人注册社团大会通过了由沈慕羽草拟的《为请求重订合理与平等之教育政策　尊重华人语文地位》的备忘录，做出一定支持马来文为国语的保证，同时请求政府从根本上解决华文教育问题，列华文为官方语文，并阐述要求列华文为官方语文的理由和办法。②

1965 年 7 月 7 日，教总致函全国华团，征求共同发起"马来西亚华人注册社团代表大会"，共有 28 个全国性华团参加，专门讨论"请求政府列华文为官方语文之一"问题。教总主席沈慕羽指出："到 1967 年按宪法规定马来文将成为唯一官方语，英文则由国会决定其是否可继续为官方语。现在必须及时奋起争取华文为屈居于马来文（国语）之下的官方语之一的地位。只有如此才能从根本上解决华文教育产生的各种困难。"③ 并定于 8 月 7 日在吉隆坡华校教总发起社团大会筹备会议，这一举动引起当局极大的紧张。8 月 4 日，副首相阿都拉萨召见了华教领袖沈慕羽、丁品松等人，以所谓"独立前华巫领袖曾有协议，以不争取华文为官方语文交换公民权"，"提出争取华文列为官方语文，会激起马来人情绪的高涨"等理由，劝请教总不要召开社团代表大会。次日，内政部长拿督伊斯迈召见所有参加发起社团大会的负责人，并发表了措词严厉、苛刻的讲话。"内政部长警告若干华人社团，坚持列华文为官方语文，破坏诺言后果严重"，并强调"巫语为唯一官方语言，华人则享有公民权，乃独立前两族领袖达致的协议"。④ 可以看出马来领袖反对华文为官方语文的坚决态度，并时常援引所谓的"社会契约"⑤ 进行压制，以维持马来语的主导地位。尽管受到政府当局的恐吓与阻挠，马来西亚华人注册社团代表大会仍如期召开，并成立"马来西亚华人注册社团代表大会筹备工作委员会"，负责全国华人社团代表大会事宜。9 月 12 日，工作委员会召开工委会会议，选出 15 个工作委员，由沈慕羽任主席。自此，华文官化运动建立了较为完整的组织及领导班子，运动日益朝向有组织、有步骤化发展。

1965 年 11 月 4 日，马来西亚华人注册社团代表大会筹备工作委员会为争取华文地位向首相提呈了备忘录。阐述了争取华文地位的动机、历史、立场、理由、途径等 10 个方面。提出"争取华文的地位乃是民意的充分体现，绝无其他

---

① 《教总 33 年》编辑室编：《教总 33 年》，吉隆坡：马来西亚华校教师会总会，1987 年，第 517 页。

② 马来西亚华校教师会总会编：《石在火不灭》，吉隆坡：马来西亚华校教师会总会，1996 年，第 9—13 页。

③ 沈慕羽致词，见马来西亚联合邦华校教师会总会 1966 年工作报告书。

④ 《南洋商报》，1965 年 8 月 4 日。

⑤ "二战"后，由于华人对政治的冷漠，错失了在马来亚联邦计划中争取公民权的有利时机。后来实行的马来亚联合邦计划，对公民权进行了严格限制，华人为取得公民权付出了很大代价，即以承认马来人的特权来换取华人的公民权，也就是后来马来人不断援引的"社会契约"。

政治企图，也不会受任何政党的煽动和利用。吾人只是基于公民的权利，及促进各民族和谐，而唤出正义的呼声，提出衷心的请求，只希望政府在语文问题上，对华文做一合理安排与法定地位，以解除华人在精神上时刻所受到的威胁，则华人便心安理得，而无怨言了"。同时，提出绝对支持马来文为国语。"吾人争取华文地位，绝无意与国语争衡，或与国语并列；只愿以第二种语文之身份，在国语之下，以辅助国语在发扬国策及传达政纲应用上之不足，而使华人深切了解政府之旨意，而达到政通人和、效忠本邦之目的；既不损巫人权益于毫末，亦无碍国语之尊严。过去巫籍人士的疑虑与误解，是应该通过理智而加以消弭的。"关于争取华文地位的途径，在备忘录中提出："吾人争取华人地位，一向皆以和平方式遵依宪法及协商途径进行，相信绝不会因华人合理之要求而引起种族之摩擦。"[1] 首相东姑对备忘录的上述请求研究后重申："马来语在 1967 年将成为我国唯一的官方语文，但这并不意味着其他民族之语文就必须消灭，相反地，其他民族语文，仍旧可以继续存在并发展。"[2] 并责国语极端分子。当局还成立联盟行动委员会，专门研讨种族及语文的分歧问题。可以看出，在这一时期政府虽然坚持列马来语为国语，但并不排斥其他族群语文的发展，态度也相对缓和。

1966 年 12 月华团代表大会筹委会发起社团盖章运动，获得 1 000 多个单位的热烈响应。同时，在华校教总代表大会通过的决议中，表示继续争取华文为本邦官方语文之一，不会因为当局的反对而停止。

总之，以董教总为首的华社为争取"华文官化"，采取了各种措施向当局表达诉求，向政府争取，但都遭到反对。正如当时的教育部长佐哈励所说："国语必定将于 1967 年成为唯一官方语文。虽然有人企图反对，但是我们将不会对此语文问题让步，我们的立场决使国语成为唯一官方语文。"[3]

（2）马华的不支持态度。

1958 年马华发生了严重党争，最后以得到巫统支持的保守派获胜而结束。此后，马华对华文教育的态度发生了重大转变，不是协助华社争取华教权益，而是积极推动政府政策的实施。其实，早在 1956 年，当多数华人社团提出应争取把华语列为官方语言时，马华公会中央工作委员会就宣布了其政治路线，即国家第一、政党第二、华人利益第三，也由此间接表明了对此问题的态度。1965 年 8 月陈修信就发出"基于宪法规定，列华文为官方语文之要求有极大危险性，且可能引起华巫分裂，难以支持列华文为马来西亚官方语文之一"的声明。[4]

---

① 《教总 33 年》编辑室编：《教总 33 年》，吉隆坡：马来西亚华校教师会总会，1987 年，第 484 页。
② 《星洲日报》，1966 年 3 月 7 日。
③ 《南洋商报》，1966 年 10 月 8 日。
④ 《南洋商报》，1965 年 8 月 4 日。

1966 年 10 月 18 日，马华在总会长陈修信的主持下召开了中央工作委员会紧急会议，做出如下决议：第一，马华重申支持马来文为国语及唯一官方语文的立场，以符合《宪法》第 152 条；第二，马华尽全力争取华文在允许的范围内做广泛的使用，在不抵触教育制度基本原则下，在教育方面做广泛使用；第三，决定开除沈慕羽的党籍。① 作为副教育部长的李孝友也重申全力支持国语为唯一官方语文的政策，并说："我不曾说过华文也应成为官方语言。"② 从中可以看出，马华是绝对不支持"华文官化"的，只是在政策允许的范围内争取华教权益。在这次中央紧急会议上开除运动领导者沈慕羽的党籍，标志着华人社会的分裂公开化。

1966 年 12 月，马华公会拒绝参加华教工委会会议，并列举三项作为拒绝的理由。其中一项是："维护马来西亚全体华裔社会之利益，素为本党一贯主张，而诸君③所代表之机构，不过全体华裔中之一小部分而已。本党既不可以小失大，参与其中亦未必能于服务全体华裔之宗旨有所补益也。"④ 由此可以看出，马华完全是在为自己的退出寻找合理借口。这也标志着马华与华教领袖第二次公开决裂，公然走到华社的对立面。但马华各分支会及全国马华公会青年团则是坚决支持"华文官化"运动的。如锡米山马华马青团就发表文告支持有关华文为官方应用文。该文告称："有关列华文为官方语文的请求是非常合理及实际的，我们坚决支持。并指责国语行动阵线的言论是无知与极端的。"⑤ 雪州马华分团也第二次发表文告，驳斥国语行动阵线的谬论，指出："争取华文为官方应用文是全马华人一致共同的要求，而马华公会身为代表华人之政党，更不能坐视此项正确合理的要求，或容忍受宪法保护下华人权益被无理侮辱。"⑥

（3）马来人的激烈反对。

早在 20 世纪 50 年代初教总提出"华文官化"时，就遭致马来社会的强烈反对。巫统主席东姑就向陈祯禄表示不满，叱吆马来文学会在一次集会上强烈反对"华文官化"，他们认为"英语与巫语并列为官方语言，已使巫人感到困难，因英语被认为官方语文，马来人之经济、文化、政治、教育各方面已受影响，特别是英语教育压倒巫语教育。若华语并列为官方语文，将使本邦有三种官方语文，势将引起使用上的混乱不一"⑦。

---

① 《星洲日报》，1966 年 10 月 19 日。

② 《南洋商报》，1966 年 10 月 13 日。

③ 指董教总，笔者注。

④ 《南洋商报》，1966 年 12 月 14 日。

⑤ 《南洋商报》，1966 年 10 月 4 日。

⑥ 《南洋商报》，1966 年 10 月 7 日。

⑦ 《南洋商报》，1954 年 9 月 20 日。

后来华人社会争取"华文官化"的热情进一步刺激了马来人敏感的神经，他们更加坚持彻底执行马来语为国语的政策。因为马来人认为华人反对政府的语言政策，就是反对这个马来国家的特征和形象。① 政府在各州发起"国语月"活动，并成立国语月委员会（National Language Month Committees）；1964 年 7 月又组织了"国语行动阵线"（National Language Action Front Committees）。不但抨击华人社会及华裔官员，而且还对执政党之一的巫统中央进行猛烈指责，并最终导致巫统中央于 1967 年 3 月 27 日采取行动，迫使党中的激进分子——国家语文发展局局长端赛纳塞辞去党中央执行委员的职务。总之，华巫双方关于语文问题的争执，最后演变成华巫之间公开的政治争斗。

为了缓和两族间激烈的政治斗争，稳定双方情绪，1965 年 9 月 27 日，首相东姑表示："倘使本邦的非巫人支持宪法所载，接纳马来语文为我国的国家语文，则他将给予非巫人互惠的安排及让步——尊重马来语文以外的其他各族语文在本邦的应用，以迎合本邦非巫人的语文心愿。"② 其后，进一步解释："问题在于我们是否能够很好地、圆滑地、和平安宁地宣布：'国语成为唯一的官方语言。'"③ 首相的意思很明显，即只要承认马来语的国语及唯一官方语文的地位，那么关于华文教育的一切问题都可以讨论和解决。与东姑之前的强硬态度相比，显然发生了一定变化。华社对当局的缓和态度表示欢迎。如当时的教总主席沈慕羽就对报界记者发表谈话说："我现在以全马华人注册社团代表大会工作委员会主席的身份发表意见，对首相东姑的宽宏态度表示敬意。"④ 马来人则把东姑态度的缓和视作对华社的巨大让步，致使他在党内的地位开始动摇。"虽然通过他的超凡的领导能力缓和了种族对抗，但他已经在马来群众中失去以往的控制力，巫统党内已发出要求变更领导层的声调。"⑤

（4）《1967 年国语法案》的通过与"华文官化"运动的失败。

1967 年 3 月 8 日国语法案在国会中一致通过，正式生效。其中，法令中最受人瞩目的是第三条。该条规定："此法案中各项规定将不能影响联合邦州政府有权在联合邦领土内，因公共利益之需要而使用任何其他种族语言翻译官方文件及沟通意见。"第四条进一步规定："最高元首在认为适当的情况下，有权准许在某些官方用途上继续使用英文。"第五至第八条规定："在各级法庭上，联合邦

---

① 转引自杨建成：《马来西亚华人的困境——西马来西亚华巫政治关系之探讨（1957—1978）》，台北：文史哲出版社，1982 年，第 133 页。

② 《中国报》，1965 年 9 月 29 日。

③ 《星洲日报》，1965 年 10 月 2 日。

④ 《中国报》，1965 年 9 月 29 日。

⑤ R. K. Vasil. *Ethnic Politics in Malaysia*, New Delhi：Radiant Publishers，1980，p. 164.

国会及各州议会中及法律条文中使用英文。"① 从这项法案的内容来看，华文在实际使用上拥有相当于官方应用文的地位，但没有切实的法律地位。也就是说，该法案部分满足了马来民族主义者（马来文变成唯一官方语文），同时也部分弥补了文化多元主义者的失落感（不禁止英语和其他用语的使用）。

马来西亚华人注册社团代表大会筹备工作委员会就国语法案通过一事，发表声明："这个法案固然多少表现一些多元民族彼此忍让及首相申斥沙文主义、呼吁种族和谐的精神。归根结底，还是执政当局的相互妥协，皆非真正民意的表现。一个名副其实的民主政府，是应当以民意为依归的。"并总结："国语法案的解释及其实施，与我们提出语文的合理要求还有一段相当的距离。如欲使民族语文地位日趋明朗，实仍有待吾人今后之努力。"② 表达了广大华人对此法案的不满与无奈，但并未表现出极大的反感。

马来人对此法案的反应要比华人强烈得多。如"国语行动阵线"的马来人，对此法案暧昧不明的规定无比愤怒，并举行游行示威，焚烧东姑的纸扎图像，以抗议东姑"出卖马来人利益"，使东姑在马来人心中的偶像地位（独立之父）受到严重的损害。③ 1969 年大选时，对于官方语文的争执更加激烈。"5·13"事件后，随着煽动法令的通过，官方语文问题被列为"敏感"问题之一，民众不得质疑。

2. 华社争取"华文官化"运动失败的原因分析

根据对语言不同态度的标准，可以把马来西亚华人分为两派。一派是英文教育出身、在政治上有影响力的华人领袖。他们附和政府政策，但得不到华人民众的了解和支持。虽然也支持母语教育，但对华语作为马来西亚官方语文的主张持保留态度，甚至反对。④ 另一派是华文教育出身、被隔绝于政治圈外的华人领袖。他们坚决反对政府政策，并能激起华人群众的共鸣，获得普遍拥护。但这些倡导华文教育的领袖多半不谙当时英殖民统治者的官方语文——英语，不易与殖民地官员、受英语教育的马来族及华族领袖进行深入的交往与沟通。⑤ 这也限制

---

① R. K. Vasil. *The Malaysian General Election of* 1969，Kuala Lumpur：Oxford University Press，1972，p. 15.

② 《教总 33 年》编辑室编：《教总 33 年》，吉隆坡：马来西亚华校教师会总会，1987 年，第 491 页。

③ R. K. Vasil. *The Malaysian General Election of* 1969，Kuala Lumpur：Oxford University Press，1972，p. 15.

④ 马华的重要领袖如陈祯禄、谢敦禄、梁宇皋及陈修信等，皆未积极支持华文为官方语文。华文教育的领袖林连玉认为，1955 年马来亚首次民选时，联盟政纲中有平等对待各民族教育的宣示，"这个诺言终于敌不过马华公会内部那些卖族求荣的败类的不断破坏，终于成了泡影"。详见林连玉：《风雨十八年》（上册），吉隆坡：林连玉基金委员会，1990 年，第 87 页；林连玉：《风雨十八年》（下册），吉隆坡：林连玉基金委员会，1990 年，第 11、21 页。

⑤ 林连玉，《风雨十八年》（上册），吉隆坡：林连玉基金委员会，1990 年，第 108—111 页。

了其斗争效果。

20 世纪 60 年代中期，马来西亚当时所处的外部环境也制约了华社的抗争效果。在这一时期马来西亚与印度尼西亚发生了严重对抗，双方剑拔弩张。华教人士认为："对抗印尼期间，加强民族团结，为建国之基本要素，亦即为促成民族和谐之基本工作，故召开'马来西亚华人注册社团代表大会'。"① 华社本来的良好愿望，却被处于高度敏感状态的政府视作危险因子。政府怀疑他们为印尼特工，甚至怀疑沈慕羽已为马共所利用，认为语言运动的幕后支持者是李光耀所领导的团总。②

马来西亚华人社会从 1954 年明确提出列华文为官方语文到《1967 年国语法案》的颁布，经过十几年的艰苦斗争，终未达致目标。除了面对强大的马来人阵线反对外，也没有获得印度人的支持，内部不能有一致的行动，也是失败的重要原因。尤其是华人社会对语言问题无法产生一致意见，并达成一致行动。内部的激烈斗争及华人领袖之间的意气用事，③ 都使得华人社会陷于瘫痪状态，几乎无法产生一致方案向马来人争取华文的合理地位，抗拒马来人的过分要求。

五、独立大学的创办

1. 创办独立大学的提出及政府的反对态度

1965 年 8 月 9 日新加坡宣布正式脱离马来亚联合邦，位于新加坡的南洋大学遂变为"外国"学校。此后新加坡出于政治上的考量，使得以华文作为教学媒介语的南洋大学逐渐变质。而在 1968 年之前，马来西亚国内只有一所马来亚大学和一所只招收原住民学生的玛拉工艺学院，华族学生在马来西亚的升学竞争非常激烈，出国留学遂成为华族学生继续深造的重要途径。

1967 年 9 月，当时的教育部长佐哈励突然宣布须拥有剑桥普通教育文凭

---

① 马来西亚华校教师会总会编：《石在火不灭》，吉隆坡：马来西亚华校教师会总会，1996 年，第 40 页。

② 《教总 33 年》编辑室编：《教总 33 年》，吉隆坡：马来西亚华校教师会总会，1987 年，第 252 页；陆庭谕主编：《沈慕羽事迹系年》，吉隆坡：马来西亚华校教师会总会，1997 年，第 99 页；马来西亚华校教师会总会编：《石在火不灭》，吉隆坡：马来西亚华校教师会总会，1996 年，第 40、119、126 页。团总是马来西亚人民团结总机构的简称，是由李光耀所领导的新加坡人民行动党与一些在野党所组成。它反对政府的种族主义政策，并和联盟政府展开针锋相对的论战，引起巫统极端分子强烈的民族情绪。

③ 如在 1961 年，马华与教总对华文教育问题的重大分歧，最终导致两者的公开对抗。1961 年 5 月 5 日董教总就把此前与马华进行私密会谈的细节内容公之于众，以示对马华的不满。董教总的过激行为，引起联盟政府的不满，并给予打压。

（General Certificate of Education，GCE）① 或马来西亚教育文凭者方可出国升学。由于当时未改制的华文独立中学学生通常没有参加官方的剑桥或马来西亚教育文凭考试，仅有华校高中的毕业文凭，政府的这一规定意味着华校毕业生将完全没有机会出国深造。② 华人社会对此感到哗然，并联合起来进行抗议。如各地的留台同学会、南大校友会、全国教师联合会等团体，通过报章发表文告，抗议政府这一意在限制和打压华文独立中学毕业生升学管道的不合理规定。10 月 24 日董教总呈函予教育部强调马来西亚高等学府少，倘若对出国深造资格加以限制，将严重堵塞青年学子的出路，要求取消这一不合理规定。③ 但政府并未采纳，而是于 11 月 24 日正式宣布这一规定，并定于 1968 年 1 月 1 日起正式实施。

由于抗议受挫，加之华文独立中学毕业生出国求学无门的困境，董教总此时萌起创办"独立大学"（Merdeka University）④ 的想法。1967 年 12 月 7 日，高师职总主席陆庭谕在马六甲召开的高师职总中委会会议上，首次提出创办一所华文大学的建议："有道是，天行健，君子以自强不息。天助相助，唯有自力更生，存在才是力量。因此，我们必须创办一所华文大学。为了华文中学生，为了华文中学生的升学问题，必须创办一所大学。为了华文教育的体系问题，必须创办华文大学。"⑤ 作为象征"我华人争取民族语文教育平等地位的决心与具体化"⑥。虽然后来教育部宣布取消此规定，但各地华人社团都纷纷响应董教总的号召，表示支持成立独大。

1968 年 4 月 14 日，董教总召开独大发起人会议，共有 199 个注册社团的代表参加，与会者超过 700 人。成立了以叶鸿恩为首的"独立大学筹备工作委员会"，并公布《独大宣言》。表明创办独立大学的四大宗旨：第一，为本邦培育专门人才；第二，为青年学子谋出路；第三，各种语文并重，绝非种族性大学；

---

① 剑桥普通教育文凭（General Certificate of Education，GCE）是一种中学等级的学术检定考试，由剑桥大学国际测验委员会设计提供。该项测验最初分成"O"（ordinary level）、"A"（advanced level）两个等级，后又增加了"AO"（alternative ordinary level）、"S"（special level）及"AS"（advances subsidiary level）三个等级。这项测验最初于 1951 年在英国采用，后来推广到新加坡、马来西亚等前英属殖民地国家。

② 全盛：《独大的来龙去脉》，马来西亚董教总全国华文独中工委会编：《独大史料集》，吉隆坡：马来西亚独立大学有限公司，1993 年年，第 19 页。

③ 《星洲日报》，1967 年 10 月 25 日。

④ 关于大学名称的选定可以说是颇费心思。在 1968 年 2 月 24 日召开的华教工委会代表大会上，代表们提出"协和大学"、"吉隆坡大学"、"陈祯禄大学"、"东故阿都拉曼大学"以及"马来西亚独立大学"等校名。经过多次讨论，最后在"避免巫族兄弟误会及政府的曲解"、"表示对国家的效忠"等考虑下，把这所大学命名为"独立大学"。Merdeka 在马来文意为"独立"，意味着马来西亚已脱离英国获得独立。详见《星洲日报》，1968 年 2 月 25 日。

⑤ 《南洋商报》，1967 年 12 月 8 日。

⑥ 陆庭谕：《创办华文大学刍议》，马来西亚董教总全国华文独中工委会编：《独大史料集》，吉隆坡：马来西亚独立大学有限公司，1993 年，第 9 页。

第四，促进文化交流，发扬本邦文化。从其宗旨中可以看出，这项计划是多元种族性质的，同时将拥有多种语文作为教学媒介及考试制度，目的在于促进国家的教育发展。

此后，广大华人热烈响应号召，各地华人组织纷纷成立独大筹委会分会。独大的募款活动更是风起云涌，获得了广大华人的支持和募捐。教总主席沈慕羽在独立大学发起大会上就宣布教总将捐献 10 万元作为独大基金，并且明确表示："为了办独大，必要时还准备把教总大厦典当出去。"① 教总这种为民族教育不惜一切的精神，极大地鼓舞了广大华人。

作为反对党的民主行动党对独大持支持态度，主要是出于竞选的需要。民行党在 1964 年大选中使用社会主义作为竞选纲领，但成绩不佳。为了能在即将到来的大选中取得好成绩，遂决定使用更具民族性的纲领来争取选票。它"强烈地感觉到对语文问题的立场和非马来人政治地位问题的关注足以决定党在选举中的命运"②。于是，民行党公开支持独大的创办以及华教人士所提出的有关语文、教育及文化诉求。

但创办独立大学遭到了联盟政府以及马来人的强烈反对。首相东姑就指责华社办学的行为会"使人不断想到他们还是华人，全然不是马来西亚人"③。教育部长佐哈励认为："创办华文大学与政府的政策背道而驰。"④ 巫青团⑤则指责创办华文大学是沙文主义行动的开始。⑥《马来前锋报》（*Utusan Malaysia*）在社论中点名批评独大，说"独大是国家教育政策的大倒退和制造国家的弱点，政府应该禁绝之"⑦。巫统的机关报《马来亚独立报》（*Malaya Merdeka*）也发表社论批评："独立大学是政治上的一项阴谋，旨在破坏联盟明年大选的力量。"⑧ 总之，在马来社会反对独大的声音不绝于耳。

独大的创办也得不到马华公会的支持。马华早在 1968 年 2 月 8 日召开的中央工委会上就表示难以支持独大，要以官方底线为底线，并建议扩大马来亚大学的中文系，以取代华文大学。⑨ 1969 年 9 月，马华向政府提呈了一份由马华高等

---

① 《星洲日报》，1968 年 4 月 15 日。

② 《星洲日报》，1968 年 4 月 15 日。

③ 全盛：《独大的来龙去脉》，马来西亚董教总全国华文独中工委会编：《独大史料集》，吉隆坡：马来西亚独立大学有限公司，1993 年，第 19 页。

④ 《南洋商报》，1968 年 1 月 13 日。

⑤ 巫统青年团（UMNO Youth）的简称，是巫统内部的辅助团体，主要吸收受马来教育的青年入党，也是党内最重要的压力团体。见 Gordon P. Means, Malaysian Politics, p. 197.

⑥ 《南洋商报》，1968 年 2 月 8 日。

⑦ 《南洋商报》，1968 年 2 月 27 日。

⑧ 《南洋商报》，1968 年 3 月 3 日。

⑨ *Straits Times*，1968 年 2 月 10 日。

教育委员会主席许启谟署名的机密文件——《设立一间高等学府以抗衡独大之计划》的备忘录（即后来的拉曼学院①），不久即获教育部长的批准。马华提出成立拉曼学院，在一定程度上，是对独大计划的回应。一方面向广大华人展示马华在解决华人子弟入读大学上所做的努力，另一方面借此抵消马华因反对独大而蒙受的批评。为此，马华公会会长陈修信称："拉曼学院成立，是马华公会对独大的答复，拉曼学院已成为现实，但独大仍然是个梦。"他同时形容要成功创办独大，无异于要"铁树开花"②，并对董教总冷嘲热讽："他们既不知如何办理大学教育，又不知从何处去找到所需的经费……他们除了政治上为自己多抢几项功劳，不会创办出使我们自豪的大学来。"③ 这些言论及做法引起华社对马华的强烈不满。需要说明的是尽管马华公会的领导层反对独大的创办，但许多基层党员是持支持态度的。④

联盟政府以及马华对独大的态度，决定了独大的申请工作不会顺利。直到1969 年 5 月 8 日，联盟政府在大选前夕，为了缓和华裔选民的不满，态度才有所缓和。马华为了获得广大华人选票，也开始修复与董教总的关系，并协助独大筹委会取得独大有限公司的注册证。随后发生的"5·13"事件，致使国家进入紧急状态，全国事务也改由副首相阿都拉萨所领导的"国家行动理事会"掌管。国家行动理事会随后颁布了《必需（高等学府）条款》［The Essential（Higher Educational Institutions）Regulations，1969］，规定高等教育机构的设立，必须取得教育部部长的批准，违者犯法。⑤ 在这个条款下独大的筹款活动也被禁止。1971 年，马来西亚政府又通过《大学及大专法令》（Universities and University Colleges Act，1971），规定所有大学或大专学院必须得到最高元首和国会的批准

① 计划设立的这所拉曼学院（Kolej Tunku Abdul Rahman）占地约为 150 英亩，提供 2～3 年的文凭课程，虽然招收各族群学生，但主要以协助华校生为主。其创办费用为 2 000 多万，联合邦政府同意以 1 元对 1 元的方式分担。详见许启谟：《创设高等学府计划文告》，马来西亚董教总全国华文独中工委会编：《独大史料集》，吉隆坡：马来西亚独立大学有限公司，1993 年，第 119—120 页。

② 《星洲日报》，1969 年 4 月 16 日。陈的原话是 "It is easier for the hell to freeze than the Merdeka University to be established in this country"，他后来表示其所说的 "easier for the hell to freeze" 被译为 "铁树开花" 是一种误读。

③ 谢诗坚：《马来西亚华人政治思潮演变》，槟城：友达企业有限公司，1984 年，第 104 页。

④ 马华公会基层党员支持独大的心声，可以从吉隆坡山竹园马华青年团发表的文告中看出。文告中说："独立大学，我们认为是本邦华人唯一的希望……当支持独大的呼声响彻云霄时，今日马华上层又来一个'发展华小基金'，这不能不使基层人民感觉到是一种政治手腕，其目的是要分散华人群众对马华'大事不做，专做小事'的注意力……我们基层每天面对群众，在上述的事件中，往往很难有所交代，我们希望马华上层能够有一个鲜明的立场，给我们基层作为榜样。"转引自曹淑瑶：《国家建构与民族认同：马来西亚华文大专院校之探讨（1965—2005）》，厦门：厦门大学出版社，2010 年，第 54 页。

⑤ 教总教育研究中心编：《教总成立卅三年华文教育史料》（下册），吉隆坡：教总教育研究中心，1984 年，第 77 页。

才可以创办，这使独大的创办活动再遭打击，独立大学有限公司也处于休眠状态。1973 年，独立大学改称独立学院，再次申请，仍遭拒绝。

2. "5·13" 事件后继续争取独大的创办

随着紧急状态的结束，国家局势不断缓和，1974 年 6 月 16 日，"休眠" 达 5 年之久的独立大学有限公司召开第一届会员大会，选出了第一届理事会成员。其中，林晃昇为正主席；沈慕羽、胡万铎为副主席。1977 年 10 月 27 日独大有限公司发起全马来西亚华人注册社团签名盖章运动，受到华团及政党的热烈响应，共有 4 238 个团体签名盖章，其中包括马华公会下面的 257 个支会。1978 年 1 月 30 日独立大学有限公司根据《1971 年大学及大专学院法令》向最高元首呈上了这份由 4 238 个机关华团签名盖章的请愿书，并把副本送至首相拿督胡先翁、教育部长拿督慕沙希淡及全体国会议员。这份请愿书是在 1978 年大选来临之际提出的，也是华社欲借助大选争取华教权益的又一次尝试。

请愿书开篇阐述了创办独立大学的必要性。"我们极度关注非马来学生在国内各大学深造的机会日益锐减的事实，自从大学入学固打制①推行以来，越来越多的非马来学生被排除在大学校门外。根据副首相（前任教育部长）拿督斯里马哈蒂尔医生在下议院透露：1977 年本国 5 间大学申请入学的学生达 25 998 名。其中，只有 5 953 人获准入学，在获准者中，4 457 人是土著学生，华裔学生 1 187 人，印裔学生 266 人，其他 43 人。这种日益加剧的局势，必须及时纠正，否则它将有损国家的团结与民族的和谐，所以为了国家利益，必须创办独立大学。"② 另外在请愿书中还表明了独大的办学方针与政策。如 "倡议中的独大，将依照大学及大专法令之规定，并参照国内大学的组织法进行组织"。这条首先明确表明了独大的创立是完全符合国家法律规范的，并在法律允许的范围内组织运作。"关于教育目标，将会配合科学进军的目标而设理科工科及文商科等系。除了华语为主要教学媒介语外，也重视马来语及英语的训练；我们将从教育原理的角度来处理大学的事务，用最有效率的媒介即工具来教导学生，以取得最好的教育效果。""至于招生方面，独大虽为配合华文独立中学的需求而设，但也开放其门户，以学术资格作为收生标准，不受非学术性因素的干预"，等等。③ 但

---

① "固打制"（Quota System）是马来西亚特有的大学录取标准。这种录取标准早在 20 世纪 60 年代就已存在，当时是采取不同种族录取分数不同的方式进行，而不是固定各种族的录取人数。1969 年之后，改为以种族人口比例作为录取新生的根据，而且执行的尺度越来越偏颇，如在 1977—1978 年，土著学生与非土著学生的录取比例为 75：25。1978 年以后，政府才逐渐放宽非土著学生的比例，使两者的录取比例维持在 55：45。2000 年，马哈蒂尔政府宣布改 "固打制" 为 "绩效制"。见许子根：《我国教育制度评析》，载林水檺主编：《文教事业论集》，吉隆坡：马来西亚雪兰莪中华大会堂，1985 年，第 72 页。

② 独立大学有限公司编：《独大文告集》，吉隆坡：独立大学有限公司，1978 年，第 1 页。

③ 林吉祥：《马来西亚的计时炸弹》，八打灵：民主行动党，1978 年，第 266 页。

这项反映华社集体意愿的请愿书却遭到政府的反对。教育部长慕沙希淡一再强调独大的申办是不会得到批准的。他在 1978 年 4 月 6 日的国会发言中表示："如果独立大学这个问题加以扩大的话，其后果一定会危害到我国的亲善精神。"并在同年 9 月 17 日召开的巫统全国代表大会上宣布了当局拒绝独立大学申请的三项理由："第一是由私人机构倡办，这是违反宪法第 8 条及第 152 条；第二教学媒介语为华文；第三只招收华文中学生，这是违反宪法及不合理的。"① 且在 1978 年 12 月 11 日的国会辩论中再度重申这三个理由。很显然，这三大理由可以说是对独大宗旨的误读，也是政府为拒绝独大申办所找的一个冠冕堂皇的理由。

这份由 4 000 多个团体签名的请愿书在大选前被提出，也对马华产生了很大的舆论压力。为此，马华专门成立了独大小组讨论有关问题。总会长李三春也在 1978 年 4 月 12 日接受《南洋商报》专访时发表了马华对独大的看法："对于这个问题，马华绝对支持任何人士创办高等学府。因为很简单，有越多的高等学府，我们的子弟受高等教育的机会就越多，这是马华向来声明的政策。""虽然我们接受国语为官方语文，以及承认英文的重要性，但是今天的马华成员由中委至普通党员，大多数是受华文教育的，对于华文的维护是不容置疑的，任何为维护华文发展的运动，必须全力支持。这一项独大运动是根据《1971 年大学及大专法令》而向最高元首请求恩准的。这个行动是合法的，因为这是法令之下条文所需要的步骤。"但在最后，他却强调："《1971 年大学及大专法令》条文以及在该法令下所成立的大学管理、行政、课程、财政、教学及媒介语等，政府是有绝对决定权的。要设立一间以华文为媒介的大学是困难的，独大在这项法令下创办，将不是独大创办人要华人社会所相信的一间以华文为媒介的大学。"② 从上述李三春的措辞中，我们看不出他对独大的反对，但其却引用相关法令来暗示创办一所以华文为媒介的大学是不可能的。其实这也表明了马华的一贯立场，与其60 年代末的态度并没有多大区别。国阵中的另一个华人政党——民政党，对教育文化政策态度漠然，似乎有置身度外之嫌，更谈不上协助华社积极争取华教权益了。

民主行动党坚持了其对独大一贯支持的立场，并借助各种机会向政府争取。如会长林吉祥计划在 1978 年 4 月 7 日召开的国会下议院中提出支持独大创办的动议案，但由于国阵议员提早休会，致使动议案未能成功提出。在这场动议案中，林吉祥表达了"支持独立大学有限公司所倡议的独立大学创办计划"，并指

---

① 江嘉嘉：《独立大学运动》，载钟伟前主编：《董总 50 年特刊（1954—2004）》，吉隆坡：马来西亚华校董事联合会总会，2004 年，第 210 页。

② 冯东阳：《看七八年大选的马华成败史》，槟城：星光出版社，1979 年，第 44—45 页。

出："独大不是沙文主义计划，而是一项提供高等人力资源的训练计划，是属于马来西亚的计划，应以马来西亚的立场对待而不能仅仅从单独种族立场来看待。"① 总之，在独大案中，民行党给予华社很大支持，这与马华及民政两党的态度截然相反。同时，民行党对华教的支持态度，也获得广大华人选民的认可，因而在1978年大选中取得不错的成绩。

3. 独大的败诉

政府的接连打击并没有泯灭华社创办民族高等教育的激情。1978年9月18日，独大理事会特别会议决议，将以政府违反宪法第152条（保障各民族有发展母语教育的权力）为由，力争独大的创办，并定于10月29日在吉隆坡召开"全国华人注册社团代表大会"。但政府援引内安法令禁止大会的召开。1979年2月2日，独大主席正式收到国家元首通过首相署发来的"拒绝独大申请"的复函。于是独大理事会决定起诉政府，1980年9月16日正式提交吉隆坡高等法院。

1981年9月28日，独立大学诉讼案开审，但遭到败诉。不过，独大理事会并没有放弃独大的申办。1982年2月15日，独大又上诉至联邦法院，遗憾的是联邦法院维持原判，并同时宣布独大案涉及宪法问题，不准上诉至英国枢密院。对此，已故董总主席林晃昇在1993年出版的《独大史料集》的献词中，有一段极为深刻的评述："倡议创办独大及它所取得的巨大支持，体现了我族热爱民族教育与自力更生的传统精神；它引起争议，是坚持民族权益者与各种妥协派、机会主义者及种族主义者的斗争；它的被禁止，说明了我国民族语文与教育受到压制的事实；它的诉讼，显示出独大理事会伸张民权的决心与法治精神；它的败诉判决使保护各族语文地位的有关宪法条文露出破绽，是我国民权运动的一项胜利。"②

至此，轰轰烈烈的独大运动从提出到被判死刑，历经14个春秋。但独大精神，一直都在鼓舞着广大华人为民族母语教育而斗争，具有重大意义。就连否决它的联合邦最高法院也不得不承认："独立大学这个名词将万古长存，并长久地深深刻印在我们的心版上。"③ 也正如有学者所言："独大的宪法诉讼案，可以看作是华社民间精英追求制度性平等的一种抗议精神。"④ 20世纪80年代末，在历经数十载百折不挠的斗争后，董教总终于成功设立了第一所民办高等学院——南

---

① 林吉祥：《马来西亚的计时炸弹》，八打灵：民主行动党，1978年，第266页。

② 林晓画：《马来西亚华教领袖林晃昇》，《海外华人》，2003年第3期。

③ 《独大上诉案审结》，马来西亚董教总全国华文独中工委会编：《独大史料集》，吉隆坡：马来西亚独立大学有限公司，1993年，第328页。

④ 马来西亚董教总全国华文独中工委会编：《独大史料集》，吉隆坡：马来西亚独立大学有限公司，1993年，第34页。

方学院。随后，又相继创办了新纪元学院和韩江学院两所高等华文大学，从而形成了从小学到大学较为完善的华文教育体系。

六、博弈结果分析

20 世纪五六十年代的国际形势复杂多变，首先建立了以美苏为首的两大敌对阵营。两大国在全球展开了划分势力范围，大搞军备竞赛的对抗行动；其次"二战"后广大长期遭受殖民统治的亚非拉国家掀起了声势浩大的民族独立运动。但在获得民族独立后，又被纳入相互敌对的两大阵营之中。东南亚诸国作为西方的殖民地，长期以来受其影响深厚，独立后自然被纳入到反社会主义的西方阵营中，成为对抗社会主义中国的"前沿阵地"。马来西亚没有经过流血战争，通过和平斗争的方式取得了民族独立，在经济和政治上继承了一大笔殖民遗产，与宗主国保持了千丝万缕的联系，也自然成为"自由和民主国家"中的一环和反共帐幕下的一员，对社会主义新中国充满了敌视和恐惧。总之，"二战"后形成的浓厚冷战思维及僵硬对立的中马关系深刻地影响了马来政府华教政策的制定。

1956 的《拉萨报告书》及《1957 年教育法令》相对较为温和，主要是为了获得独立的需要。1955 年，马来亚举行了第一次自治选举，马华印联盟获胜，奠定了三党"协商合作"的基础。当时为了选举需要，董教总、巫统和马华举行了著名的"马六甲会谈"，双方暂时搁置了一些问题，达成了合作协议。随后获胜的联盟政府上台执政，出台的两份法令相对较为温和，华社基本上可以接受。尤其是《1957 年教育法令》，并没有把"最终目标"纳入其中。这一方面是为了争取独立，需要获得三大民族的团结与支持，因而联盟政府的政策较为温和；另一方面是以董教总为首的华社的极力抗争与争取，其中马华对华教的支持及与董教总的及时协商沟通发挥了重要作用。

1957 年，马来亚脱离了英国的殖民统治，获得独立。联盟政府开始对以往的教育政策进行修订，以制定新的教育政策。受当时国际格局及中马关系等对外因素的影响，马来政府视华文为"共产主义语文"，华校是"培养马共分子的温床"，因而其后出台的教育法令都具有强烈的单元化思维，并且在华社的强烈抗争下，政府也毫不妥协。1960 年出台的《达立报告书》及以此为基础的《1961年教育法令》，都准备建立以国语（即马来语）为教学媒介的国民教育体系。这对华校来说是个致命打击。如果华校改变教学媒介语，则华社艰难守护 100 多年的华文教育也就不复存在。因而，以董教总为首的华社掀起了一场"反对华文中学改制"的社会运动。但由于政府采取"怀柔"策略，加之马华对华教态度的转变，积极推销政府政策，致使许多华文中学接受改制。在随后展开的争取"华文官化"及创办独立大学的运动中，尽管华社采取了各种抗争手段，与政府展开了长期博弈，但都没有取得预期效果。

总之，20世纪60年代华社的抗争收效甚微，一方面是政府单元化政策的不断强化，以塑造单一的民族国家；另一方面也与马华公会的妥协态度有关。1958年马华党争之后其领导层多由受英文源流教育的政治精英担任，对华文教育的感受度和敏感度与华教工作者不能相比。而且在现实政治中，由于政治人物个人利害的关系，使得马华领导人不得不在重大议题上向巫统妥协，政党利益往往高于族群利益。

表4-3 独立初期华人社会与联盟政府华教政策制定的博弈结果

时间	重要教育文件	重要条文（语言政策）	华族反应		博弈结果	
			接受	反对	政策实施	政策修正/未实施
1956	拉萨报告书	主张以马来文为国语，并维护和支持本邦其他族群的语言和文化。但最后目标提出："要建立统一的国民教育体系，以国语作为主要教学媒介语。"	较温和，但存在隐患		实施	
1957	1957年教育法令	马来语成为国语，同时也维护及扶持其他族群语文和文化的发展		反对"最终目标"		修正实施
1960	达立报告书	把所有小学改为国民小学和国民型小学；只有使用官方语文为教学媒介语的中学方可获得政府津贴		强烈反对	实施	
1961	1961年教育法令	第21（2）条，即授权教育部长在他认为适当的时候，可以将一所国民型小学改为国民小学		反对，存在隐患	实施	
1967	1967年国语法案	马来语是国语和唯一的官方语文		反对	实施	

第五章　新经济政策时期马来西亚华教政策的制定（1971—1990）

第一节　政府华教政策制定的国内外背景透视

一、民族—国家的建构与国族的打造

关于民族国家的定义，许多中外学者都是从民族结构的角度去界定国家，认为只有"一族一国"的经典模式方为民族国家。"历史上和当代都有一种在人们心中潜移默化以至根深蒂固的观念，即自己的国家与民族应成为一个统一体，国家内只应有一个民族，而且这个民族只应居住于、归属于这个国家；自己所在的民族应该自治，而完全的自治意味着建立独立国家。"① 列宁和斯大林把民族成分单一或比较单一的民族国家称为"正常的国家形式"。但这种单一民族国家数量极其有限，绝大部分国家都是由众多民族组成的多民族国家，尤其是"二战"后摆脱殖民统治的亚非拉诸国。但这些多民族国家在建构民族—国家的过程中，却都无一例外地公开或不公开地推进各种形式的"单一化"，以求早日实现国家的"正常性"。在这里，所谓的"正常"就是指"简单"和"单一"，意味着"同质"。为达致"同质"，居于国家主体地位的民族通常会采取同化政策，挤压或排斥少数族群，使其放弃自身的族群文化，泯灭其族群特性，接受主体族群的文化或特征。

马来西亚在摆脱英国的殖民统治后实现了国家独立，并开始了民族—国家的建构。政府在塑造新的民族国家过程中势必要统一国内分歧的文化、经济状况。塑造新的国族认同有两种途径，一为融合国内所有民族，重新发展新的国族认同；另一种则是以多数民族为基础，以强迫或利诱方式使其他少数民族同化或融

---

① 王缉思：《民族和民族主义》，《欧洲》，1993 年第 5 期。

合其中。由于马来人占据政治优势，政府的意志基本上是以马来人为依据的，那么自然选择后一种途径来实现民族国家的统一性。但在建国初期，由于马来人并不占有绝对的人口优势，加之独立之前为反抗英殖民统治、早日实现独立自主，三大主体民族进行了良好的合作，并组成了联盟政府，形成了体制内相互协商的"协和式民主"。自然在这一时期，民族—国家的建构方式表现得相对较为温和，对其他民族也表现得较为包容。但"5·13"冲突后，巫统掌控了国家的绝对权力，联盟时期的"伙伴党"——马华和国大党则不断沦为其附庸，地位不断地被边缘化。联盟时期的"协和式民主"逐渐走向"种族威权民主"。完全掌控国家权力的马来人开始运用手中的权力强制推行"单元化"政策，表现在政经文教各个领域，尤其是文教领域，企图塑造同质（以马来文化为基础）的国家文化，打造以马来人为主体的国族。

1969年的"5·13"事件可以说是马来西亚政治的分水岭。它极大地改变了马来西亚的政治格局，强化了民族—国家建构的单元化方向。拥有强烈马来族群意识的统治集团认为国家的建构，不应只是多元族群所订立的契约，或是多元文化族群间在制度上所互相达成的充满妥协性的共识，而是必须服从于一个统一的国家意识，以强化国家的主体性，并以此作为团结人民的中心力量。也就是说，国家统一的基础必须源自文化的同质性，政治单元必须以族群单位加以配合。因而20世纪七八十年代相继推出了一系列旨在强化非马来族群"马来化"的政策。如在文化建设方面，政府单位开始在官方机构庆典以及群众文化表演上行使马来化的方针，对非马来文化在表演上的领域也进行限制；[1] 在教育马来化方面，一方面在中小学教学及体制部分逐步推动马来化，如废除英文的媒介语地位，规定国民中小学只能用马来语作为教学媒介语；另一方面，在高等教育领域实行族群配额制度，并颁布一系列限制其他族群母语教育发展的政策以及人为制造一些行政偏差，企图改变非马来学校的民族特性。总之，"后5·13时代"的马来西亚加速了马来民族化的国族建构过程，其方向由独立后对马来人政治地位的保障转向改善马来人经济地位和文化上的优势。自此，其他族群则非常清楚地意识到在政治上有一条不可逾越的安全线，华人社会则退守至维护/捍卫自身的最后一块文化堡垒——华文教育。[2]

----

① 如政府及官方领袖经常表达应该禁止华人在公开场合表演舞狮等最能彰显华人特色的活动，后在华人的强烈抗议下，只能作罢。但同时内政部开始对非马来文化活动的批准进行严格的审核，只有在获得准证时非马来文化才可在大马公开表演活动。参见何国忠：《独立后华人文化思想》，引自林水檺、何启良、何国忠、赖观福合编：《马来西亚华人史新编》（第三册），吉隆坡：马来西亚中华大会堂总会，1998年，第54页。

② 何启良：《独立后西马华人政治演变》，载林水檺、何启良、何国忠、赖观福合编：《马来西亚华人史新编》（第二册），吉隆坡：马来西亚中华大会堂总会，1998年，第69—126页。

二、尚存疑虑的中马双边关系

进入 20 世纪 70 年代后，随着中美关系的改善以及中国对外政策的调整，资本主义阵营的国家纷纷仿效美国，改善与中国的关系。中马两国关系也开始松动，并与 1974 年正式建立了大使级外交关系。自此，两国关系进入了一个新的发展时期。

20 世纪 70 年代马来西亚新总理拉扎克上台后，根据国内外形势的发展，提出了东南亚中立化的主张，推行"广交友"的外交政策，在东盟国家中率先改变敌视中国的政策，并采取了积极行动。1971 年 5 月，马来西亚代表团访问中国，受到周恩来总理的接见。同年 6 月，马来政府取消对中国的橡胶"禁运"。8 月，中国贸易促进委员会代表团对马来西亚进行了回访。10 月，在第 26 届联合国代表大会的辩论中，马来西亚坚决支持恢复中华人民共和国在联合国的合法席位。1974 年 5 月 28 日至 6 月 2 日，拉扎克应邀访华，两国宣布建立大使级外交关系，结束了冷战以来对中国的敌视、对抗状态。中马两国虽然实现了建交，并相继展开了一定的经济政治交流活动，但双方在 20 世纪 70 年代的身份并未发生实质性变化，横亘在双方之间的深厚隔阂并没有完全消除。马来西亚对中国仍然充满了疑虑和恐惧，对中共充满了不信任感。因为在这一时期冷战思维下的意识形态仍然主导着国家间关系。

马来政府对中国的侨务政策也是疑虑重重。华人在马来西亚是第二大主体民族，当时人口占到马来西亚总人口的 35%，庞大的华人群体成为影响两国关系的重要因素之一。正如陈鸿瑜先生在谈及马来西亚同中国建交时所言："1974 年，当马来西亚准备与中共建立外交关系时，担心中国通过使馆影响马来西亚华人对国家的效忠，成为马来西亚与中国建立外交关系的主要考量因素之一。"[1] 因而，中国政府对待海外华人的态度，直接影响着两国关系的走向。所以在 1974 年的建交谈判时，中国政府就提出不承认双重国籍，马来政府却认为中国并不能践行其在协议中的承诺。[2] 如陈碧笙就表示："中国虽然不承认双重国籍，外籍华人在法规上被认为是外国人，不是中共侨务政策的对象。但实际上，外籍华人在国内往往也受到类似华侨的待遇。在一般民众的眼里，他们与华侨没有什么两样，仍然称呼他们为'华侨'。"[3] 而且有证据表明华人回中国参观常被视作归国

---

① 陈鸿瑜：《东南亚各国的政治与外交政策》，台北：渤海堂文化事业有限公司，1992 年，第 182 页。

② Stephen Leong, Malaysia and the People's Republic of China in the 1980s: Political Vigilance and Economic Pragmatism, *Asian Survey*, Vol. 27, No. 10, Oct., 1987, pp. 1109 – 1126.

③ 陈碧笙：《世界华侨华人简史》，厦门：厦门大学出版社，1991 年，第 2 页。

华侨，并受到侨务委员会的热情款待。这些都使得吉隆坡方面担心、忧虑北京是有目的地培植这些参观者，使之成为共产党在海外的代理人或"第五纵队"，以促进中国在该地区的利益。①

所以在建交后的前10年，马来政府严格限制民间流动，不允许其国民来中国探亲旅游。一是害怕马来公民（主要针对马来华人）来华后受到共产党的影响，返国后会同情并支持当地的共产党运动；二是担忧他们回到母国后会激起强烈的文化情感，从而强化其族群主义。概括来说，马来政府认为共产主义会直接威胁到国家安全，族群主义则不利于国民的团结、民族国家的塑造，而这对于多族群的马来西亚来说是至关重要的。此外，限制民间交流还有一个重要原因，即马来政府害怕马来华人回到中国后携带配偶子女归国，这不但会增加马来西亚华人的人数，从而影响到人口比率，而且会破坏国家安全，如果共产分子趁机渗入其中的话。②

总之，20世纪七八十年代，出于自身安全利益的考虑，马来西亚虽然与中国建立了外交关系，但两国关系并不算密切，各种交流合作缓慢，并处处加以防范。1985年双边贸易额仅为3.4亿美元，在两国的对外贸易中所占份额微乎其微。③ 直到1984年马来西亚仍然把中国看作是一个威胁，并警告说："一个强大的中国将实施霸权政策，从历史上看，这个转变会影响到东南亚。"④ 前马来西亚驻华大使达图·阿卜杜勒·马吉德的一段话道出了这一时期马来西亚对华政策的实质："马来西亚当时出于对涉及自身安全利益的种族和意识形态问题的考虑，主要持一种谨慎与怀疑的态度，首先侧重发展国家间的关系，而将两国的民间关系放在稍后的阶段。此外，70年代中国国内意识形态和政治的不稳定因素，以及中国对马来西亚和东南亚地区华侨华人的含糊态度、对当地共产党军事行动目标的支持，都使马来西亚无法全面发展与中国的关系。"⑤ 概括来说，这一时期马来西亚对中国仍然充满了疑虑、恐惧和不信任感，认为中国仍然是其威胁。马来西亚对中国的这种认知在很大程度上也代表了当时大多数东南亚国家对中国的感受。

---

① *New Straits Times*, September 18, 1984.

② Stephen Leong, Malaysia and the People's Republic of China in the 1980s: Political Vigilance and Economic Pragmatism, *Asian Survey*, Vol. 27, No. 10, Oct., 1987, pp. 1109 – 1126.

③ 《中国对外经济贸易年鉴》编辑委员会编：《中国对外经济贸易年鉴（1986）》，北京：中国展望出版社，1986年，第961页。

④ Joseph Chin Yong Liow, Malaysia – China Relations in the 1990s, *Asian Survey*, Vol. XI, No. 4, July/Auguest, 2000, pp. 680 – 681.

⑤ 达图·阿卜杜勒·马吉德：《中马关系与马来西亚的对外政策》，《当代亚太》，2003年第9期。

三、马共问题的困扰

马共一直是困扰马来西亚政府的一大问题，成为其心腹大患。"二战"后马共在与英殖民者的斗争中被迫转入地下，开展"小规模的武装斗争"。1955 年 12 月 28—29 日，马共与联盟政府举行了在马来亚轰动一时的"华玲会谈"（Baling），双方就马共放弃武装斗争等议题展开讨论。但东姑坚持要马共缴械，走出森林，虽有特赦，不过放下武器的马共人员必须接受调查或受一定时期的拘留；同时完全否定马共可成为合法政党的可能性。对于马共所要求的对外宣称不得使用"马共投降"等字眼，联盟政府表示无法接受，最终导致和谈破裂。这次和谈的失败，一方面固然是英帝国主义者多方破坏的结果，另一方面联盟当权派同英殖民者的妥协，也负有不可推卸的责任。

"华玲会谈"以后，马共奉行了短暂的和平路线。20 世纪 60 年代后半期随着国内外形势的发展，马共放弃了与马来亚联邦政府的协商，决心与政府作全面斗争。70 年代重新转入武装斗争，并发动了一系列袭击活动。但 1973 年以来，马共逐步改变了其农村包围城市的斗争策略，在城市中进行了大量暴力活动。如至 1975 年底，就有 40 名政府高级警官遭到暗杀，1975 年 8 月 26 日马来西亚建国纪念碑也遭到马共分子的爆破。[①] 马共的破坏活动进一步加剧了政府对其的憎恨，并发动了一系列武装围剿行动。

在英殖民政府时期，当局就把华校视为"培育马共分子的温床"，认为华人与马共有着某种天然联系。在政府单元化政策不断强化的 70 年代，马共的破坏行动似乎进一步强化了政府的这种认识。马共问题始终困扰着政府当局，在一定程度上影响着政府对华文教育的认知及其政策。

第二节　1969 年"5·13"事件及同化的教育政策

一、"5·13"事件后的马来西亚政治

1969 年马来西亚举行大选，执政联盟遭到独立以来最惨重的失败。随后，

---

① Asian 1976 Yearbook, *Far Eastern Economic Review*, Hong Kong, 1978, p. 212.

也就是在 5 月 13 日，发生了震惊中外的种族流血冲突事件，史称"5·13"事件①。关于事件的经过，有不同的叙述版本，很多学者对此也进行了详尽的分析，在此就不做介绍。② 以下主要分析"5·13"事件对马来西亚政治所产生的重要影响。

"5·13"事件可以说是马来西亚国家政治的分水岭，极大地改变了马来西亚原来的"协和式"民主，使之逐渐向"种族威权民主"转变。正如何启良所言："1970 年后，马来西亚专制的、土著主义至上的政治体制，已与独立以来的多元体制的'和谐民主'做了意识上的决裂。"③ 虽然巫统领导者还强调他们实行的是协和式的联盟政治，但实际情况是"巫统的霸权地位已控制了国阵政府的自主性，1969 年后的政治现实是党即巫统支配了政府"④。"1969 年'5·13'事件的爆发及马来人政治优势的强化，使协商政治陷入困境，华人失去了在这个国家政治中起中心作用的希望。"⑤ 此后，开始了巫统一党治国的时代。正如 1970 年 9 月 22 日阿都拉萨在接任首相的致辞中所宣称的："这个政府是基于巫统组成的，我把这个责任交给巫统，以使得巫统能决定其形式。政府应遵循巫统的愿望和需求，并实施由巫统决定的政策。"⑥ 1969 年以前，马来人虽然在政治上占有支配权，但国家政策仍被视为对非马来人有利。⑦ "5·13"流血冲突事件后，大马政

① 多数政治家及政论家认为"5·13"事件是种族主义的幽灵所导致的，是马来人与华人之间的种族矛盾激化和冲突的结果。详见谢诗坚：《马来西亚华人政治思潮演变》，槟城：友达企业有限公司，1984 年，第 160 页。但目睹事件发生经过的西方著名记者嘉兹·亚历山大（Garth Alexander）则明确指出："'5·13'事件是执政党巫统内极端分子所蓄意制造的流血事件。"详见 Garth Alexander, *The Invisible China*, New York: Macmillan Co., 1973, pp. 96 – 118；台湾学者杨建成也赞成嘉兹的观点，认为："简而言之，'5·13'事件是马来人教训华人的政治事件。因为华人的政治力量已经由合法途径在国会民主制度中威胁到马来人的政治特殊地位。华巫印联盟的政党联盟形式，已经无法确保马来人的政治特权。所以，马来极端分子不惜以暴力行为来否定现存宪制，'5·13'事件以后的宪法修正以进一步保护马来人权益，就是马来人所设想的新政治制度的一种实现。"详见杨建成：《马来西亚华人的困境——西马来西亚华巫政治关系之探讨（1957—1978）》，台北：文史哲出版社，1982 年，第 237 页；柯嘉逊博士认为："马来西亚 1969 年 5 月 13 日（以华人为受害主体）的种族暴动，绝非多元族群社会中自发的纯粹种族暴乱。有关的撤销保密的文件清楚表明，这场种族暴乱是有计划的行动。"详见柯嘉逊：《5·13——1969 年暴动之解密文件》，吉隆坡：马来西亚人民之声出版，2007 年，第 23 页。

② 详见韩方明：《华人与马来西亚现代化进程》，北京：商务印书馆，2002 年，第 237—241 页。

③ 何启良：《独立后西马华人政治演变》，载林水檺、何启良、何国忠、赖观福合编：《马来西亚华人史新编》（第二册），吉隆坡：马来西亚中华大会堂总会，1998 年，第 84 页。

④ 祝家华：《解构政治神话：大马两线政治的评析（1985—1992）》，吉隆坡：华社资料研究中心，1994 年，第 89 页。

⑤ Heng Pek Koon, *Chinese Politics in Malaysia*, Singapore: Oxford University Press, 1998.

⑥ Funston, John, *Malay Politics in Malaysia: A Study of UMNO and PAS*, Kuala Lumpur: Heinemann, 1980, p. 224.

⑦ Vidhu Verma, *Malaysia: State and Civil Society in Transition*, Pedaling Jaya: Strategic Information Research Development, 2004, p. 144.

府利用此次政治大变局，即刻表示"种族隔离的社会状态已经没法维持华巫种族关系的和谐及均衡"①。随后，采取了一系列有利于马来人的政策，强化马来人的特权地位以及马来文化的主导地位。

首先，通过修宪、颁布新经济政策等一系列方式确立了马来人特权及其至高无上的地位。②"5·13"事件后，通过实施紧急状态和中止国会使巫统有更大的权力去重新安排国家的权力布局，并完成以党治国的转型。1972年2月重开国会后，在巫统的操纵下，国会通过宪法修正案，禁止质询有关马来语的国语地位、马来人的特权、马来统治者的地位、公民权等"敏感"问题；取消议员在国会中的言论不受司法约束的豁免权；最高元首有权直接命令学校保留名额给马来人和其他土著；任何修改有关马来统治者及马来人特殊地位的条文必须取得马来统治者会议的同意等。③首相阿都拉萨解释此举是为了确保议会民主制度的顺利进行及纠正种族间的不平衡。④

"5·13"事件后实施的新经济政策，希望通过社会重组来改变马来人的贫穷状况。社会重组的意义就是以政治力量重新安排社会中各领域的种族比例，打破社会上的各种工、商、教育及其他以种族为分野的隔离状态。在教育和文化政策上的表现就是统一教育制度，并加速国语的推行以达致"创造以马来文化为主要精华的国家文化"的目的。从本质上来看，新经济政策与马来西亚的权力结构以及"马来人优先"的政治意识形态无法分离。正如何启良所指出的："马来西亚经济政策的拟定，正是政治体系下的价值产物。"⑤

其次，通过扩大政党联盟的方式，强化巫统的领导地位。华人的政治代表——马华公会的地位受到削弱，不断被边缘化。

"5·13"事件后，巫统对马华表示强烈不满。当时的外交部长伊斯迈就当众

---

①　这是特别任务部长兼新闻部长丹斯里拿督莫哈末加沙里沙菲于1971年6月17日向"东南亚未来文化关系研究团"发表的演讲词。转引自杨建成：《马来西亚华人的困境——西马来西亚华巫政治关系之探讨（1957—1978）》，台北：文史哲出版社，1982年，第145页。

②　其实，马来人一直认为自己具有"至高无上"（Malay Supremacy）的地位，应当享受其他族群享受不到的特权。其原因正如马来学者Hussin Mutalib所指出的：第一，历史因素——马来苏丹王国；第二，马来人口占优势；第三，1948年马来亚联邦协定之谈判时英国给予的特殊地位；第四，马来社会最先动员及领导国家独立；第五，非马来族群相对的不团结；第六，国会选区划分偏重乡村地区马来人，使马来人有更多的代表权。详见林若雩：《马哈迪主政下的马来西亚：国家与社会关系（1981—2001）》，台北：韦伯文化事业出版社，2001年，第156页。

③　R. S. Milne and Diane K. Mauzy, *Politics and Government in Malaysia*, Singapore：Times Books International, 1980, pp. 94 – 99.

④　R. K. Vasil, *Ethnic Politics in Malaysia*, New Delhi：Radiant Publishers, 1980, p. 192.

⑤　何启良：《独立后西马华人政治演变》，载林水檺、何启良、何国忠、赖观福合编：《马来西亚华人史新编》（第二册），吉隆坡：马来西亚中华大会堂总会，1998年，第4—12页。

说："如果马华和国大党继续不生不死的话，巫统会将其开除。"① 这是东姑下野后巫统领袖首次公开以狂妄严厉的口吻抨击马华。当时的马华会长陈修信感到无比委屈和愤怒，他发表文告及声明，表示"我们的容忍是有限度的"，并指出："马华历来在种族、语文、教育问题上为了国家真正的团结而委曲求全，却受尽了哑巴吃黄连的无穷痛苦，亦受尽了极端分子与沙文主义的左右攻击。如今，竟又受到来自联盟伙伴方面的批评，被指为'不生不死'。为了我们的尊严，我们就脱离联盟而自力更生吧。"② 后来，在华人社团尤其是代表上层及商业利益的群体的要求下，马华鉴于紧急状态下应以国家利益为重，决定重新加入内阁。但华人社会对马华的感受却是矛盾和冲突的。他们不反对马华重入政府，但同时似乎对陈修信的领导没有充分信心，而且认为陈因家庭背景及教育的关系，未能了解华社的需求，以致一些华人社会领袖曾批评"陈是一位好的财政部长，但不是一位理想的华人政党领袖"③。

马华虽然重新加入内阁，但其地位已不能与"5·13"事件前同日而语。巫统掌控了政治权力，独立初期由三大民族领袖所倡议的权力分享已沦为空谈，马华也失去了内阁里的工商部长、财政部长等关键职位。后来，联盟又逐渐吸收了民政党、人民进步党等，组成了由 14 个政党加盟的政党联盟，并更名为"国民阵线"④，具有相对广泛的社会基础。按常理来说，民政党的加入应该使得华人的代表性增强，但实质上华人的政治力量进一步被削弱了。因为华人政党加入国阵是从自身利益来考虑的，而不是从华人执政党的总体利益出发，他们之间的斗争多于合作。民政党和马华这两股在国阵里竞逐华人代表权的势力就形成了相互制衡的局面，却没有能力为华人争取权益。长久以来形成了两党所面对的权威危机和协商困局。⑤ 其实，巫统正是通过扩大国阵成员党的数目来稀释华人政党的能量。

---

① 《星洲日报》，1971 年 12 月 3 日。

② 《马来西亚政情研析》，台北：海外出版社，1971 年，第 18—20 页。

③ 谢诗坚：《马来西亚华人政治思潮演变》，槟城：友达企业有限公司，1984 年，第 128 页。

④ "国民阵线"简称"国阵"，由 14 个成员党组成。包括巫统（United Malays National Organization）、马来西亚华人公会（Malaysian Chinese Association）、马来西亚印度人国大党（Malaysian Indian Congress）、人民运动党（又称民政党，The People's Movement Party）、马来西亚人民进步党（The People's Progressive Party of Malaysia）、沙捞越土著保守统一党（Parti Pesaka Bumiputra Bersatu Sarawak）、沙捞越人民联合党（The Sarawak United People's Party）、沙捞越国民党（The Sarawak National Party）、沙捞越达雅克族党（Parti Bangsa Dayak Sarawak）、沙巴自由民主党（The Liberal Democratic Party of Sabah）、沙巴进步党（The Sabah Progressive Party）、沙巴人民团结党（Parti Bersatu Rakyat Sabah）、沙巴民主党（Parti Demokratik Sabah）、沙巴团结党（Parti Bersatu Sabah）。

⑤ 何启良：《政治动员与官僚参与：大马华人政治论述》，吉隆坡：华社资料研究中心，1995 年，第 22—37 页。

　　总之，"5·13"事件后，马来人在政治上更加觉醒，并通过修宪的方式强化马来人的特权地位，开始全面制定有利于马来人的各项政策，企图把马来西亚打造成马来人的国家，朝向"一个国家、一个民族、一种文化、一种语文"的单元化方向推进。

二、"5·13"事件后马来西亚文化与教育政策的单元化

　　语言是民族的灵魂和影子。马来人在1967年定马来语为国语时就提出"Ba-hase Tiwa Bangsa"（语言是民族的灵魂）。马华公会的创始人陈祯禄先生也说："语文是民族的影子。"可以看出语言是一个民族最具代表性的特征，是一个民族的象征。文化是历史生活经验的结晶，通过社会化过程代代相传，保持其持续性。而教育是一个民族实现其语言与文化传承的主要途径，是保持族群特性的重要工具。"5·13"事件后，巫统在强化马来人特权的同时，期望利用手中的政治权力实现国家文化、教育的马来化，泯灭其他族群的文化，以消灭其族群特性，最终实现"马来人的马来西亚"的目标。

　　首先，在指导思想上提出一套新的意识形态——国家原则，即以"信奉上昌、忠于君国、维护宪法、遵从法治、培养德行"作为团结各民族的总指标，要求全民共同遵守。国家原则的内涵坚决但又含蓄地肯定了"马来西亚就是马来人的国家"①。在这个基本原则下，全国马来学术界精英在1971年8月16日的国家文化大会中界定了马来西亚国家文化的三大原则：第一，马来西亚的国家文化必须以本地区的原住民文化为核心；第二，其他适合或恰当的文化元素可被接受为国家文化的元素，但是必须符合第一及第三项才会被考虑；第三，回教为塑造国家文化的重要元素。这三个原则实质上是对华人文化、印度人文化等非土著文化的排斥，是要建立以马来人为主的国家文化与价值体系，是马来西亚种族政治在文化领域的体现，是对"马来人优先"、"马来人特权"等理念的实践，彰显了马来文化霸权。一位马来学者就评论道："国家文化政策体现了马来文化民族主义之崛起。'5·13'事件过后的政治局势促使霸权式的民族主义与国家达致共生关系。在此霸权下，民族主义的意愿可通过国家机关来达到；它亦衍生了土著主义并认为可利用单一文化国家之模式来建设国家。"②

　　显然这群以马来精英为主的知识分子认为，如果国内的其他族群认同于马来

---

　　① 杨建成：《马来西亚华人的困境——西马来西亚华巫政治关系之探讨（1957—1978）》，台北：文史哲出版社，1982年，第243—244页。

　　② 转引自祝家丰：《海外华文教育辛酸史：马来西亚华教运动个案研究（1995—2008）》，广州：第四届海外华人研究与文献收藏机构国际会议，2009年。

文化就不会产生种族纠纷。1983 年 11 月 8 日，文化、青年及体育部长安华在国会下议院总结财政预算案时强调，马来文化（土著文化）具有其独特性，因此它必须是组织国家文化的要素，其他文化只能是国家文化的附属品，并声称其他族群为"外来移民"①。这种说辞也凸显了"种族中心论"的观点，即根据主体所属群体的自身价值和标准进行估量，似乎这一群体才是唯一的参照模型，同时自以为比其他群体优越。从实质上看，这也是一种"排外思想"，对外国人和一切被看作外国的东西表示仇恨。

其次，"5·13"事件后，国家教育政策的单元化倾向更加明显，旨在建立以国语为主要教学媒介的统一教育制度。教育有着社会化的重要功能，以社会学的观点来看，教育是有系统地将一群人的知识、价值观念和技能传授给另外一群人的社会制度，人类的文化也因此才有可能代代相传。而国家教育政策通常有两大目标：一是国家目标，即为国家团结而教育，为人力供应而教育，为公平社会而教育；二是个人目标，旨在培养个人的生存能力及实现自我。其中在国家目标上，马来政府认为，只有通过单元化教育制度，国内各种族的歧视及鸿沟才有可能加以消除。正如当时的首相胡申翁所言："所有政府的政策都是朝向达致国民团结，假如人民不团结，所有的计划（包括教育）都将毫无意义。"② 也正是在这种思想的指导下，"5·13"事件后政府对其他族群语言、教育的限制更加苛刻，华人等少数族群的被剥夺感更加强烈。

总之，马来西亚"5·13"事件后的教育及文化政策，是马来族群利用其在政治上的优势，将马来人至上的精神从政治层面扩张到社会文化层面，利用教育及语言政策限制其他族群文化的传承，并利用马来文作为传播国家意识形态的工具，将马来西亚马来化，致使这一多族群社会受限于马来文化的压制而无法正面

---

① 早在英殖民时代，英国人就称呼华族为"过境候鸟"（birds of passage）、"临时居民"（temporary residents）。"5·13"事件后，马来亚大学马来文系讲师穆达路丁·达辛，就散发传单，主张将马来西亚的人民分为土著（Bumiputra）及外来族群（Kaum Pendatang）两种，外来族群效忠的是外国，不是马来西亚公民，而华人就是外来族群之一。详见郑良树：《走出困境——大马华族政治、文化脱钩的奋斗》，《海外华族研究论集》（第三卷），台北：华侨协会出版，2002 年，第 22—23 页。即使是到了今天，华人早已改变了政治认同，融入马来西亚，成为马来西亚中的一分子，许多别有用心的马来民族主义者仍然宣称"华人寄居论"，企图挑起民族事端。详见《马来西亚高官所谓华人寄居论引轩然大波》，《新京报》，2008 年 9 月 10 日。更有甚者，2009 年 3 月，前首相马哈蒂尔发表了"华族为外来民族"、"华教人士为种族隔离主义者"的极端言论，引起轩然大波。详见《请马哈迪闭嘴》，http：//www. merdekareview. com/news/n/ 9144. html；《指华教人士隔离种族　各界炮轰敦马》，http：//www. kwongwah. com. my/news/2009/03/23/ 81. html。2011 年 4 月，《马来西亚前锋报》与土著权威组织倡议的"一个马来人，一个土著"的运动，再现种族主义言论，引发争议。详见《一个马来人，一个土著"带来灾难"》，http：//www. imalchi. com/ma- laysia_ politics/barisan_ national_ members/UMNO_ main/malaysia_ umno_ after308/7478. html。

② 1976 年 4 月 7 日首相在国会上的答复。戴小华总编，邓日才主编：《当代马华文存·教育卷》（80 年代），吉隆坡：马来西亚华人文化协会出版，2001 年，第 215 页。

发展多元文化。

三、巫统内部的党争——温和派与激进派的斗争

"5·13" 事件后，巫统内部出现了温和派（以东姑为代表）与激进派（以马哈蒂尔为代表）的斗争。其实，早在 20 世纪 60 年代中期就涌现了一批要求改革的激进派领袖，以马哈蒂尔与慕沙希淡为代表。马哈蒂尔在 1964 年当选国会议员，对劳工、教育及传播等领域进行研究和批评，试图为巫统灌入新精神。他强力抨击殖民地势力，建议马来西亚应与所有国家友好。慕沙希淡是从巫青团成长起来的后起之秀，被阿都拉萨所赏识，聘为巫统执行秘书，后来成为阿都拉萨政府的副部长。

巫统党内派系希望借 "5·13" 之争来合理化自己的派系利益。首相东姑就把 "5·13" 后的党争概括为："建立此党和协助我国独立之一派与新派极端分子的权力斗争。"[①] 1969 年大选联盟的惨败以及随后发生的流血冲突事件为激进派夺权创造了有利时机。他们不断向东姑施压、攻击。例如，马哈蒂尔就是巫统领导阶层中思想敏锐的理论家，他在 1969 年 6 月 17 日发表公开信，要求东姑"由总理和巫统主席的名位上退职下来，去领取养老金算了"，并指出："阁下常常'妥协'，履行华人所需求的事务。……以致引起巫人极大的愤慨。华人也认为阁下与政府是懦夫和弱者，可以随意推踢。""阁下只想做享乐的总理，不管人民如何的痛苦，即便是在紧急状态下，阁下仍旧与华人朋友沉迷于玩扑克牌。"并且威胁说："如果政府开始对三军失去控制……文人政府必向军人臣服，阁下是享乐政府，即便是继任下去，也将得不到什么乐趣。"[②] 并认为："正是东姑政府对于华人过于让步，使华人要求更多，让马来人失去信心，对批评意见更是置若罔闻，以致酿成流血冲突。"[③] 从上述马哈蒂尔犀利的言辞中，可以看出当时东姑的艰难处境，马来人对东姑政策的极大不满以及对华人的嫉妒与仇恨。激进分子的这种思想，主导了冲突后马来西亚的政治发展，在马来社会产生了重大影响，引发了激烈要求"对华人太软弱的东姑下台"的学生运动，而且进一步强化了马来人"华人是外来移民"的观念。最后东姑在强大的反对压力下被迫辞职，由拉扎克接任。

掌握政权的激进派领袖，开始采取一系列措施强化巫统至高无上的领导地

---

① Tunku Abdul Rahman, *May 13 Before and After*, Kuala Lumpur: Utusan Melaya, 1969, p. 108.

② 中央委员会第三组编印：《马来西亚种族冲突的剖析》，台北：中央委员会第三组，1970 年，第 55—57 页。

③ 马哈蒂尔著，叶钟玲译：《马来人的困境》，吉隆坡：皇冠出版社，1981 年，第 8—18 页。

位，以及马来人的特权地位。在民族—国家的建构中，企图打造以马来人为主体的国族，塑造以马来人文化为中心的国家文化，对其他族群的语言及文化进行限制与打压，迫使其逐渐认同于马来文化。

第三节　马来政府华教政策的制定及其力量博弈

一、"5·13"事件后的马华改革与《1972 年教育修正法案》

（一）"5·13"事件后的马华改革及"三大机构"的重启

1. "5·13"事件后的马华改革

1958 年马华发生第一次党争后，以陈修信为首的保守派上台，一改以往马华对华教的支持态度，逐渐走向华社的对立面，三大机构也随之解体。马华积极配合政府政策的推行，在华文中学改制上推波助澜，在独大问题上与董教总激辩，使得华人社会对马华极其不满，也直接导致马华在 1969 年大选中的惨败，在所派出的 33 名国会候选人中，仅有 13 人中选，不足半数。大选的惨败，也引发了伙伴政党——巫统对马华的强烈不满，并把其形容为"半生不死，缺乏生气"，提出"如果其继续这样下去，巫统唯一的途径便是与这一两个伙伴拆伙"。[①] 在这种状况下，马华意识到已身陷困境，要在政治上重新站起来，必须革新党的组织，整顿党务；并尽快恢复与华人社团的合作关系，在捍卫华人权益时，必须采取比华人"表现得更华人"的姿态。[②] 为此，陈修信领导马华进行了三项重要的改革。

首先，实施"门户开放"政策，大量吸收新党员，尤其是专业人士，重用党内改革派成员，减少保守派人士（主要是商界代表）在党内的任职，以改变

---

① 《星洲日报》，1971 年 1 月 18 日。
② Lok Kok Wah, The Politics of Chinese Unity in Malaysia, *Maruzen Asia*, 1982, p. 11.

马华"头家党"① 的形象。

其次，支持华团运动。陈修信鼓励马华的少壮派及华团领导人和政界人士倡导"华人大团结运动"。当然，从马华的角度看，所谓的华人大团结，就是指华人在马华领导旗帜下的大团结。1971 年 2 月 7 日，由马华主推的华人社团领袖大会在吉隆坡举行。陈修信在大会上发言，要求华人团结一致，拒绝分裂；如果团结需要，他本人可以随时退位。② 马华的姿态在会上激起空前反响，这也是其受重挫后在公开场合第一次获得华人的热烈支持。大会成立了"马来西亚华人促进团结委员会"（简称"团结委员会"），通过了促进华人团结、国家稳定和争取平等、民主、自由权利等华团六点宣言。此后各地纷纷召开华人团结大会，团结运动进入高潮。后来团结委员会决定让华人团结运动注册成一个政治组织，成为超越政党但又监督华人政党的组织。这遭到陈修信的强烈反对，并最终导致团结运动的失败。

其实，陈修信推动华人大团结运动，呼吁华人继续支持马华，最终目的是要维持其在党内的领导地位，以及让华社接受马华的领导，从而保证马华仍然是代表华人的唯一政党。因此，陈修信并不希望团结运动过度膨胀，致使华团的影响力扩大而威胁马华的地位。所以一旦运动超出马华允许的范围，就遭到其强烈反对。在这期间，马华和董教总还促成了 1971 年董教大会的召开，"三大机构"重新合作，反对政府新出台的《阿兹报告书》，后因 1975 年提呈内阁教育报告书备忘录出现争执而正式分家。

再次，试图拉拢反对党加入马华或参与马华，以扩大马华在联盟中的代表性。1971 年 3 月，马华公会高层与民主行动党领袖进行了一次秘密会谈，但后来报章揭开了这宗备受关注的新闻后，导致了两党领导人的互相谩骂。③

总之，马华公会企图通过以上改革，重拾华人信心，赢取华社支持。但由于其改革并不是出于为华社争取权益的目的，而仅仅是为了政党利益，甚至是个人私利，这也就决定了其不可能获得华社的广泛支持，与董教总的合作也是昙花一现。

---

① 马华公会在成立之初，其领导层几乎清一色是由商家组成。马华领导层的结构成分充分显示了权力的高低与财富的多寡和社会地位的尊卑成正比的关系。少数巨富登上权力的最高峰，富有的中产阶级次之，地方领导者则由华人小资产阶级组成。由这些富有的大大小小"头家"共同组成了马华的权力网。因而，在一般华人眼中，马华公会只是一个资本家的政党，一个维护他们经济利益的"头家党"。尽管它也拥有成千上万的低阶层党员，但实际上他们根本无法参与党的运作，更谈不上做出决策，权力仍掌握在少数"头家"领导的手中。

② 《星洲日报》，1971 年 2 月 8 日。

③ 详见《南洋商报》，1971 年 7 月份的报道。

2. "三大机构"的重启

1971 年 12 月 4 日，董总、教总及马华公会教育委员会共同主办了"全国华校董教大会"，这是自 1969 年董教总和马华因独大问题闹分裂后的重新合作。共有千余名代表出席了这次会议，盛况空前。马华会长陈修信在开幕致辞中指出："这个大会的召开，不但合时，而且具有很大意义。我们希望这个大会正显示出一个新的谅解和一个新的合作。在这个新的合作中，在马华公会内的我们，和身为董教人士的你们，都不愿彼此相互利用。在我们马华公会看来，这个大会是一个新的动作，以寻求一个相同的立场来争取一个共同的目标，以便我们三个机构能够为共同的利益而共同工作。我们希望在这一项联合努力中，如果有什么成就，任何一方面都不会使对方在政治方面失色；如果遇到任何阻碍时，任何一方面都不会埋怨对方。现在必须强调的是，除非这三个主催人都接受这个大前提，作为我们谅解的基础，不然的话，结果会不欢而散，甚至会变得比开始时更糟。"① 从中可以看出，马华公会一方面表达了与董教总合作的意愿，同时也设定了合作的大前提，即双方在立场、目标等方面存在差异的情况下，如果不能谅解，相互做出让步，最终只能不欢而散。教总主席沈慕羽在大会上重申："今天的大会不是要与政府作对，而是要与政府合作，共谋我国教育的发展。"他同时指出："华人效忠的是马来西亚，不是中国大陆或台湾。华校课本皆是按照教育部的课程纲要编写的。请那些把华校当作沙文主义或种族主义的温床的人从此不必再猜疑了。"②

经过热烈讨论之后，大会成立一个由 15 人组成的工作委员会，并通过一份 800 余字的宣言和多项议案：第一，要求华校要继续存在，并确保永不变质；第二，政府应给独中和私人学院物质方面的扶持和精神上的支持，以便为政府分担教育费用；第三，保留华校董事会的组织及其原有职权，这是对《阿兹报告书》建议取消董事会所做出的反应；第四，建议恢复高中三会考及承认南大华文大学学位等。

这次大会是在马华退出三大机构的 13 年后召开的，具有历史性意义，标志着马华与董教总关系的修复及再度联手。大会选出了 200 多名三大机构代表，并于第二天（即 12 月 5 日）谒见教育部长胡先翁。教育部长向代表们表示"政府取消董事部，只是取消聘任和解雇教师及纪律的职权"③。

---

① 《星洲日报》，1971 年 12 月 5 日。
② 《星洲日报》，1971 年 12 月 5 日。
③ 《南洋商报》，1971 年 12 月 30 日。

（二）《1972 年教育修正法案》的出台及华社与政府的博弈

为了重新界定董事部的地位和职权，教育部长建议重新修订教育法令。1971年 12 月 29 日，华教三大机构召开联席会议，研讨华校董事部的地位及其职权问题，以便向教育部长提出修改建议。最后通过了关于董事部职权问题的折中办法：“请求政府同情华校的特殊环境，尊重董事部的权力，在委派校长的前一个月应提名若干人选，并征询董事部的意见。如果董事部不同意的话，教育部长应重新提出人选，否则交由政府委任的仲裁庭处理。”[①] 从中可以看出，华社在这个问题上已经做出了巨大让步，同意接受官方代表及接受重组，唯一的要求就是保留董事部，并拥有对校长等的聘任、辞退有发表意见的权力。这种折中办法在1972 年 1 月 9 日召开的董总大会上通过。

政府在这一时期也加强了宣传攻势。1972 年 1 月 3 日，马来西亚广播电视台举行座谈会，讨论学校董事部的改组问题，出席者为党政及文教界人士。经过讨论后得出如下结论：“《阿兹报告书》建议改组董事部的问题，我们应抛开情绪因素，把它当作一个专业问题，一个国家问题来看，而不要带着情绪，把它当作一个半政治性的或是一个华人社会问题来看，那么，许多疑虑就不会发生和存在。”“这项建议就是为了使国家社会趋向理想而采取的一个步骤，如果政府采纳这项建议，也无非是为了提高教育水准，使国民能够获得良好教育。”[②] 由此可以看出，这个结论对华社提出了间接批评，认为华社是带着“情绪”看待“国家问题”的。

民行党主席林吉祥在 1972 年 1 月 10 日的国会中为保留华校董事部进行了激烈辩论。他说：“董事部曾经是华校和华文教育的保姆和活血，我可以毫不夸张地说要是过去没有任何的董事部，今天将不会有任何一间的华校。”“在废除了董事部之后，华校教师将成为政府的直接雇员，或通过政府控制的中央局成为间接雇员，并将可被令调往国内任何地方的任何学校，这将成为一种减少或威胁任何敢反对任何改革之举的教师的有力工具。”“《1972 年教育修正法案》，是变质华校的前奏。”[③]

尽管华社一再反对，1972 年 2 月 7 日，上议院还是三度通过修订《1961 年教育法令》的法案，即为《1972 年教育修正法案》。该法案提出废除所有全津贴学校的董事部，授权教育部长决定所有全津学校和全津教育机构的每一个董事部

---

① 《南洋商报》，1972 年 1 月 6 日。

② 《南洋商报》，1972 年 1 月 6 日。

③ 林吉祥：《马来西亚的计时炸弹》，八打灵：民主行动党，1978 年，第 227 页。

的关闭日期和方式；教育部长有权征用学校的土地，作为学校之用；政府成为学校的唯一管理者等。很显然，在这个法令下，学校的主权已完全被侵蚀，即使董事部可以存在，也只是一个有义务、无权利的出钱机构而已。

教育修正法令通过后，三大机构再度开会，经过多番讨论后，向教育部长提呈了有关华校董事部的备忘录，提出以下几点要求：第一，要求教育部长对华校的特别情况和处境表示同情，尤其是董事部的权力与地位；第二，提出应成立一个与华文教育直接有关的人士组成的委员会，当学校董事部对有关校长人选感到不满时，此委员会可提供意见，如需要也可协助做出判断等。最后希望"阁下将对此问题予以慎重及同情考虑，并期待阁下加以答复"。① 但这份寄托了华社殷切期望的备忘录，并未获政府当局答复。

1972 年 11 月 18 日，中央教育部公布新订的董事部条规。其要点如下：第一，一间或多间全津学校或教育机构可设立董事部；第二，董事部成员不少于 5 名，全部由教育部长委任，董事任期为 3 年，受教育部长再委任可以连任；第三，州教育局长或其代表有权出席一切董事部的会议；第四，开支超过 200 元者必须持有关州教育局长批准；第五，支票由校长及副校长签署生效等。② 马华三大机构立即召开会议，商讨董事部条规。董教代表对教育部所订新条规坚决反对，一致认为新条规实施后，董事部职权将全部被剥夺，不但没有了聘请及解雇教师与非教师雇员的权利，甚至失去了推荐的权利。"最让人痛心的是连学校开支时签署支票的权利也没有，董事部形同虚设，只有学校需要发展时，才要董事部出钱出力筹募发展基金，这就是董事部唯一的权力。"③ 因而，会议一致通过坚持之前会议所达成的折中方案，再次要求教育部进行修订。

二、《1979 年内阁教育报告书》与 3M 制之争

（一）《1979 年内阁教育报告书》的出台及华社与政府的博弈

1974 年 10 月 9 日，政府成立了一个以教育部长马哈蒂尔为主席、7 名内阁部长为成员的"检讨教育政策内阁委员会"（以下简称"检讨委员会"）。其中，包括李三春、曾永森两名华人委员。该委员会的职责是在国民教育的范畴内检讨现行的教育制度，包括课程的目标和影响，确保能应付短期及长期的国家人力需

---

① 详见《星洲日报》，1972 年 6 月 9 日。
② 《星洲日报》，1972 年 10 月 5 日。
③ 《星洲日报》，1972 年 11 月 19 日。

求，并确保教育制度能迎合国家目标，以缔结一个团结、有纪律及有秩序的社会。① 报告书研究检讨的范围包括独立前的《拉萨报告书》、20世纪60年代初期的《达立报告书》以及70年代所推行的各种教育制度。从设立检讨委员会到1979年12月份报告书的出台，前后共花了5年时间，接纳了302份备忘录，召开了80次会议。全国华团及马华公会也分别向检讨委员会提呈了备忘录。

1. 两份备忘录引发华社"内战"

在检讨委员会成立不久的1974年11月24日，董教总就着手召开全国注册华团代表大会，通过的《华团备忘录》共获3 200多个注册社团的签名盖章，包括各朝野政党。可以说是极具代表性的备忘录，表达了广大华人的心声。备忘录从基本人权谈起，提出："华人学习应用华文，印人学习应用印文，这是基本人权！华裔争取华教地位绝非沙文主义！"② 并提出对教育的15点基本要求，涉及小学、中学及高等教育。其中，对华文小学的要求有两点：其一是废除《1961年教育法令》第21条（2）项，以确保华校永不变质；其二是根据《1961年教育法令》第21条（1）项，增建华小。在华文中学方面要求将华文中学列为国家教育政策中的津贴中学之一，无条件地给予公平合理的地位，废除各大专院校的入学"固打制"等。最后指出："在各源流学校里面施行国、华、英三种语文教育，对于我国的团结、政治、经济、文化等都是有帮助的，是最符合我国国家利益的措施。"③ 1975年1月30日，以董总主席林晃昇、教总主席沈慕羽为首的代表团，把《华团备忘录》呈递给检讨委员会秘书署主任阿都拉曼·阿萨。

此时，马华公会也向检讨委员会提呈了《检讨马来西亚教育制度》的备忘录。据说该备忘录是马华动员了3个委员会、花了3个月的时间才完成，并获得马华中央委员会的接受，期间没有任何华团的参与，也没咨询过任何华团，完全是马华公会一党闭门的杰作，与《华团备忘录》的广泛代表性有着天壤之别。《马华备忘录》提出"马来西亚华人与印度人可接受他们的母语教育"。"这些学校不会变质"。并认为"基于这些国家目标，很明显的马来西亚语文需成为'主要'的教学媒介语，因为它可团结各种族人民……"④ 其中关于小学的建议是：废除《1961年教育法令》第21条（2）项，学童小学入学年龄由6岁提早至5岁半，必要时延长小学教育年限，使学童得到充分的母语教育。从表面上看，这两份关于华文小学的建议很相似。但两个备忘录存在根本上的分歧。《华团备忘

---

① 教总教育研究中心编：《教总成立卅三年华文教育史料》（中册），吉隆坡：教总教育研究中心，1984年，第29页。

② 《星洲日报》，1974年12月19日。

③ 《星洲日报》，1974年12月21日。

④ 《南洋商报》，1975年2月14日。

录》是从根本上着手，而且立场鲜明坚定，目标清楚，坚持"实施三种语文教育，即华语、马来语和英语"，"国语为必修科但不牺牲母语母文为教学及考试主要媒介语的原则"。而马华提出的备忘录则是立足于《达立报告书》以后的政策，所提观点虽部分符合华社利益，但它是在政府要求的范围及纲领内提意见、列建议，比较符合当局的要求。它肯定"国语为主要教学媒介语而非唯一教学媒介，并且主张在理科及数学教学以英文为教学媒介，有关大马史地可用马来文教学"①。

上述观点的根本分歧致使董教总和马华争吵不休，并最终导致三大机构的再次解体，两者分道扬镳。由于马华所提备忘录比较符合当局的要求，这就表示《马华备忘录》被政府采纳的几率较高，《华团备忘录》被搁置的命运似乎无法避免。在这种情况下，董教总于1975年3月5日发布了《董教总对马华教育备忘录意见书》②（以下简称《意见书》）。《意见书》首先谴责了马华在《达立报告书》出台时与政府的媾和行为；然后以教诲的方式告知马华："任何新教育政策的拟定都应该以华裔公民认为大体上公平合理可以接受的《1957年教育法令》为依据，而不是以英巫并重、改制华文中学的《达立报告书》为依据。"总之，《意见书》不但批判了《马华备忘录》的内容，而且毫不客气地教训、谴责了马华过去及现在的领导层。《意见书》的发表，标志着董教总与马华的公开决裂。华社进入相互攻击的"内战"③阶段，这对华教权益的争取无疑是巨大的打击。

1975年3月20日，为了解决两份《备忘录》的分歧，平息备忘录纷争，共同为争取华教权益而奋斗，董教总主动向马华伸出了"橄榄枝"，邀请其参加三大机构的联席会议，但马华拒绝参加。后来会议改为董教总联席会议，并发表声明：呼吁政府考虑接纳《华团备忘录》的建议；吁请马华撤销《马华备忘录》的第二章；如果《马华备忘录》的第二章被政府接纳，华校就会彻底变质。④马华拒绝参加三大机构联席会议，表明其已失去与董教总合作的意愿，引发华社对其强烈的不满。后来为了安抚华社情绪，联席会议的第二天，马华副会长兼教育小组主席曾永森向华社发表了澄清文告，解释《马华备忘录》的内容，以消除华社的"误解"和"忧虑"。

为了进一步消除内部争端，1975年5月2日，马华与董教总及校友会等举行

---

① 《南洋商报》，1975年2月14日。

② 《星洲日报》，1975年3月6日。

③ 《意见书》发表后不久，马华公会开始"炮轰"董教总。如马华副总秘书梁维泮就发文质问董教总，使战火升级。详见《星洲日报》，1975年3月16日。此后，华社也分为两大阵营，一方是马华公会及其各地分支会；另一方是董教总及数量庞大的华团。双方天天公开叫骂，互相攻击。可参见这一阶段的华文报刊。

④ 《南洋商报》，1975年3月22日。

联席会议，商谈有关教育备忘录的争论事项。会议历经三个小时，但气氛极度紧张，双方无法达成任何协议，教总代表陆庭谕中途愤然离场，"我已没有兴趣跟他们再谈下去"①。5月14日，马华与董教总进行了第二次会谈，气氛依然紧张，双方各不相让，最后不欢而散。马华坚持，其备忘录是在内阁检讨委员会的工作范畴之内制订的，其结论并没有对华人不利，而董教总则坚持马华应撤销备忘录的第二章。② 双方的谈判陷入僵局。

1975年5月21日，德高望重的商业领袖李延年博士邀请马华、董教总负责人及华人社会贤达聚餐，希望借此机会能使三大机构重开谈判之门。但双方仍然坚持己见，互不相让。经过几次斡旋后李延年博士宣布中止调停工作，退出双方的纷争。在马华公会第23届代表大会上，李三春发言指出："董教总说要与马华划清界线，我要说，恭喜他们，希望争得成果。不过，假如有人利用华教作为政治手段来打击马华，我一定反击！"③ 这标志着双方的纷争已经到了无可挽回的地步，华社大分裂的事实已经铸成。

2. 华社分裂后董教总的抗争

马华与董教总的最终决裂，对华教权益的争取无疑是一大打击，华社失去了与政府进行沟通的直接管道。1975年6月26日，董教总发表文告，表明将继续通过其他途径争取华教地位。1975年7月26日，董教总在报章上发表文章，表达了与政府对话的愿望，并愿意解释关于备忘录争论的经过。同时呼吁政府不要相信马华的一面之词，接纳马华所呈的备忘录。④ 但政府并没做出回应。

1979年12月14日，报告书公布，但没有考虑董教总在备忘录中所提的建议。报告书共提出了173项建议，涉及学校制度、课程纲要、考试评估、学校设备、教师培训及学校行政等各个方面。它建议改革小学和中学课程，以拟定一个注重读、写、算的新小学课程纲要和一个衔接小学新课程纲要的中学课程纲要。《1979年内阁教育报告书》（以下简称《内阁教育报告书》）的精神原则与前几份报告书一样，同时也出现了某些不利华文独中发展的建议，如建议私立学校使用共同的课程纲要，参加同样的公开考试，监督私人学校的学费、教学媒介及考试，这些都意味着为变质及消灭独中铺路。⑤

华社对《内阁教育报告书》很不满意。教总主席沈慕羽、中华总商会会长陈期岳及民行党主席林吉祥等都认为，《内阁教育报告书》并没确保华淡小学永

---

① 《南洋商报》，1975年5月2日。
② 《南洋商报》，1975年5月15日。
③ 《星洲日报》，1975年6月2日。
④ 《南洋商报》，1975年7月27日。
⑤ 《星洲日报》，1979年12月23日。

不变质。① 而马华公会对于《内阁教育报告书》表示非常满意，其所提部分意见也被采纳。为此，董教总召开紧急联席大会后发表联合声明，呼吁全国各社团、学校、董事会、校友会及热心人士，关注并详细研讨《内阁教育报告书》，并要据理保卫华校，反对一切不利华校的建议。校友会、华小发展工委会、独中当局、社团公会等都表示支持董教总的决议案，纷纷促请当局删除报告书中有关华文中学的条文。

报告书发布后，新闻媒体也表示了极大不满，这方面的新闻占据了报刊的头版头条。如"利丰港培华校友会常年大会通过，吁请在中学列华文为华族学生必修课"②；"全国董总各州联席会议呼吁政府当局删除不利独中建议条文"③；"马南大校友会吁请华人社会研究《内阁教育报告书》，反对不利华教之条文"④；"设国会遴选委员会检讨《内阁教育报告书》，林吉祥动议遭否决"⑤ 等。同时，也发表社论进行批评。如《星洲日报》社论就提出："报告书建议对私立学校所施予的注册条件，未免有过于'苛刻'之嫌……虽然报告书清楚地表明'不限制私立学校的发展'，但赋予学校及教师总注册官的权利太大，恐怕其原意的'监督'可能会沦为'妨碍'甚至'限制'私立学校的发展。"⑥ 从中可以看出，华社对政府的担忧与不信任，政府可以"借监督之名，行限制或拒绝私立学校注册之实"。

教育部长对华社的反对意见做出如下回应。他说："内阁委员会教育报告书并不是一项新的教育政策，而是检讨拉曼达立及拉萨报告书后所得的结果。""拉曼达立与拉萨报告书将是我国教育政策的基础，也就是成立一个国家、一种民族及一种语文。内阁委员会完全没有提到教育政策，而这项政策也没有改变。"⑦ 表明政府实质上还是要在多元种族的现实下推行单元化的教育政策。

1980 年 3 月董总与教总相继对"内阁教育检讨委员会报告书"发表意见。意见书中从四个方面论述了政府政策的不合理性。意见书在开篇就提出"本会同人曾深入研究报告书各章节，认为内阁教育检讨委员会诸公，花了 5 年时间所作的检讨，全是以一个种族利益为出发点，忽视了多元种族国家的利益。虽然检讨的目的标榜为'以确保在长期或短期之间，国家人力需求得以满足，尤其是确保这项教育制度能达致塑造团结、有纪律及有训练的社会。'但事实上，该委员会

---

① 《通报》，1979 年 12 月 16 日。
② 详见《星洲日报》，1980 年 4 月 27 日。
③ 详见《星洲日报》，1980 年 4 月 14 日。
④ 详见《南洋商报》，1979 年 12 月 20 日。
⑤ 详见《星洲日报》，1980 年 1 月 12 日。
⑥ 《星洲日报》，1979 年 12 月 16 日。
⑦ 《星洲日报》，1980 年 2 月 5 日。

在检讨及研究社会人士所提呈的备忘录时已先入为主地披上种族主义外衣。因为由 3 000 多华人社团、政党联合签署提呈的备忘录完全被忽略掉。如果该委员会是基于国家利益，塑造团结，实不应漠视华团的心声与要求"①，充分表达了华社对政府忽视民意的强烈不满及要求保障华社的基本权益。最后提出："从根本问题上看，内阁教育检讨委员会报告书是要完成《达立报告书》及《拉萨报告书》的最后目标，以国语为所有学校的教学媒介语，也就是教育一元化。""1979 年 12 月 14 日政府公布的'内阁教育检讨委员会报告书'对华教所作的建议，全与华人的要求背道而驰，我们坚决表示不能接受！"② 总之，《意见书》以坚定的口气，拒绝接受《内阁教育报告书》。《意见书》发表后，受到华社的热烈欢迎，校友会、华团以及一些政党纷纷发表文告支持董教总，并呼吁政府删除不利独中的条文，给予华教公平合理的地位。

（二）3M 制之争——《1979 年内阁教育报告书》的余震及华社与政府的博弈

《1979 年内阁教育报告书》对私立学校有很多限制，从而引起华社的强烈不满。在这种状况下，当局暂时也无法采取步骤。于是，把焦点逐渐转移并纳入国家教育体系的华文小学中，企图从这找到突破口，为此诞生了所谓的"3M 制计划"。3M 指阅读（Membaca）、书写（Menulis）及算术（Mengira）三种基本技能，推行该计划的目的在于使学生修完小学课程后，能掌握读、写、算的基本技能。

1.3M 制计划出台前华社的抗争

1979 年 6 月至 1980 年 4 月，教育部属下的课程发展中心对小学生的读、写、算三项技能进行了调查。调查结果显示：各语文源流小学有 45% 的学生不会读，超过 50% 的学生不会写；此外，国民小学有 70% 的学生不会做算术，而华小则有 51%。③ 对于这样的调查结果，教育部长表示"令人震撼"。1980 年 12 月 8 日，教育部长慕沙希淡宣布国内各源流小学课程将于 1983 年进行全面改革。1981 年 1 月 17 日宣布政府决定推行 3M 制，但并没有向广大民众公布 3M 制的相关内容。

华社对这项计划尤为关注，早在该计划还没宣布之前，董教总就曾多次主动联络教育部，要求了解并讨论 3M 制计划详情。其中最早的一次是在 1981 年 1 月 20 日，当时的教总总务汤利波就致函教育部长，"我请求部长阁下给我们提供有

---

① 《教总 33 年》编辑室编：《教总 33 年》，吉隆坡：马来西亚华校教师会总会，1987 年，第 578 页。
② 《教总 33 年》编辑室编：《教总 33 年》，吉隆坡：马来西亚华校教师会总会，1987 年，第 579 页。
③ 教总教育研究中心编：《教总成立卅三年华文教育史料》（中册），吉隆坡：教总教育研究中心，1984 年，第 50 页。

关以上事项的资料，即有关注重读、写、算之教学计划的详情。我们作为一个全国性专业组织，有责任了解"①。教总在该计划宣布后的第三天，就呈函教育部长要求提供更多信息，以了解3M制计划，但未获答复。3月22日，董教总召开全国华人文教团体讨论3M制计划紧急联席大会，拟定了3M制备忘录，并提呈给教育部长。备忘录首先对"教育部勇于承认现行小学教育制度的失败，及决心全面改革国内各类型小学的课程纲要，以便推行3M制教育计划，以提高各族学生读、写、算三项基本技能的努力，我们原则上没有异议"。但同时要求"教育部应让各有关方面更加公开，全面研讨3M制计划，以收集思广益之效；同时，在时机未成熟之时，匆忙实施，避免欲速则不达的反效果。建议在必要时延展实施3M制计划的时间"。并提出"在推行3M制计划往后的各个阶段中，希望教育部能够邀请华裔社会主要文教团体的代表有效地参与"。②但仍未获任何答复。4月7日，董教总再次呈函教育部。6月14日，教总在7个教师专业团体的协助下，召开全国华校代表3M制度研讨会，草拟了一份备忘录，提出："华社在原则上赞同3M概念，但在实施时应对各类型小学一视同仁，不得有厚此薄彼的现象；语文课程纲要，必须是共同纲要和各种语文特殊纲要的结合。"③并提呈给教育部长。

12月30日，教育部长及教育总监均宣布3M的实施内容，但没有考虑华社的任何意见。3M的实施内容主要有以下两点：第一，在此制度下，除了语文和算术科外其他科目的教材都完全用国语编写；第二，在此制度下，华小的人文环境、道德及音乐课程是根据国文版本编写，所教歌曲一半是马来歌，另一半是翻译的华语歌曲。计划公布后引起了华社各界的强烈不满与抗议。

2.3M制计划出台后华社继续抗争

3M制计划出台后董教总最先做出反应。在计划书公布后的第二天，即1981年12月31日董教总就发表联合声明进行抗议。联合声明认为："3M的这些措施是华小变质的前奏曲，完全违反华人社会的意愿"，"政府把自己的意愿强加到华人家长的身上，家长替子女决定所应接受的教育，没有得到尊重"。最后，联合声明呼吁："由于事态严重……我们在此恳切地向所有以华人为主体的政党、文教机构和董教团体、家教协会、华团发展协会紧急呼吁，希望大家为了维护华小不被变质及民族文化而团结起来，并且一致行动，以捍卫民族的尊严。"④

在华小面对变质及被蚕食的危急关头以及董教总的呼吁与率领下，华社20

---

① 《教总33年》编辑室编：《教总33年》，吉隆坡：马来西亚华校教师会总会，1987年，第589页。
② 《星洲日报》，1981年3月23日。
③ 《星洲日报》，1981年6月16日。
④ 《星洲日报》，1982年1月1日。

世纪 70 年代的分裂局面开始整合，除了大大小小华团支持董教总外，各朝野政党也加紧了与董教总的合作，共同向政府施压，以争取华教权益。1982 年 1 月 4 日，董教总和马华属下 3 组织（即马青总团、马华妇女组织和马华中央教育局）发表联合声明。在声明中指出："教长宣布的措施是华小变质的前奏曲，它不但违背全体华裔公民接受母语教育的愿望与基本人权，同时也抵触了内阁教育检讨报告书的第一条建议及联邦宪法第 152 条，动摇各族人民团结的基础。在华小处于生死存亡的时刻，全国具有代表性的华人机构，应立即行动起来，共谋对策，以达致华人大团结的目标。"[1] 并联名拍电报给教育部长，敦促他在问题解决之前，应暂缓在华小试行 3M 制度。1 月 5 日，董教总和民政党发表联合声明，除极力反对 3M 制课程安排外，声明还进一步呼请："首相和教长能够尊重华裔公民接受母语教育的共同愿望和基本人权，尊重内阁教育检讨委员会报告书的第一条建议及联邦宪法第 152 条，立刻采取行动解除华小变质的危机，以免我国各族人民的团结基础受到动摇。此外，应立即废除《1961 年教育法令》第 21 条（2），检讨不适合我国多元民族社会现实的一种语文、一种教育制度的政策，一劳永逸地解决我国教育问题的纷争。"[2] 在同一天，董教总和民行党也发表了联合声明，声明中说："我们一致认为，上述措施证实了当局企图假借行政措施，巧妙地通过 3M 制课程，在语文方面导致华小教学与考试媒介语的逐步改变；在内容方面排除华族文化的特征，双管齐下，最终使华小彻底变质，变相地实现《1961 年教育法令》第 21 条（2）。"同时也呼吁"全体华裔公民，特别是各政党文教团体、商会，及所有华团不分彼此，团结一致，群起反对 3M 制使华小变质的阴谋，全力捍卫华小"。[3]

对于华社的集体抗议，政府并不做正面回应，也没有妥协的迹象。教育部长通过报章发表声明，显示政府并不愿多做让步。对于政府的这种态度，华社极度失望和愤怒。1982 年 1 月 7 日，董教总发表文告进行严厉驳斥，并呼吁首相马哈蒂尔立刻插手消除 3M 在华社引起的不安和焦虑。[4] 1 月 9 日，全国中华大会堂及华团联席会议召开，大会决议成立一个包括所有华人政党、团体的全国捍卫华教工作委员会，华社形成空前团结的局面。马华公会为了摆脱被孤立的处境，也主动向华社靠拢，总会长李三春向报社透露："马华不会接受要推行的 3M 制度，因为它偏离了内阁及国会所接受的内阁教育检讨委员会报告书。"[5] 受影响的华

① 《星洲日报》，1982 年 1 月 5 日。
② 《星洲日报》，1982 年 1 月 6 日。
③ 《星洲日报》，1982 年 1 月 6 日。
④ 详见《星洲日报》，1982 年 1 月 9 日。
⑤ 《星洲日报》，1982 年 1 月 13 日。

小也进行了坚决抵制。如加影育华小学董家教协会就坚决反对3M制的试行不利于华小，决议向首相提呈备忘录，并通过家长不让其一年级子女到校上课三天以示抗议。①

华社为捍卫母族教育，与政府当局展开了不懈斗争，并形成声势浩大的社会运动。在这种强大的社会压力下，政府最终有所妥协，政策开始松动。1982年1月23日，首相马哈蒂尔医生在主持巫统最高理事会会议后，向记者发表谈话时，重新提出保证："除非有关学校提出申请，政府将不会动用法令使华、印文小学变质。"② 华社对首相的"保证"表示欢迎。不久，教育部对3M制课程纲要进行了修订，修订后的内容如下③：第一，歌曲全部自由选唱；第二，全部小学采用共同纲要，但不同源流小学的课本与教材，应由课程发展中心下的不同语文组各自编写；第三，以华文诗歌代替马来班顿。华社对修订后的3M制计划基本满意，反抗情绪也逐渐缓和。

三、20世纪80年代华人政治的特点分析

1. 从"三结合"到"两线政治"④

1981年4月，马来西亚国会通过《社团修正法案》来限制社团活动。这个法案后来在各方的抗议下并没有强制实行，但让华团开始对政治问题有了更高的认识，特别是在申办独大屡受挫折、3M制之争以及20世纪70年代与马华因"备忘录之争"而分道扬镳后。董教总渐渐认识到参政的重要性，认为侵蚀华族权益的事件之所以频频发生，是因为华团组织在国会里没有政治代表，仅仅作为压力集团是不够的，因而认为有必要通过政治途径来突破教育问题。于是董教总不断推动朝、野政党及民间力量"三结合"的政治路线，以寻求华族在政治上的突破。所谓"三结合"即既利用华人执政党争取华人权益，又利用华人反对党和民间华团制衡权力。

---

① 《中国报》，1982年1月21日。
② 《南洋商报》，1982年1月24日。
③ 详见《星洲日报》，1982年3月14日。
④ 两线政治是马来西亚特殊的政治现象，从20世纪50年代由劳工党和人民党组成社会主义阵线（社阵），到80年代末的反对党联合阵线（反阵），直到2008年大选的替代阵线（替阵），虽然反对党还不能成功改朝换代，但对国阵带来严峻挑战。目前还没有两线政治的完整理论。其概念主要来自两党制，因而两线政治类似两党制政治，但在根本上又有所不同。两线政治是涉及多党结盟的政治，而两线制是两线政治的较高发展阶段，即只有当两个政党联盟的组织阵线真正轮流执政时，才可以说"两线制"形成了；但在两个阵线对抗的初级阶段，只能说是"两线政治"而不是"两线制"。因而，此处采用"两线政治"而不是"两线制"的提法。

在 1982 年大选时，董教总提出"打入国阵，纠正国阵"的口号，呼吁通过在朝在野和民间团体的"三结合"来改变政府的行政偏差。当时"鉴于民政党接受董教总的文教政策，及该党领导层所表现的诚意与开放态度，部分华教人士决定参加民政党，以加强华人在朝的政治力量"[1]。因而，大选前夕，董教总法律顾问郭洙镇和其他一些华文教育界人士如王天庆、汪真诚等人加入民政党，参与竞选。他们发布声明指出："华教运动的经验一再告诉我们，作为一个压力集团，我们通过间接的方式来争取华人文化教育的合法权益，假手于某些政党，经过了最大的努力，也没法取得理想的效果。我们决定跨出一步走向政党政治。""在这关键性的时刻，我们决定加入民政党。我们的最终目标是通过民政党这股不断发展的政治力量，努力谋求结合其他华人政党和社团，把政治力量凝聚起来，促进华族趋向更大的团结。"[2] 1982 年大选结果证明，"三结合"的政治路线是行不通的，也没有达到华社预想的效果。但这次参政有着重要意义，它促使华人社会重新寻找解决不平等根源的方法，对后来华人社会的政治觉醒具有积极促进作用。

1987 年"茅草行动"后，政府发布白皮书指责雪华堂、董总和教总是造成当年种族关系紧张的极端权益组织。[3] 在这种局面下，华团领袖及人士所提呈给政府的备忘录、宣言和游说文件等表达利益诉求的举动都无法得到巫统领袖的认同与接受。华人对政府解决华小高职事件以及华教政策的不满情绪高涨，华团试图寻求以政治手段来争取华教权益，这就直接促成了"两线政治"的形成。1990 年大选前夕，以董总主席林晃昇为首的 27 名华团人士，正式宣布集体加盟行动党。这批华团人士在入党的仪式上宣布："我们决定加入民主行动党及反对党联合阵线，以实践我们对当前国家政治局势的分析，及为我们的政治信仰而奋斗。我们相信，在国阵长期一党独大的政治局面下，要恢复我国的民主、人权与司法独立，就必须加强反对党与反对党阵线，以达致分权制衡……其实，早在 1986 年全国华团民权委员会关于贯彻《全国华团联合宣言第一阶段九大目标》时，我们已提倡及宣扬'两线制'。今天我们加入民主行动党，正是为了要达致这个理想。在即将来临的大选中，由于四六精神党的出现及反对党阵线雏形的确立，打破国阵在国会内 2/3 绝大多数席位的可能性已经形成。只有加强反对党，促成

---

① 《教总 33 年》编辑室编：《教总 33 年》，吉隆坡：马来西亚华校教师会总会，1987 年，第 598 页。

② 《星槟日报》，1982 年 4 月 1 日；转引自袁慧芳：《平等与民主——80 年代的马来西亚华人政治》，暨南大学硕士学位论文，2002 年，第 14 页。

③ Das. K . & Suaram（eds.），*The White Paper on the October Affair and the Papers*，Petaling Jaya：Suaram Komunikasi，1989，p. 128.

两线制，人民的意愿和权利才能得到伸张，我国的民主制度才具有真正意义。"① 当时的教总主席沈慕羽把这次的参政行动形容为"象征一种民权的起义、一种民权的革命"。"华团人士如今加入反对党是被逼无路可走，只好走上梁山，因为几十年的奋斗，政府都不能接纳我们的建议。"② 这次反对党得到华团人士的大力支持，成功地削弱了国阵的势力。大选成绩显示，回教党和四六精神党在吉兰丹州大获全胜，赢得了该州全部 39 个州议席；行动党在槟城的 33 个州议席里赢得了 14 席，只差 3 席即可夺得该州政权。在国会选举里，国阵虽然保住了 2/3 的多数席位（国阵 127 席，反阵 53 席），但它的得票率却再度下跌，从 1986 年的 55.8% 减到 51.95%（反阵 45.4%）。

从"三结合"到"两线政治"，说明华人逐渐认识到政治民主化及对权力制约的重要性，但两者显示出华人在政治理想及实践上存在很大区别。"三结合"是以内部争取为特征的协商政治参与模式，"两线政治"则具有外部取代的特征。前者着眼于族群团结，后者则重视制度建设。可以说，"两线政治"的概念与实践在政治觉悟与思想意识上要比"三结合"大大前进了一步。

2. 《全国华团联合宣言》及民权委员会的成立

纵观"5·13"事件后整个七八十年代的国家语文、教育及文化政策，可以看出具有浓厚的种族主义色彩与强制同化他族的倾向，政府只从单一的民族立场和观点看待与处理语文、教育及文化问题，完全是"马来族中心主义"的做法。这也直接强化了华族争取族群合法权益以及基本人权的信念，并尝试采取一切手段，尤其是政治手段来推动马来西亚政治民主化的进程。

1985 年 10 月 12 日，代表了全国 5 000 多个华裔社团的 27 个领导机构和联合总会在吉隆坡联合发表《全国华团联合宣言》。宣言指出："马来西亚华人社会对种族极端化的严重性深感不安，我们认为这主要是政府的'土著利益至上'这一政策及行政偏差所造成的，它们侵蚀及剥夺了其他种族的政治、经济、社会、文化、语言及教育领域的基本平等权利。大马华人社会也对我国自由及民主受到侵蚀表示关注。我们深信人权被侵犯，经济、政治和文化上的压制以及社会上存在不公平现象，是造成种族关系紧张的根源。"③ 该宣言是一份华人的民主、人权宣言，它表明华人社团要以独立的政治身份推动马来西亚政治的民主化，是马来西亚华人社团在政治上的最高行动纲领，甚至成为社团表达政治诉求的模式

---

① 《星洲日报》，1990 年 8 月 19 日。

② 雪兰莪中华大会堂：《马来西亚全国华团联合宣言》，吉隆坡：马来西亚雪兰莪中华大会堂，1990 年，第 288 页。

③ 雪兰莪中华大会堂：《马来西亚全国华团联合宣言》，吉隆坡：马来西亚雪兰莪中华大会堂，1990 年，第 22 页。

之一。同时也宣示了华族的平等权利运动正式摒弃民族主义而走向一个以民主人权为行动基础的政治理念。正如陈美萍所认为的："上述宣言将华族所诉求的权利平等，与泛人类课题搭起了桥梁，放到更宽的民主运动去完成，超越了族群边界，点出华族问题不只是族群不平等的问题，也是民主人权被践踏的根本问题。"[①] 它的发表标志着"二战"后马来西亚华人政治的一个重大发展进步，也标志华人社团参与国家政治表达的最高潮。

为落实该宣言的主张，同年12月28日成立了以林晃昇等人领导的"全国华团民权委员会"，稍后提出了"贯彻《华团联合宣言》第一阶段的九大目标"，内容如下：①废除土著与非土著的区分，反对土著利益至上的经济政策；②严厉取缔非法移民，以维持社会安全；③选区划分，必须遵从"一人一票"的公平民主原则，使各选区选民数目大致相同；④文化资产的制定必须承认及接受我国社会的多元性本质；⑤公平对待各源流学校及各族语文；⑥建立廉洁有效率的行政体系，严厉对付贪污；⑦全面发展新村，把新村发展纳入国家发展主流；⑧政府应尽速处理批准符合条件之公民权申请书；⑨重新检讨违反基本人权的法令。[②] 从中可以看出，整个20世纪80年代华人的政治理念发生了很大转变，华人不再是单单争取本族群的权益，而是放眼于整个人类的民主人权，以此作为行动的基础与理念。

总之，从"三结合"到"两线政治"，从《全国华团联合宣言》到民权委员会的形成与实践，都反映出"二战"后马来西亚华人政治在20世纪80年代发生了重大转变，并逐步走向成熟。这也是政府长期以来对华团利益诉求不重视并排斥的必然结果，他们只好采取抗衡国家机关的姿态。虽然"两线政治"并未获得成功，但它对马来西亚在90年代实行的开放政策有着重要的历史推动作用。

四、1987 的华小高职事件与"茅草行动"

通过前面的分析，可以看出20世纪80年代的华人政治发生了很大改变，并逐步走向成熟，这一方面是政府单元化政策下的必然产物，同时也是对华社利益诉求长期排斥的必然结果。80年代一系列的行政偏差，总是让华社联想到"政府要谋杀华小"的企图。1987年发生的华小高职事件就引发了一场声势浩大的抗争运动，并险些酿成族群冲突的悲剧。

---

① 转引自袁慧芳：《平等与民主——80年代的马来西亚华人政治》，暨南大学硕士学位论文，2002年，第19页。

② 马来西亚全国华团民权委员会：《贯彻华团联合宣言第一阶段九大目标》，吉隆坡：马来西亚雪兰莪中华大会堂，1986年，第4页。

（一）华社对华小高职事件的强烈抗议

1. 华社民间团体与政党的通力合作

1987 年 9 月开学时，华社突然发现许多华校的重要行政人员竟然是不谙华语者，这引起了华社的巨大恐慌。其实，早在 1972 年和 1973 年也发生过此类事件，但遭到华社的强烈反对，当局迫于压力，承认这种做法对华小的行政及一般事务的处理产生障碍，并保证类似事件不再发生。[①] 但十几年后，政府故伎重演，而且其规模、人数及所涉及的学校远远比 20 世纪 70 年代更为广泛。其中最为严重的是槟城，90 所华小中，有 29 所的 67 个高级行政职务由不谙华文者担任。据董教总收集的资料显示，共 40 多所华小约 100 名高级行政职务是由不谙华文者担任。董总执行秘书莫泰熙估计实际情况要比资料显示的更加糟糕，因为有些华小校长为保住职位会隐瞒事实。[②]

由此引发了华社的强烈抗议。最先做出反应的是各州受影响的华校董联会。如槟城华校董联会向教育部长安华发电报："我们强烈抗议，未谙华语之教师担任华校副校长之职，因为违背当初接受全津之诺言，请速行动示覆。"[③] 马六甲华人教育协会定于 10 月 1 日举行抗议大会，并递交一封"拒绝接受"的信件给派任的不谙华语高职者。

董教总也迅速做出反应，致函教育部长进行抗议，并促请尽快解决问题。董教总在致教育部长的联合公函中指出："我们认为教育部的这种措施有使华小变质的意图，倘不及时纠正过来，将进一步威胁到华小的生存。华小的媒介语是华文，而由一位不谙华文者处理学校的事务，根本不合逻辑。"并进一步问道："如果国民小学的校政由不谙国语者来主持，马来社会能接受吗？"最后董教总表示："我们对教育部没有诚意纠正偏差而感到遗憾，也对教育部对其属下破坏上司诺言、擅自做主而视若无睹的态度感到不满。"[④] 因此，向教育部提出强烈抗议，并促请教育部对此事给予合理、迅速的解决。10 月 4 日，雪隆华小三大机构举行紧急会议，出席代表超过 400 人，会议通过六条决议案，要求当局在两个星期内全面解决问题，否则就展开全国罢课行动。此时，马六甲四大机构也举行抗议大会，出席代表约 1 500 人。会后，代表们还高举布条及标语，在礼堂外

---

① 马来西亚华校教师会总会编：《石在火不灭》，吉隆坡：马来西亚华校教师会总会，1996 年，第 258 页。

② 马来西亚华校教师会总会编：《石在火不灭》，吉隆坡：马来西亚华校教师会总会，1996 年，第 260 页。

③ 《星洲日报》，1987 年 9 月 4 日。

④ 《星洲日报》，1987 年 9 月 9 日。

高喊口号，抗议当局的不合理措施。10 月 6 日，吉隆坡 15 华团七人行动委员会召开紧急会议，通过 10 月 11 日举行全国华团与政党联合抗议大会的决议，把反抗行动推向高潮。10 月 7 日，董联会等机构代表再次向教育部提呈备忘录，认为政府的不当调升行动已引起种族关系的紧张不安，并指出"倘若无法解决此问题，雪隆七华小将罢课"。①

在华社反抗浪潮的冲击下，马华表示将和华社行动一致，加入抗议行列，捍卫华教权益。马华中央教育局针对此事专门召开会议，表示不会做出妥协，并会尽快同教育部交涉，并指出教育部的此种行动，旨在试探华社的反应，若华社妥协，有关当局将会进一步委派非华人不谙华文者到华校任职。马华中央教育局副主席赖观福就誓言"马华将坚决和华团站在一起，直到这个问题得到圆满解决"。并积极着手与教育部长协商以解决此事。10 月 6 日，马华署理总会长拿督李金狮、副教育部长云时进与教育部长安华会谈商讨此事，但并无结果。10 月 7 日，马华总会长林良实会见首相马哈蒂尔，就此问题展开讨论，并决定通过国阵途径尽快解决。10 月 9 日，马华总会长林良实再次会见首相，并将继续和其他部长讨论。马华总秘书长黄俊杰表示："如果华小行政高职事件不能解决，马华将义无反顾地退出国阵。马华不会因为要留在国阵，而抛弃（出卖）华社的权益。"② 由此可以看出，马华公会为了华社权益积极奔走斡旋。

针对华小高职事件，民行党也积极行动，对政府的此种行为表达不满与谴责，并配合华社不断向政府施加压力。民行党副主席陈胜尧针对此事促请教育部长安华给华社一个交代，并指出："国阵政府没有履行 1986 年大选宣言中确保华校不变质的诺言。而且马华的云时进副教育部长也没有贯彻其与华小共存亡的誓言。"③ 民行党主席林吉祥在出席该党全国华教小组会议时，也发表谈话促请教长安华保证不再有不谙华文者到华小任高职，并进一步揭露："虽然安华表示他们已令有关教育局收回成命，但在过去的 10 年中，一再发生此种问题，难保日后不会重演。故教育部长有必要向马来西亚人民做出保证，同时希望马华教育副部长云时进能有更积极的表现。"最后指出："在华教面临更大危机的时候，尚有一些政党及华社团体'静观其变，按兵不动'。"④

在华教面临危机的关键时刻，民行党主席林吉祥建议成立了一个由马华、民政党及行动党组成的"三林理事会"，以共同捍卫华小。这"三林"指马华总会长林良实、民政党主席林敬益以及民行党主席林吉祥，并说："只要马华在内阁

---

① 《南洋商报》，1987 年 10 月 8 日。
② 《星洲日报》，1987 年 10 月 13 日。
③ 《星洲日报》，1987 年 9 月 16 日。
④ 《星洲日报》，1987 年 9 月 17 日。

与国会里能言行一致，并有原则地对待最近威胁到华校特征的问题，行动党准备与马华充分合作。"① 这个提议固然有利于华教权益的争取，但三党矛盾重重，人事也极其复杂，因而很难实现。马华担心受到行动党的利用，在内阁中的地位从而被民政党所取代。民政党中则有许多人，包括林敬益本身就是"老马华"，与马华恩怨颇多。所以当行动党决定在国会下议院提出该问题时，马华并不支持。其理由是"马华作为国阵成员党，不能扮演双重角色，一方面是执政党一分子，一方面又支持反对党"②。总之，三党在国会外可以携手合作，但在国会内却不敢联手。这也是政党本身的局限性所致，政党利益往往高于一切。

10月8日，由全国15华团行动委员会与马华、民政党及民行党联合策划的"全国华团政党联合行动委员会"宣告成立。10月11日，在该行动委员会的推动及主持下，在吉隆坡天后宫举行了声势浩大的抗议大集会，出席者超过4 000人。除了华团人士，其中还包括不少华裔政党的代表。政党代表响应华团的号召，说明华团的影响力日益加深，政党必须考虑华团与华人社会的意愿。当时代表马华担任副教育部长的云时进，就明确表示若此问题不能解决，他将辞去官职。马华公会的第二号人物李金狮，也不理会巫统的警告，发表了慷慨激烈的演说。总之，这次抗议大会不但标志着华社民间及政党成功整合为一股强大的力量，也提醒当局，在现阶段的环境下，华社的民意是不可辱的。③ 历经几个小时的抗议大会最后通过了五项决议案。其中一项表明，如果在三天内，也就是10月14日之前，政府还没有圆满解决此问题，大会将全力支持一连三天（15—17日）的华小罢课行动。

2. 华文报刊的大力配合

从1987年9月华小高职事件发生以来，华文报章进行了大力报道。尤其是在争论呈白热化的10月份，几乎每天都有关于此事的报道，而且通常占据国内新闻报道的前四版，并就此事不断发表社论。《星洲日报》在10月份相继发表了《不宜派不谙华文者任华校要职》、《消除华社的忧虑》、《勇于纠正错误的决定》、《俯顺民意，解决教师调派问题》、《巫青不宜干预华小教师调派问题》、《平息华小教师调派的风波》等社论，对此事的发生表示愤怒与遗憾，并期望政府能够尽快解决，公平合理地对待各源流学校。如10月1日社论《不宜派不谙华文者任华校要职》一文，就指出"这是一件不应该发生、令人深感厌烦和遗憾的事情"。并提出"作为华裔的代议士，现任副教育部长云时进显然有责任和义务全

① 《星洲日报》，1987年10月5日。
② 《星洲日报》，1987年10月13日。
③ 郑良树：《马来西亚华文教育发展史》（第四册），吉隆坡：马来西亚华校教师会总会，1996年，第343页。

力以赴制止这类事件"。① 10 月 6 日的社论《勇于纠正错误的决定》，表达了对政府当局的不满及对此问题能早日解决的殷切期望。"令人深感遗憾的是，在这个问题尚处于协商谈判阶段的时候，教育部长安华竟然无视华人社会的意愿，公然声称教育部不会收回委派不谙华文教师出任华小要职的使命。这无异于火上加油，使问题更趋尖锐化。""当前的种种情况显示，不谙华文的教师出任华小要职的问题已在教育部与华社之间形成了一个对抗性的局面；如果不及时地、妥善地加以解决，后果是令人忧虑的。""无论如何，我们希望，国阵领导人应当正视不谙华文教师出任华小要职的问题，马华、民政这两个国阵的成员党都认为不可退让、不能妥协，就进一步说明教育部委派不谙华文教师出任华小要职是违反华社公意，不可能被华社所接受的措施。"②

在华社决议通过集会罢课的形式进行反抗以及与马来社会的对抗也不断呈白热化之时，各大华文报刊又及时发表评论，进行分析与评述。如 10 月 13 日的社论《俯顺民意，解决教师调派问题》提出："华团、政党抗议大会的成功举行，及通过的决议案来分析，反对不谙华文教师出任华小要职是整个华人社会的共同意愿。教育部委派不谙华文的教师担任华小要职是华小变质的前奏，也是整个华人社会的一致看法。如果说，民选的政府应该尊重民意的话，我们认为，国阵政府应当正视整个华族的意愿，从善如流，彻底解决这个教师调派的问题。"③ 10月 15 日的社论《巫青不宜干预华小教师调派问题》认为："华人社会在争取权益的过程中一直都是通过民主的、和平的方式进行的。华人社会的这种做法，丝毫不会也不可能损害到国内任何其他民族的尊严和地位，包括巫青团的尊严和地位。""对于巫青团要召开声势浩大的群众集会来展示力量的行为，是不理性的。巫青团的领袖应看清楚问题的本质。"④ 10 月 17 日又发表《平息华小教师调派的风波》的社论："为了民族和谐与团结，内阁成立由 5 名部长组成的委员会。委员会应视目前的形势，以大局为重，及时拟订解决华小教师调派的具体方案，包括明确的保证和合理的方案，以彻底平息这场不幸的风波。""希望巫青团不要被极具煽动性的宣传所误导，应分清事情真相，避免展开对抗性的行动。"⑤ 可以看出针对此事，报刊发表相关评论的密度之大。

《南洋商报》也相继发布相关评论，表达华社立场。如《一致行动维护华教》就指出："之所以出现华小高职事件，是政府没有好好发展华小师资的结

---

① 《星洲日报》，1987 年 10 月 1 日。
② 《星洲日报》，1987 年 10 月 7 日。
③ 《星洲日报》，1987 年 10 月 13 日。
④ 《星洲日报》，1987 年 10 月 15 日。
⑤ 《星洲日报》，1987 年 10 月 17 日。

果，有关方面在商议问题解决之时，显然有必要检讨目前华小师训班和母语班所出现的偏差和弊端，以改善国家教育范畴内的华校师资训练情况，从而一劳永逸地解决有关华小调升问题。"可以说这是一针见血地指出了该事件出现的根本原因，以及华小所面临的棘手问题，并进一步表达了华社反对此举的坚决性。"华社反对教育部的有关调升措施是坚决的，雪隆甲华小三大机构为抗拒教育部的不合理措施，准备发动罢课行动；霹雳抗议大集会准备在国会发动'甘地式'不合作运动，都是华社不满情绪的具体反映"，最后呼吁"当局应正视华社在有关课题上所表达的公意，从详考虑各华团所提呈的备忘录，尽速做出顺应民意的纠正措施，使有关问题所引起的风波早日平息下来"。①

经过各方的协商与妥协，此事件逐渐平息。《南洋商报》又发表了《华小高职问题基本解决》的社评，表达了对政府解决此事的肯定与支持。"我们一路来都坚决认为，有关纠纷'绝不是无法解决的问题'，也吁请'各方面耐心地让它完成任务'。事实证明了政府具有妥善解决问题的诚意，同时也间接反映出国阵内部协商渠道仍然是最有效的既成体制。"同时也对政府的一些做法进行了批评，认为"政府应及早公布有关解决方案，而不是通过国阵伙伴党透露消息。这样做似乎只有向个别种族社群邀功的作用，虽然无可厚非，却有加强种族路线政治的分化影响。一个向全国负责的部长，公布从全民角度制定的政策，会得到国民的认可"。②

（二）政府态度的转变与马来社会的抗议

在事件开始时，政府为了回避华社的正面攻击，采取了迂回策略。一方面，副教育部长云时进在接见马华代表后宣布，他已训令各州教育局，遵照内阁会议指示停止调升不谙华语者任高职。另一方面，教育部长安华在记者招待会上却宣布："那些教师的调升是依据其资格与经验而选派的"，所以，华小高职事件"成命难以收回"。③ 从中可以解读出，对于已调任者政府不会收回成命，将来是否还会再发生此类事件，暂无定论。对于政府这样的回应，华社当然不会接受。

随着华社抗议行动的不断升级，华社民间力量与政党的联合，加之报章的大力宣传，引发了巫统的惊恐，他们认为这是华人对马来人主权及地位的挑战。而巫统的态度在很大程度上影响着马来人对华人的态度，因此这次事件引发了马来社会的极大关注，他们呼吁政府要坚定立场，决不能向华社妥协，种族之间的紧

---

① 《南洋商报》，1987 年 10 月 2 日。
② 《南洋商报》，1988 年 2 月 5 日。
③ 《星洲日报》，1987 年 10 月 3 日。

张气氛迅速升温。例如，巫统青年团团长纳吉也在记者会上表明："校长及副校长仅是负责行政工作，不一定要懂得华文；这件事并不违反国阵的竞选宣言，政府不应该向任何一方的压力低头。"① 再如，在巫统槟州党员的集会上，联委会秘书伊卜拉欣沙阿就表示："不具华文资格教师出任华小高职是微不足道的课题，华社却将此事大肆渲染。他们应该感谢有忍耐力的马来人，在很多事件中，给予他们良好的对待。"② 该集会并通过九项议案，其中第一项就是"促请政府不要向威胁国阵的稳定与团结的政治极端分子所施的压力屈服，并对马华成员的做法表示谴责"。巫统的上述言论，进一步激发了华社的抗议激情，华巫两族形成了对立之势。为了缓和局势，首相马哈蒂尔于 10 月 7 日宣布委派马华总会长林良实及教育部长安华全权处理不谙华语事件。但这个决定并没有起到很好的作用。

10 月 11 日，华社天后宫大集会的举行进一步刺激了马来人敏感的神经。10 月 13 日，柔佛州新山、古来等 5 个巫青区团召开紧急会议，他们促请教育部长"如果无法坚持立场的话，就应该引咎辞职"③。同时，马来社会的青年团体、福利机构、政党组织等纷纷发电报给教育部长，不但呼吁安华"绝对不可让步"，要求安华"有效地废除华小"，并且强烈谴责马华及民政党在这个问题上"背叛了朋友"，应该退出国阵。④ 马来人对此事件的强硬回应，使得原本就已紧张的华巫关系面临着全面决裂的危险。为了控制局势，10 月 14 日，政府内阁召开会议，讨论不谙华语高职事件，设立了五人委员会⑤，全权处理此问题，并在会议上做出以下保证：必须具有华文资格的老师方能出任华小行政高职，如果没有，则职位悬空，已派出的高职人员将于 1987 年 12 月 31 日之前全部撤回。会议主席副首相嘉化峇峇也呼吁全国人民保持冷静，要"避免涉及危害社会治安的活动"⑥。五人委员会小组也迅速采取行动，化解纠纷。华人委员李金狮和林敬益向 15 华团联合行动委员会保证，"政府有诚意解决问题，并承诺在 1987 年年底之前彻底解决"⑦。华社对于政府的行动表示欢迎，并迅速发出声明，呼吁各有关学校延缓罢课日期。但是时间仓促，而且许多家长情绪高涨，槟城中华大会堂集合的 3 000 多名出席会议的华教人士仍然认为应该罢课，以维护受影响的 28 所华小的地位。10 月 15 日，受影响的华小还是展开了罢课行动，大概有 3 万名学

---

① 《星洲日报》，1987 年 10 月 7 日。
② 《星洲日报》，1987 年 10 月 13 日。
③ 《星洲日报》，1987 年 10 月 14 日。
④ 详见《南洋商报》，1987 年 10 月 14 日。
⑤ 五人委员会以教育部长安华为主席，包括劳工部长李金狮、原产业部长林敬益、工程部长沙米维鲁及青年体育部长纳吉四位委员。
⑥ 《星洲日报》，1987 年 10 月 14 日。
⑦ 《星洲日报》，1987 年 10 月 15 日。

生参加。

华小的罢课行动加之政府的妥协行为，使得马来人更加激愤。10 月 17 日，在巫青团的召集下，一个有 1 万人参加的马来人大集会在吉隆坡惹兰慕达体育场举行。大会谴责马华领导人与董教总和反对党之间定下的协议，同时要求当时的马华副会长兼劳工部长李金狮和教育部长安华辞职。在集会上甚至使用"华人混蛋"、"华人滚回大陆"、"以华人的鲜血染红马来短剑"等极具煽动性的字眼进行恐吓。大集会过后，巫统总秘书拿督斯里沙努西宣布，将于 11 月 1 日党庆那天，举行 50 万人的大集会。为了防止事态进一步恶化，1987 年 10 月 27 日开始，马哈蒂尔政府以种族关系紧张为理由，展开大逮捕和查封报章的"茅草行动"。①

"茅草行动"堪称为马来西亚民主历史上最黑暗的时期之一，更常被拿来与 1969 年发生的"5·13"事件相提并论。在"茅草行动"中，有 119 名朝野政党领袖、华教人士、环保分子、社运分子以及宗教人士等被捕，其中包括董总主席林晃昇及教总主席沈慕羽，整个社会陷入一片人人自危的氛围当中。当时，政府援引《内安法令》扣留他们，却始终未能提出他们危害国家安全的证据。同时，三家报章包括英文报《星报》、中文报《星洲日报》及马来文报《祖国日报》（*Watam*），因报道与此相关的政治新闻也被勒令关闭。②

"茅草行动"后，形势逐渐缓和，通过各方的协商与妥协，内阁在 1988 年达成了所谓的"四一方案"，即华小校长、第一副校长、第二副校长及下午班主任须拥有华文资格，课外活动主任必须谙华语。教育部长安华说："这不就意味着你们在此问题上已经胜利？……华小高职问题已经结束。"③ 华社对这一解决方案表示接受，华社的抗争取得阶段性胜利，又一次力挽狂澜，使华小免于变质。

---

① 关于"茅草行动"的真相，有官方和民间两种说法。官方说法是为了控制因敏感课题炒作而煽起的种族紧张气氛，政府才展开"茅草行动"，以控制局势，避免"5·13"悲剧的重演。民间人士则指控，"茅草行动"是巫统当权派为了转移 1987 年党争的视线，而刻意营造的白色恐怖，以削弱马来西亚的司法制度。如有学者就认为："华小高职事件就课题本质而言，是不必要出现如此高涨的族群对立情绪，马哈蒂尔纵容巫统政治人物选择这个时机、就这个议题拉高发难声调，或许另有考虑，这是巫统有意转移党争焦点，以'种族牌'趁机解困的策略。"详见 In‐Won Hwang, *Personalized Politics: The Malaysian State under Mahathir*, Singapore: Institute of Southeast Asian Studies, 2003, pp. 149–154. 据马来西亚第一任首相东姑的观察："国家危机于是被制造出来，以团结巫统党员的力量来对抗一个假象的敌人——华人。假如它真的能够威胁国家的安全，那天为何不早点采取行动呢？"详见 柯嘉逊：《马来西亚华教奋斗史》，吉隆坡：马来西亚雪兰莪中华大会堂，1991 年，第 170 页。

② 如对《星洲日报》的查封，当局给出了如下理由：其利用敏感课题，如教育、语文、宗教及种族，不顾各族和谐、公众安宁及国家安全，刊登挑起种族情绪的新闻和文章。详见 叶观仕：《马新新闻史》，槟城：韩江新闻传播学院新闻传播学系，1996 年，第 146 页。

③ 钟伟前主编：《董总 50 年特刊（1954—2004）》，吉隆坡：马来西亚华校董事联合会总会，2004 年，第 591 页。

五、博弈结果分析

20 世纪 70 年代以后，随着中美关系的缓和，冷战思维意识已没有五六十年代那么浓厚，中马关系也有一定改善，但马来政府对中国仍是"疑虑重重"，处处加以防范，加之华侨华人问题及马共问题的存在使得两国关系并没有实质性改进。在这一时期许多新独立的民族国家开始致力于民族—国家的建构，但在这个过程中却都公开或不公开地推行各种形式的"单一化"，以实现民族的"单一性"。主要表现在主体民族对其他少数族群的限制与打压，包括政治、经济、文化、教育各个领域。马来西亚亦不例外。但"5·13"冲突之前的联盟政府对民族—国家的建构方式表现得较为温和，对其他民族也较为包容。"5·13"冲突之后，巫统精英逐渐觉察到不能忽略马来社会的不满，因而种种单元化措施逐步形成，企图推行"一个民族、一种文化、一种语文"的单元化政策，确立了"后5·13架构"的政经结构。华人社会在这个结构下面临着族群边缘化和威权递增的双重困境，不但在经济上受到限制，更重要的是在文化、教育上受到歧视与压制。这种政经机构也进一步导致国家机关对华人社会诉求的排斥性。因而在这种结构性压制下，华人的被压迫感日益增加，而且被迫做出回应。除了依赖政党作为中介外，民间社会的动员发挥着重要作用，并掀起了一股文化自救运动，以回应教育和文化上的困境，其后则发展为一项颇具规模和影响的民权运动。但需要强调的一点是，在 1987 年之前，政府对华人的抗议政治，其实是采取一种既排斥、不承认却又相对放任的态度，也由于这种立场，使得华人的抗议政治有一再向前推进的空间。

"5·13"冲突后政府的教育政策不断收紧，相继颁布了一系列不利于华文教育的法令，并实施了一些蚕食和使华小变质的行政措施。《1972 年教育修正法案》企图废除所有全津贴学校的董事部，使政府成为学校唯一的管理者。这对华教是致命打击。自华文教育产生以来，董事部就与华教密不可分，成为华校的"脐血"。华社害怕一旦董事部失去对华校的控制权，以后政府就可以随意改造华校。因而遭到华社的强烈反对。"5·13"后的马华公会，为了摆脱被华社孤立及被伙伴党——巫统嘲笑抛弃的命运，力图改革，重塑华社代言人的新形象。同时，加强与董教总的合作，重启三大机构，共同向政府施压。最后，在华社的全力反对下，政府又颁布了新的董事部条规，但华社对此并不满意，认为董事部虽然可以保留，但权力几乎全部被剥夺，形同虚设，因而继续反对。

《1979 年内阁教育报告书》是对独立前《拉萨报告书》、20 世纪 60 年代初期的《达立报告书》以及 70 年代所推行的各种教育制度的全面检讨，这份报告书从设立检讨委员会到出台共花了 5 年时间。华社完全可以利用这几年的时间，团结一致，齐心协力向政府争取。但不幸的是，董教总和马华因两者提呈给政府的《马华备忘录》存在分歧而引发了两者的"骂战"，并最终导致华社的分裂。姑且不去讨论哪方意见的对与错，单单是双方的强硬态度就造成了矛盾的不可调和。董教总在马华的《备忘录》发表后，情绪高涨，用犀利的言词发表了《华团意见书》，对马华前任以及现任领导提出严厉批评。这一做法进一步激化了双方矛盾，马华也不甘示弱，做出强硬回应。后来董教总主动向马华示好，但后者还是不能抛弃前嫌，共同合作。总之，在华教权益不断受到侵蚀的危机下，双方不是开诚布公地举行会谈，而是意气用事、恶言相击，耗费了华社自身的能量。最终，华社在失去体制内的争取管道下，虽然极力争取，但政府还是通过了《1979 年内阁教育报告书》，其中包括一些对独中不利的条款。3M 制之争作为《1979 年内阁教育报告书》的"余震"，是政府企图通过行政措施来使华小变质。这激发了华社的空前团结，并使华社的分裂局面逐步整合，就连马华也主动向华社示好，表示坚决反对 3M 制计划。就是在这种声势浩大的华教运动的强大压力下，政府最终做出妥协，对 3M 制计划进行了修订，令华社基本满意。

1987 年发生的华小高职事件，其实只是一种行政上的偏差，在一般发展中国家充其量只是比较引人注目的教育事件而已。但在马来西亚华社却引发了一连串激烈的"不妥协"行动，并促成了华人社会空前的大团结运动。其实，在这种反应的背后，隐含着相当严重的结构性深层意义。独立以来华人政党领导层在国阵内的总体表现被压制，说话失去了分量。因而一件官僚行政的失误事件，便令全体华社联想到"谋杀华小"的最终目标。华人执政党本身对政府机构和系统也明显地持有怀疑和不信任态度。该事件还折射出华巫两族关系的脆弱性，以及马来人对非巫人的排斥性。经过紧张的对抗与调节，政府最终对该方案做出了调整，华社表示接受。

表 5 - 1　新经济政策时期华人社会与马来政府华教政策制定的博弈结果

时间	重要教育文件	重要条文（语言政策）	华族反应		博弈结果	
			接受	反对	政策实施	政策修正/未实施
1971	《1971 年玛吉报告书》	主张大学录取新生时不应根据学生的成绩，而应根据各种族人口的比例		反对	实施，2003 年改为绩效制	

（续上表）

时间	重要教育文件	重要条文（语言政策）	华族反应		博弈结果	
			接受	反对	政策实施	政策修正/未实施
1972	《1972年教育修正法案》	废除所有全津贴学校的董事部，政府成为学校唯一的管理者		反对		政策修正
1979	《1979年内阁教育报告书》	建议私立学校使用共同的课程纲要，参加同样的公开考试，监督私人学校的学费、教学媒介及考试		提出废除21条，但未获采纳	实施	
1979	3M制事件	小学实施3M新课程，在此制度下，除了华文和算术，其他科目的教材都用马来文编写		极力反对		修正后实施
1984	华小集会用语事件	华小举行一切集会如周会、毕业典礼等，必须用马来语进行		反对		未实施
1985	综合学校事件	把不同源流的学校结合在一起，共用设备，共同参与课外活动，以加强彼此间的团结与合作		反对		搁置
1987	华小高职事件	教育部派不谙华文的教师到华小担任行政高职		大型抗议		协商修正后实施

第六章 国家发展新时期的马来西亚华教政策制定（1991— ）

第一节 政府华教政策制定的国内外背景透视

一、冷战后国际体系的转换及"华文热"的凸显

20 世纪 90 年代，国际政治格局发生了很大变化。随着东欧剧变、苏联解体，两大阵营对抗的基础轰然倒塌，持续几十年的冷战戛然而止，意识形态的对抗趋向缓和，和平与发展成为世界的两大主题。世界经济联系日益紧密，并逐步趋向一体化和区域合作化。每个国家都致力于发展本国经济，但又不可能离开别的国家获得独立发展。经济联系的加强，把世界各个国家和地区的命运紧密结合在一起。随着东盟 10 + 1、10 + 3 机制的形成，东南亚诸国与中国的经济联系不断深化。这就为华文教育的发展营造了一个良好的国际环境，提供了广阔平台。

世界上任何一种语文，当它只具有文化和传统价值时，接受和传播它的主要是其民族的成员；而当它附加上较多的、较广的商业价值和商业用途时，它便会拥有大量超出本民族的热衷者、传播者和支持者，这是许多社会语言学家在剖析近代和当代人类语言发展史时所认识到的一条基本规律。英文、日文及历史上法文、德文、俄文都曾经验证过这一规律。今天这一规律再次被验证。随着亚太地区经济的蓬勃发展、亚洲"四小龙"的成功、中国经济的崛起，华文的经济价值日益凸显，因而在世界范围内掀起了"华文热"。政府官员、经济学家频繁地在公开场合阐述华文对发展本国经济的促进作用，并号召本国的华人及其他族群学习华文。正如美国普林斯顿大学中国语言文学副教授周质平指出的，"中国大陆近年来实行对外开放政策，台湾经济的飞速发展，太平洋盆地在 21 世纪对世

界局势会有更大的影响力，而懂中文是跟上这时代的一把最重要的钥匙"①。这种认识改变了在华文教育问题上政府和华人的对立态势，成了促进华文教育的重要动力，也为华人推动华文教育拓展了空间。

在东南亚国家华文的地位也得到进一步提高，华文的经济价值更是受到人们的高度重视。由于进入 20 世纪 80 年代，东南亚各国与中国的经贸关系不断发展，华人经济在各居住国迅速崛起，"华人经济区"逐渐形成，提高了华文的经济价值和实用价值，赋予了华文教育强大的生命力。各国政府也都逐渐认识到了华文在经济发展、交往中的重要作用。例如，马来西亚前副首相安华指出："随着中国主导了亚太地区的经济成长后，华文在这一区域扮演着重要的角色。因此，掌握华文将使我们无往而不胜。"富有远见的菲律宾教育部长在 1994 年就说："华语在世界的地位日益重要，无论在语言沟通方面，还是商业接触方面，都是重要的工具，必然会成为今后学习的主要外语。"马来西亚前教总主席沈慕羽也指出："华校毕业生能通晓三种语文（英文、华文、巫文），可做白领阶层，也可充当蓝领工作。"泰华教育促进基金会负责人说："通过华文华语能进入中国这个大市场，以协助本国经济的发展。"② 越南、柬埔寨民间均流行"不学华文就没有办法做生意、赚不到钱"的说法。

总的来说，冷战后世界政治格局趋向多极化，东西方关系改善，逐步淡化了因意识形态对立而形成的尖锐矛盾，华文是社会主义语言的论调不再重提，华文教育的敏感性也随之降低。加之中国经济的崛起，华文经济及实用价值的提升，华文教育越来越受到重视。这些都为华文教育的发展提供了一个较为宽松的政治环境。

二、中马关系的良性发展与马共问题的彻底解决

尽管在 20 世纪 70 年代初期中马两国就建立了外交关系，但由于种种因素的制约，两国关系发展缓慢，马国政府对中国充满了疑虑和不信任感。直到 80 年代末期马国政府才改变了对中国的这种认知，两国关系获得了实质性发展，在经贸、政治、教育以及文化等领域的交流与合作也全面展开，贸易量不断增加。刚建交时两国的贸易总额仅为 1 100 万美元，到 2008 年双边贸易总额突破 530 亿美元，30 年间增长了几百倍。③ 截至 2008 年 7 月，中国已成为马来西亚第四大贸

---

① 何万宁：《东南亚华文教育复兴的原因分析》，《教育评论》，1999 年第 3 期。
② 林蒲田：《21 世纪东南亚华文教育的前景及与中国的关系》，《华侨大学学报》，1998 年第 1 期。
③ 《南洋商报》，2009 年 6 月 5 日。

易伙伴，仅次于新加坡、美国与日本；同时也是大马第四大出口市场和第二大进口来源地，且长期保持其第五大外国游客来源国的地位。[①] 双方在教育、文化等领域的交往进展也很顺利，1997 年中马两国签署了《教育交流谅解备忘录》。2011 年 4 月 28 日马来西亚总理纳吉在会见来访的国务院总理温家宝时表示："马来西亚高度重视对华关系，视中国为最亲密的朋友和可靠的伙伴。近年来，在双方共同努力下，两国各领域合作取得积极进展，温家宝总理此访将为中马关系发展注入新的活力，马方对马中关系的前景充满信心，愿与中方密切合作，推动两国关系取得更大发展。"[②] 并提出要加强两国在经贸、投资、文化等各方面的合作与交流，制定《中马经贸合作五年规划》，签署两国高等教育学历互认协议等。总之，冷战后两国关系非常密切，马来西亚媒体曾自称 20 世纪 90 年代初的中马关系为"蜜月时"，到 21 世纪初，中马关系仍被当地舆论认为处于"蜜月期"，并以"水乳交融"来形容。而中马关系的良性互动与发展，与国际格局的转变、中国"负责任大国"形象的积极构建以及马共问题的彻底解决密不可分，是马来西亚国家利益需要的必然产物。

首先，国际格局的转变深刻地影响了马来西亚外交政策的走向。马来西亚这个只有 2 000 多万人口的发展中国家，随着冷战后国际政治结构的深刻变化，其对外政策的一个很重要目的，就是防范美国等西方国家利用其单极地位，侵蚀包括马来西亚在内的发展中国家的经济和政治利益，因此特别强调反对强权政治和霸权主义，特别注重维护本国和亚太发展中国家的政治与经济利益。[③] 马哈蒂尔总理就认为："没有苏联与之抗衡，以美国为首的西方发达国家将毫无顾忌地侵蚀发展中国家的利益。"1994 年他在国际公正会议上就人权问题发表演讲时指出："冷战结束，苏联解体，剩下一个单极世界。新的国际秩序建立，诸强国宣称有权把它们的政治制度、自由经济和有关人权的观念强加给每个国家。"[④] 因而，以马来西亚为首的东盟国家采取了"大国平衡"战略，以加强同中国、日本等国家的合作来平衡美国等西方大国在该地区的力量。马哈蒂尔更是把中国视为在与西方国家（尤其是美国）外交对抗中重要且极具分量的盟友，因为中国是亚洲地区唯一的联合国安理会常任理事国。[⑤]

---

① 商务部国别数据报道，http://www.tdb.org.cn/interMarket/246795.html。

② 《人民日报》，2011 年 4 月 28 日。

③ Hamid Syed（Minister of Foreign Affairs），*Malaysia Foreign Policy*，*Malaysia Foreign Affairs*，Malaysia，1999，p. 32.

④ 北京外国语大学中国马来语教学中心：《马来西亚总理马哈蒂尔演讲集》，北京：世界知识出版社，1999 年，第 29 页。

⑤ Joseph Chin Yong Liow，Malaysia - China Relations in the 1990s，*Asian Survey*，Vol. XI，No. 4，July/August，2000，p. 675.

其次，中国"负责任大国"形象的积极建构，也促使东盟国家加强了对中国的倚重感。冷战后随着中国实力的不断增强，国际上许多别有用心的国家大肆宣扬"中国威胁论"，对中国国家形象的塑造产生了负面影响。中国对此积极回应，并通过实际行动向国际社会展示了我们热爱和平、负责任的大国形象。在1998年席卷东南亚各国的金融危机中，中国并没有像西方国家那样"乘人之危"，大规模撤资，而是采取积极措施帮助东南亚国家渡过危机。如在马来西亚遭受金融危机冲击、经济面临严峻挑战的1998—2002年，马中贸易的年均增长率仍超过30%，在马来西亚对外贸易严重衰退10%的2001年，两国贸易仍保持17.1%的增长，2002年贸易总额同比增长甚至高达51.4%。[1] 而且中国政府有意识地增加进口马来西亚的棕榈油、木材和电子电器产品，以帮助马来西亚渡过金融危机，重振经济。中国构建"负责任大国"形象的努力，也获得了东南亚国家的认可与支持。如针对西方国家大肆宣扬的"中国威胁论"，马哈蒂尔率先多次发表谈话加以批驳，并认为中国的经济发展为各国提供了机遇，是亚洲振兴的希望。早在1994年5月，他在北京发表演说时就指出："面对一个富裕和强大的中国，东南亚不应该感到担忧。东南亚应该对一个富裕的中国表示欢迎。它们将通过贸易和经济交往而共享财富。""随着中国现代化和经济发展的实现，进步的车轮将会整整转动一圈，在世界文明的长河中，亚洲将至少能够重新占据它应该占据的地位。"[2] 马来西亚刚卸任的首相阿都拉也声称不会把中国视作威胁，当时的副首相、现已任首相的纳吉更是把中国称作东盟的盟友与伙伴。[3]

再次，马共问题的彻底解决有利于两国关系的顺畅发展。1989年12月2日，马来西亚共产党的华人领袖陈平，分别与马来西亚政府、泰国政府签署协议，表明将解除武装游击队，与政府对抗达40年之久的马共终于放下武器，走出山林，融入社会。长期以来马共问题都是影响中马关系的敏感议题，马国政府始终认为中共在向马共提供援助，不利于其统治。尽管中国政府多次声称马共问题属于马来西亚的内政，中国不会干涉。但马国政府始终对此持怀疑态度，处处加以防范，严重影响了中马关系的良性发展。冷战后这一问题的解决，在一定程度上改变了马来西亚对中国的认知，为以后两国的交流合作铺平了道路。同时，也在一定程度上改变了政府"视华校为培育马共分子温床"的认识。

总的来说，冷战后中马两国在政经文教等各领域的合作全面展开，信任感不断增强，追求最大限度的经济利益成为国家利益的重心。如马来西亚在位时间最

---

① 廖小健：《马来西亚国家利益与对华政策转变》，《南洋问题研究》，2006年第3期。

② 北京外国语大学中国马来语教学中心：《马来西亚总理马哈蒂尔演讲集》，北京：世界知识出版社，1999年，第26页。

③ *The Straits Times*，July 23，2004。

久的总理——马哈蒂尔，就认为经济安全是最重要的国家利益。他把经济合作作为这 10 年来对华政策的基础，正是出于"经济需要"，马来西亚对中国的态度才逐渐摆脱传统的敌意和疑惑，即因意识形态的区别与中国和马来西亚数量众多的华人的关系。① 可见，对经济利益的追求成为冷战后中马合作与交流的主旋律。

第二节　冷战后马来政府的施政哲学及华社力量的分化

一、政府对内政策的日趋缓和及其施政哲学

随着冷战的终结，世界经济形势发生了很大变化，经济全球化、区域一体化向纵深方向发展，这都促使马来西亚政府开始调整各种政策，以适应全球化的新形势，推动经济的复苏和发展。而且通过新经济政策的实施，马来人的经济状况以及人力竞争力得到大大提升，并培养了一批马来中产阶级。同时，政府也逐步认识到以保护马来人利益为主轴的新经济政策已不适应国内外形势，所以后来实施的国家发展政策及国家宏愿②政策，都采取了比较温和的有限干预政策。在坚持消除贫困和在各个民族间重新分配财富的同时，注重经济增长与利益分配的均衡发展，尤其强调通过迅速发展经济来重新分配财富，在稳定增长中获得经济的公平。而且更加强调发挥华人在国家发展中的作用，肯定和落实华人作为马来西亚人的政治权利，带有歧视倾向的政策逐渐退出，华人整体被看作是马来西亚共荣社会的组成部分。这一时期政府政策的转变又与其施政哲学密切相关。

进入 20 世纪 90 年代后国阵政府的施政方针是以经济发展为主轴，施政核心哲学就是利用经济发展来消弭国内的族群竞逐与冲突。也有学者认为马哈蒂尔政权是运用发展主义（developmentalism）的策略来强化与巩固政府，以消弭更大的民主压力。发展主义指由于经济迅速发展，人民的生活也物质化和舒适化，因而经济发展与物质享受已成为人民尤其是中产阶级的政治价值观。在如此的倾向

---

① 北京外国语大学中国马来语教学中心：《马来西亚总理马哈蒂尔演讲集》，北京：世界知识出版社，1999 年，第 29 页。
② 国家宏愿又称"2020 年宏愿"，这个概念是由马来西亚第四任首相马哈蒂尔在 1991 年召开的第一届贸易议会代表大会中提出的。主要目的是要到 2020 年将马来西亚发展成为资讯科技发达、先进繁荣的工业国。

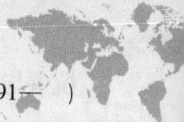

下，他们为了能继续享有繁荣和安逸的生活，更注重的是政治稳定，而不是追求各种民主政治价值。发展主义是发展型国家统治下所塑造的政治文化，人民的生活条件因国家带动下的经济成长而获得改善，它所体现的行为是人民热衷于提升生活水平和大量消费，然而并未带动政治自由化的出现。自由的动力反而衍变成人们对个体自由的追求、追逐个人成就及表达对本身的认同。① 由此可以看出，大力发展经济、提升人们的生活水平可以转移人们要求民主改革的视线，使追求政治稳定下的个人财富成为人们的主要目标。马哈蒂尔之后的阿都拉及纳吉政府都继承了马哈蒂尔把经济发展作为主轴的施政路线。

在"发展主义"施政哲学的指导下，政府的政策日趋缓和，实行的"小开放政策"，或称为怀柔政策，使种族关系的紧张程度有所缓解。在政治上，逐步淡化意识形态的色彩，放宽华人到中国旅游探亲的限制。现任首相纳吉在上任之初就提出"一个马来西亚"的政治理念，即"在这个国家，不同种族人民的地位和权益是公正平等的，彼此之间能够同沾惠益，团结一致。同时他也呼吁内阁、政府部门及公务员们以促进种族和谐与国家团结，并提升工作效率为目标"②。经济上，鼓励华巫合作，华商到中国投资不再被视为是对国家不忠的表现。在文化教育领域，政府不再强行贯彻"四一政策"（即"一个国家、一个民族、一种文化、一种语文"的单元化政策），允许保持文化的多元性。其中，"文化开放"最明显的行为就是巫统领袖不再强调或重新诠释马来人身份认同的标志，这些标志包括马来统治者、马来语言、马来文化及伊斯兰教。并明确表示，儒家文化、伊斯兰文化以及基督教文化的结合能使马来西亚更加强大，并采取了一系列措施，彰显了政府文化政策的多样性与宽容性。如 1991 年 10 月 17 日马哈蒂尔批准已经申请了 9 年的"马来西亚中华大会堂联合会"（即后来的华总）的注册准证；批准南方学院的注册准证、转换校地准证以及后来申办中文系的准证；政府鼓励马来民族学习华语，宣布自 1997 年开始，把华文列为国民小学的正课，让所有马来儿童都有机会学习华文；政府也在大专院校和公共服务机构为马来大学生与公务员开办华语课程。在 21 世纪初，政府又宣布公立大学录取新生采用以成绩为标准的绩效制，改变了几十年来以"固打制"录取新生的标准。不管实行的结果如何，都说明了政府开始改变以前的种族"固打"思想，把成绩和效率作为录取新生的标准。虽然对独中统考文凭还未给予完全承认，但在附加一定条件下允许独中统考生报考师范院校。这些举措一反过去巫统强硬地

---

① Francis Loh Koh Wah, Developmentalism and the Limits of Democratic Discourse, in Loh Koh Wah & Khoo Boo Teik（eds.）, *Democracy in Malaysia: Discourses and Practices*, Surrey: Curzon Press, 2002, pp. 15 – 50.

② 维基百科，http://zh. wikipedia. org/wiki/% E4% B8% 80% E4% B8% AA% E9% A9% AC% E6% 9D% A5% E8% A5% BF% E4% BA% 9A。

同化华人的作风，相反却主动地向华文教育表示"亲和"与"重视"。[1] 这也使得大马国族建构的概念发生变化，从较具排斥性变成较具包容性。[2]

国阵领导人也在各种公开场合发表开明言论，营造"我们都是一家人"的良好氛围。如1996年马哈蒂尔在接受《时代周刊》访问时就发表了较为开明的言论。当《时代周刊》问及"最近你说同化其他民族的努力并不成功，现在是进行其他尝试的时候了"时，马哈蒂尔回答说："以前的观念是人民应该100%马来化才可以成为马来西亚人。我们现在接受这是一个多元民族的国家。我们应在把我们分隔开来的各种隔阂之间立起桥梁，而不是试图将这些隔阂完全去除。我们不想使所有的华人改信回教，我们告诉我们的回教同胞，不应该强迫别人改信回教。"[3] 这也是最高国家领导人首次公开地表明"接受一个多元民族国家的事实，并表示放弃同化政策"。马哈蒂尔还亲自出席了1993年和1995年的华人文化节。此外，许多马来政治人物和官员也开始用毛笔写华文，提倡"我们都是一家人"。这些言论和象征性的举止，反映出当权者真正意识到种族之间应该互重互容的重要性和迫切性。

总之，20世纪90年代的开放（怀柔）政策，确实给马来西亚带来了新气象，广受人民的欢迎，尤其是对华人的效应非常显著。那些在七八十年代时常引起华社争议的课题不再引发族群争端，如让华巫争议不休的国家文化政策在90年代再也引不起政治领袖和社会人士的兴趣了。而且从90年代的几届大选结果中也可以看出，国阵的小开放政策获得了华裔选民的支持。在华裔选民占80%以上的四个选区中[4]，除了1990年大选时两线政治高潮期间反对党（行动党）的得票率高达69%之外，国阵所获得的总得票率有增加趋势，从1986年的33.2%增加到1999年的46.7%，增长约13%。相反，在此四选区取胜的行动党的选票，则从1986年的64.1%下降到1999年的51.3%。[5] 这意味着，十多年来华裔选票有从反对党转向国阵的趋向。正如行动党主席林吉祥所指出的："不是行动党没有要求改革，而是国阵所推动的自由化措施，落实了行动党所鼓吹的教

---

① 何启良：《独立后西马华人政治演变》，载林水檺、何启良、何国忠、赖观福合编：《马来西亚华人史新编》（第二册），吉隆坡：马来西亚中华大会堂总会，1998年，第111页。

② Francis Loh Koh Wah, Developmentalism and the Limits of Democratic Discourse, in Loh Koh Wah & Khoo Boo Teik（eds.），*Democracy in Malaysia: Discourses and Practices*, Surrey: Curzon Press, 2002, p. 28.

③ 《时代周刊》，1996年12月6日。

④ 在1986年、1990年、1995年及1999年四届大选中，只有四个选区华裔选民占80%以上。

⑤ Ng Tien Eng, The Contest for Chinese Votes: Politics of Negotiation or Politics of Pressure, In Francis Loh Kok Wah and Johan Saravanamutte（eds.），*New Politics in Malaysia*, 2003, p. 89.

育、文化及语言政策；国阵的‘小开放’措施吸引了更多的（华裔）选票。"①

但同时也应看到，这些开放政策并没有法律上的保障，它只是领导人的策略性政策，那些种族主义及种种大受抨击的法律条文并没有被废除或修改；换句话说，开放政策是人治而不是法治。正如学者 Milne 和 Mauzy 所认为的"国阵政府所作的这些改变是为了应对它在 1990 年普选时所流失的华人选票"②。而且在政府推行的所谓"文化开放"政策下，华人最为关注的华文教育问题并没有得到切实改善。正如已故的教总前副主席陆庭谕指出的"政府的开放政策并没实施于华文教育，而且华教的发展比过去更为严峻"③。其实，巫统领导人依然认为华文学校是国民团结的绊脚石，国家需要实施以马来文教育为主的单元化的国民教育政策。这也就决定了在政府政策日趋缓和的国家发展政策时期，华社仍然要为华文教育的发展以及政府的不公平政策进行艰难的抗争。

二、政府"统合化"下的华团分化

"5·13"之后的前十年，即整个 70 年代，由于政局的大震荡，"70 年代整体华人政治的氛围既沉滞又低迷，自救与彷徨之声不绝"④，"华人对政府猜疑与敌意的情绪弥漫着整个华人社会"⑤。随着这种忧郁气氛及对政府不信任感的发展，华人政治的抗议意识日益形成。除了在文教领域掀起了声势浩大的文化自救运动外，在整个 80 年代，更是不断探索新的政治参与方式，从"三结合"到"两线政治"，都反映出华人在政治上的不断觉醒，以及对政府长期漠视华社利益的不满与反抗。尽管 80 年代华人政治的变革并没有撼动国阵的领导地位，却促使马哈蒂尔政府重新思考之前对华人政治的敌视和排斥性策略是否适当。

20 世纪 90 年代后，马哈蒂尔政府在处理与华团的关系上，改变了以往的强

---

① Francis Loh Kok Wah, Developmentalism and the Limits of Democratic Discourse, in Loh Kok Wah & Khoo Boo Teik（eds.）, *Democracy in Malaysia：Discourses and Practices*, Surrey：Curzon Press, 2002, p. 34.

② 转引自张应龙：《战后马来西亚华人政治的特点》，《第四届世界海外华人国际学术研讨会论文集》，台北：台湾中央研究院，2001 年，第 334—335 页。

③ 《南洋商报》，1999 年 7 月 20 日。

④ 从 20 世纪 80 年代初出版的一些中文时评文集的书名中，就可以看出 70 年代华人政治的苦闷与忧患情结。如谢天平的《华人社会大人膝下》、梁渭民的《华裔公民之路》、陈业良的《青年自强与民族觉醒》等。曾任民政党主席、并有较深中文造诣的郭洙镇曾说："在阴沉沉的‘5·13’暗云下，我们踏入了一个前途茫然的 70 年代……这一切的一切，都在 70 年代后半期经济好转的局面下，被忍受了下来。"并在 80 年代结集的一本文集中这么感叹："苦闷！大家都很苦闷。"详见郭洙镇：《八十年代马来西亚民主政治的展望》，槟城中华大会堂青年团主办，"八十年代的马来西亚政治展望研讨会"演讲稿。收录于郭洙镇等编：《华教人士与政党政治》，吉隆坡：铁山泥出版社（出版年份不详），第 3 页。

⑤ 杨建成：《马来西亚华人的困境——西马来西亚华巫政治关系之探讨（1957—1978）》，台北：文史哲出版社，1982 年，第 288 页。

硬做法，采取"胡萝卜加大棒"两手策略。企图通过威胁加利诱的方式分化华团，以达到"统合化（incorporation）"① 华团组织的目的。在经济前景一片大好声中，加之华人社会在经过约10年的抗议动员后，一再面对挫败感，马哈蒂尔政府适时的示好和友善，在文化政策上略显宽松，华社的危机意识和抗争心态也开始放松，华团领导人也对国内形势提出一套与以往迥然不同的看法，这就造成他们倾向于凡事"解去政治化"，② 并立刻解除了国家机关和华人社会的紧张对立局面。

1991年12月，申请多年的马来西亚中华大会堂联合会（堂联）获准成立，1997年1月改名为"马来西亚中华大会堂总会"，简称"华总"。成为政府与华团紧张关系的转折点，也是政府收编华团的第一步，象征着国家机关开始介入和干预华人民间社会。这个机构之所以经历很长时间和诸多困难才得到政府的批准，关键在于它不是一般的华人社团，而是代表着华人社会的整体力量。其宗旨是维护华人团结和整体利益，代表华人社团与政府、政党沟通，促进民族和谐，建设繁荣国家。20世纪80年代以雪华堂和董教总为首的民权起义，壮大了公民社会力量，对国家机关形成了巨大压力。政府批准华总成立，授予其"华社最高领导机构"的地位，就成功解散了80年代华社民权运动的领导机构——十五华团。这就在以后的华总改选中为政府提供了政治力量介入的机会，即扶植和选任其政治代理人，以削弱民间社会力量对国家机关可能形成的挑战与威胁，从而使国家统合机制得以发挥作用。如在1990年第一届堂联会长竞选时，就出现了所谓"协商派"和"施压派"的对垒。结果"协商派"林玉静获胜，领导堂联及以下的华团与政府采取协商态度，"民权委员会"的十五华团领导机构正式解体。总的来说，在20世纪90年代华团的主流思想是以协商为主轴，华团内部明显地分裂为两派。一派是以大马中华工商联合会、华总、七大乡团协调委员会、大马华人行业社团总会等为代表的协商派；另一派是以董教总为首的华团，顶住政府的诱胁压力，毫不动摇。

---

① 此处指国家统合主义（state corporatism），它是一种利益代理模式，国家机关通过功能性的利益代理组织与社会中的主要团体联结起来。国家机关主动地设立各种非竞争性的、少数的垄断性的利益代理组织，并赋予他们正式的利益代理权，而由此与之交换领袖的选择权和政治的支持。详见 Philippe Schmitter, Still the Century of Corporatism, *Review of Politics*, Vol. 36, No. 1, 1974.

② 这是20世纪90年代华社对政府态度转变的最大特点。马来西亚著名华人学者何启良就把90年代以来马来西亚华人对政府的态度分为统协、反对和游离三种情况。在朝的政党如马华公会和民政党，基本上是扮演着统协的角色，即帮助政府去说服华裔公民认同执政者的统治地位和其政策的正当性。华人反对党（民主行动党）则起到反对的作用，给大马华社提供了不满国阵政府进行诉求的管道。游离于两者之间的华团和选民中，代表华人社团的马来西亚中华大会堂总会，逐渐走向妥协和被动的道路，它的领导层是绝对支持国阵政府的。部分华裔知识分子和专业人士则比较激进和果断。详见何启良：《九十年代后期动荡中的马来西亚华人社会》，《人文杂志》，2000年创刊号。

　　20 世纪 90 年代，马哈蒂尔政府的开放政策及对华团的包容性统合策略，基本上达到了两个目标：一是解除了华人政治的民间领导核心；二是由上而下地打压了正在萌芽中的公民社会。十五华团的解体以及董教总被边缘化，导致华人社会出现领导真空，华社议题有"去政治化"和"反动员"的双重现象。如在 1995 年大选前华社的重要社团和领袖都纷纷表态支持国阵。当时的 17 个华商团体（即大马中华工商联合会及其各州属会）、华总和数十位文艺界人士都发表联合声明，呼吁全体华人大力支持国阵政府。一些华团也开始动摇，相继投入执政党的怀抱。结果国阵轻松赢取了此次大选。正如何启良所言"商业团体和大会堂组织，尤其是 20 世纪 90 年代初期，明显地变成了政府的代言人"①。人民之声主任柯嘉逊直言，"林晃昇时代已过去，我对现今的华团领袖不抱什么希望"。进而提出"华团不应只自豪于与中国国家领袖握手，在即将到来的大选，应向政党表达人民心声及提出要求"。华研分析员黄集初则表示，"我国华团的问题是，总字辈已失去威望"②。

　　但以董教总为代表的一些华团顶住执政集团的压力、边缘化甚至抹黑行为，坚守阵地，绝不动摇，为争取华族平等的权利而奋斗。董教总自成立以来都在扮演着压力集团的角色，在当政者眼中它是难以驯服的。在反对政府的不合理法令、争取华教权益方面，它一直走在最前列，因而引起执政党的忌恨，并采取打压、边缘化、抹黑等对付手段。例如，2002 年 11 月 16—17 日，国家机关通过国营电视第一与第二电视台一连两天播放题为《危险的沙文主义》的新闻短片，将董教总形容为沙文主义团体，并涉及危害国家利益的课题，要严加防范和打击。③ 进入 21 世纪，尤其是近几年，董教总的斗争策略有所改变，从 20 世纪 80 年代尝试通过参与政治来争取华教权益向"超越政治"转变。在 2004 年和 2008 年的大选中，董教总都保持中立，这也引起了华社的不满，对其批评声四起。如黄集初所言："本来华人对董教总抱有期望，但 2004 年及 2008 年大选，董总都保持中立，华社大为失望，对其声望打击很大。"④ 但董教总认为自己一直在为捍卫华教权益尽心尽力，并不是有些人所言的"董教总变质"。为了向华社表明自己的一贯立场，以及让新生代华人更好地了解自己，董教总相继出版了《董教总何曾变质》、《解码》、《董教总任重道远——明确使命、站稳岗位》等书，阐述了董教总经历了几项重大事件磨炼的历程，表明了其维护及发展华教的决心与

---

　　① 何启良：《政治动员和官僚参与——大马华人政治论述》，吉隆坡：华社资料研究中心，1995 年，第 21 页。

　　② 《东方日报》，2011 年 4 月 2 日。

　　③ 《星洲日报》，2002 年 11 月 19 日。

　　④ 《东方日报》，2011 年 4 月 2 日。

信心。

总之，20 世纪 90 年代后的国阵政府一方面通过大力发展经济，提高人们的生活水平，以此来消解人们对民主政治价值的追求。同时，对华社采取"统合化"的分化政策，瓦解了 80 年代华社团结一致与政府进行抗争的阵线，协商派在华社中占据上风，凡事倾向于"解去政治化"。这就使得 90 年代后在反对政府的不合理教育政策时，华社力量分散，直接影响了抗争的效果。

第三节　政府华教政策的制定及其力量博弈

一、"宏愿学校计划"的出台及华社的抗争

1. 1995 年"宏愿学校计划"的提出

早在 20 世纪 80 年代，政府就抛出所谓的"综合学校计划"，即让三种源流的小学生一起参与某种统一课程；使三种源流学校的学生和老师参与更多共同课外活动；有计划地加强三校的交往，促进了解、合作、互相容忍的精神；充分利用三校的设备和便利；加强三校家教协会的合作，共同促进"综合学校"的发展，以及使更多当地社会人士参与学校的发展。"综合学校计划"一出台就遭到广大华人的强烈反对，认为政府不先从根本上解决问题，而是人为地采取强制措施，只会适得其反。最后在一片反对和质疑声中，这个计划也就不了了之。

1995 年政府又重拟"宏愿学校计划"，以统一教学媒介语作为团结国民工具的政策建议再次得到重申。可以说"宏愿学校计划"是"综合学校计划"的变种。"宏愿学校计划"就是"将两所或三所不同语文源流的小学，不分种族或宗教信仰，安置于同一个校地及同一座建筑物里。其目的是逐步实现以国语为各源流学校的统一教学媒介语"。宏愿学校仍保留不同源流的课程，但共用一些基本设备，如操场、礼堂、资源中心、食堂、音乐室等。该计划的着眼点是把各源流学校集中在一起，共用校地和设备，可以直接和有步骤地促进各族学生的来往和交流，以便从小学阶段起就在学童之间灌输多元社会价值观及培养种族之间互相了解和容忍的精神。当局认为，宏愿学校将为不同源流的小学生提供一个在"同一屋檐下"互相交流的环境，以便更好地培养各种族学生之间的团结精神，并希望借此塑造一个"团结一致的马来西亚民族"。

8 月 26 日，教育部长纳吉披露，教育部在第七大马计划下（1996—2000）

将在全国各地兴建"宏愿学校"（Vision School）。《宏愿学校计划书》的草拟工作要在1995年的12月间完成并发布。在第七大马计划下，教育部圈定五间坐落在全国各地的华小参与该计划。

表6-1　教育部选定的参与宏愿学校计划的五间华小

州属地区	宏愿学校名称	涉及的华小
吉打州安南武吉	阿曼花园宏愿学校	循然华小
霹雳州巴里文打	北根峇鲁宏愿学校	维新华小
霹雳州红土坎	本律宏愿学校	永宁华小
森美兰州芙蓉新城	芙蓉新城宏愿学校	丘晒园华小
柔佛州昔加末	斯里哥南安宏愿学校	中央华小

（资料来源：《星洲日报》，1995年8月28日。）

自从《宏愿学校计划书》的指南公布后，华社尤其是华教工作者和华教人士就给予很大关注，董教总于1996年4—5月间不断吁请政府公布宏愿学校计划的具体内容，以便全民了解并听取民众意见。华社也掀起了反对浪潮。因为《宏愿学校计划书》的第4（2）条重申："……以1956年《拉萨报告书》为核心的国家教育政策，明确地申明教育政策的目的，特别是在学童方面（即小学方面）是作为团结国民的工具。国语（即马来语）作为各源流学校的统一教学媒介语，被视为一个极为重要的特征，而且必须逐步全面推行。"[1] 从中可以看出，政府的最终目标就是要用国语来取代母语作为所有小学的统一教学媒介语。董教总认为"政府此举是要以宏愿学校作为实现'最终目标'的工具，逐步扩展到全国，取代所有华小和淡米尔文小学"[2]。这样下去作为传承华人文化的堡垒就会被摧毁，华人的族群认同也将趋向消解。

2. 计划的再次提出与华社的抗争

在董教总及华教人士的坚决反对下，这项计划一度沉寂下来。但到了2000年，政府重新提及此项计划。教育部长公开表示，各源流学校的存在是妨碍国民团结的因素。当时的首相兼国阵主席马哈蒂尔在2000年7月25日召开的国阵最高理事会会议后宣布，国阵14个成员党一致同意设立宏愿学校。此项消息再次引起董教总与华教人士的强烈反对，致使政府在2000年8月9日决定放弃1995

---

① 《星洲日报》，1996年4月3日。

② 钟伟前主编：《董总50年特刊（1954—2004）》，吉隆坡：马来西亚华校董事联合会总会，2004年，第2页。

年拟订的《宏愿学校计划书》。2000 年 9 月 22 日，教育部与董教总、华总、马华公会和民政党的代表举行了会谈，同时向他们发布了新的《宏愿学校计划书》指南。但这个指南仍然达不到董教总和华教人士的要求，他们反对该计划的"最终目标"。华社的激烈反应使得教育部于 2000 年 10 月 19 日再次召见董教总、华总、马华公会和民政党的代表进行会谈。由于五方代表意见不一，很难达成协议。董教总坚决反对宏愿学校计划，教育部坚决推行，华总要求延期推行，马华公会建议探讨后再做决定，但其立场是可以接受宏愿学校，只要其实践不影响华小的特征，民政党则建议试验性推行。① 由此可以看出，20 世纪 90 年代后的华社在政府"统合化"政策下的分裂性。

针对政府推行该计划的坚决态度，董教总于 2000 年 11 月展开了全国巡回演讲，以向华人社会阐明该计划对华小的影响，并成立专案小组访问那些已被政府圈定作为宏愿学校的华小。董教总的举动获得当地华社和华裔家长的热烈支持。这个时候正值吉打州的鲁乃州议席补选，董教总很好地利用了此次补选②，向政府施压。加之政府为了讨好华裔选民，以获取选票，对《宏愿学校计划书》指南进行了重新修订，并在补选前夕公布于众。其包括以下几个方面：第一，宏愿学校所成立的协调委员会不能取代华小与淡小的董事会；第二，参与宏愿学校的每个学校都可保留其校名、校歌、校徽及举办其校内考试；第三，取消宏愿学校只允许有一个共同校门进口的条规；第四，取消宏愿学校只允许贩卖清真事物的条规；第五，国语（即马来语）是三个源流学校每月周会的正式用语，但华语和淡米尔语可在周会里用来解释特定课题；第六，欲加入宏愿学校的现有学校须事先得到其董事会的批准。③

针对这份修订过的新指南，董教总和华教人士认为这并没有改变宏愿学校的概念，即把不同源流的学校设立在同一个地方，其建筑物用通道衔接起来，共用学校设备。这个概念的实施势必要成立一个协调委员会，而华小董事会就会被架空，其地位和权力必定会被削弱。因而，董教总所领导的反对该计划的活动并没有停止。政府认为已经对华社做出了让步，加之鲁乃州议席补选的失败，对董教总的不满情绪大增。如当时的首相马哈蒂尔在 2000 年的国庆日献词中就指责由

---

① 《星洲日报》，2000 年 10 月 20 日。

② 当时董教总的数名领袖，如教总副主席陆庭谕、董总副主席杨云贵等，都以个人名义到该选区为反对党的候选人助选。结果这次补选，国阵候选人落选，当时国阵领袖就把宏愿学校课题在华社的发酵列为败因之一。

③ 《星洲日报》，2000 年 11 月 24 日。

董教总领导的诉求工委会①为极端分子，并于 2000 年 11 月 6 日声明"董教总反对宏愿学校计划是因为他们要实施中国式的教育"②。巫青团也抨击董教总的行为是"华人沙文主义"，巫青团教育组主任阿汉巴巴认为，"董教总反对促进种族融合的宏愿学校计划，是一项自私、顽固和华人沙文主义的行为"，"鉴于马国大专学府出现严重的种族分化，巫青团坚决认为必须从教育开始推行种族融合，因此我们支持把各源流的学校并在一起。虽然我们同意不应使用强制的手段来促进团结，但我们希望董教总能重新考虑他们的立场，他们的不妥协和自私行径对马国的国家建设运动是一件可悲的事"。③ 2001 年 1 月 16 日，雪隆董联会召开"要求把宏愿学校改为华小"的汇报交流会，更是招致当局的阻挠。在大会开始前政府就派遣大批镇暴警察封锁会场，阻止百余名华团代表进入，并强行解散汇报会。当局的这次粗暴行为发生在另一场补选期间，即玻璃市州的英特拉加央岸补选，这也是国阵政府为防止"鲁乃效应"④ 而采取的防备措施。

尽管政府通过种种手段破坏华社的宣传活动，但最终经过董教总和个别州属董联会的汇报与游说，已被政府圈定作为宏愿学校的五间华小也都反对被纳入该计划。作为执政党的马华公会此时的态度也有所改变，前会长林良实医生于 2000 年 12 月 8 日公开声明马华不再向华社推销宏愿学校，并答应向政府要求推行 1986 年的学生交融团结计划。⑤ 而前任首席阿都拉也接受了该项建议，并出席了于 2005 年 7 月 12 日由教育部举办的正式推介 1986 年学生交融团结计划的盛大开幕仪式。总之，董教总和华教人士所开展的反对宏愿学校计划运动取得了一定成功，政府修定了相关政策，不强制华小加入。但政府并没有完全放弃该计划，教育部在 2007 年公布的"2006—2010 年教育发展大蓝图"中，声明政府将继续推行宏愿学校计划以团结各族学生。

3. 问题的实质

尽管综合学校计划和宏愿学校计划最后都在华社的反对声中结束，但仔细分

---

① 诉求工委会是由马来西亚华社的 11 个主导华团于 1999 年 5 月成立的临时性组织，其主要任务是拟定一份能反映华社诉求的文件，并于 1999 年 8 月 16 日发布。当时为了 1999 年大选的需要，国阵政府在大选前接受了这份文件。但当大选过后，当时的首相马哈蒂尔就指责诉求工委会以该文件要挟政府。2000 年，当诉求工委会庆祝发布诉求文件一周年庆典时，更是招致巫统青年团结队到隆雪华堂示威，并恫吓要烧毁该华堂会所。详见《星洲日报》、《南洋商报》1999 年、2000 年 8—10 月份的相关报道。

② 《马来前锋报》，2000 年 11 月 7 日。转引自祝家丰：《海外华文教育辛酸史：马来西亚华教运动个案研究（1995—2008）》，广州：第四届海外华人研究与文献收藏机构国际会议，2009 年。

③ 《联合早报》，2000 年 11 月 10 日。

④ 在 2000 年 11 月进行的鲁乃州议席补选中，董教总数名领袖以个人名义为反对党拉票，以表达对政府华教政策的不满，结果国阵大败。后来国阵总结教训时认为宏愿学校课题在华社的影响是造成败选的原因之一。因而，在此后的大选或补选中，国阵政府对此问题严密注视，防止"鲁乃效应"的再次发生。

⑤ 《星洲日报》，2000 年 12 月 9 日。

析一下就会发现，当局期望以统一的教学媒介语作为团结国民的工具，以各源流学生的相处来达致国民的团结与融合，这并不是解决问题的根本措施，也无助于问题的解决。各民族都享有保存与发展本族的语文、教育与文化的权利，这是实现各民族平等的起码条件，也是民主制度所必须确保的。如果违背家长的选择，违背民族的愿望，剥夺人民接受母语教育的权利，那么，不论它是假"国民团结"或其他美丽的借口，都是违背人权，违背民族自决权，违背民主的真谛。这样做，不但不能促成真正的国民团结，而且将适得其反——加剧种族两极化。

加强民族团结、促进民族融合有两种理论。一是"接触论"（contact theory or contact hypotheses），该理论认为由于母语学校使各族人民的子女在不同的地点上课，因此大家很少或没有机会相互交往，彼此之间产生隔阂，造成种族主义情绪和思想的滋长。所以，增加他们之间的接触和交往将会减少种族主义情绪和思想的产生，有助于国民团结。其实这是种机械化和简单看待问题的理论，它忽视了接触的性质以及整个社会的历史和政治因素。如当时的教育部长拿督阿都拉就认为："政府欲通过教育实现全民团结的目标尚无法成功，那是由于历史、地理及政治因素，使各族学生仍然根据种族的划分，在不同源流的学校受教育。因而改善因隔阂而引起的不良影响的方法是确保各族学生接受从小学至大学统一课程及接受公民教育。"① 另一种是"平等地位论"（equal status theory），这种理论认为要促进各族群之间的友好亲善，首要条件是必须赋予各族群平等的地位，不许有种族歧视或压迫。从马来西亚现有的情况来看，这意味着必须承认马来西亚各族人民的平等地位，废除土著与非土著之分，承认母语教育的价值和地位，取消所有不利于母语教育生存和发展的法令条文，对各源流学校一视同仁，公平对待。不去实现这个先决条件而硬要增加接触，其结果只能是制造更多的摩擦和冲突，使各族群之间的关系更加恶化。这种理论不反对让各族学生多接触和多来往，它只是认为有关当局应先根除在政治、经济、文化、法律、教育、语文等领域的民族不平等和种族歧视，然后再来研究促进交往和接触的问题。该理论抓住了问题产生的根源，并结合马来西亚本国的实际情况指出了解决问题的根本措施，具有极大的可行性。如果政府能从这种理论出发，首先从自身的民族政策找原因，而不是片面强调加强民族接触，将有益于问题的解决。

总之，在一个多民族国家，如何处理好各民族间的关系，加强民族团结，促进民族融合，的确是个牵涉各方利益极其复杂的问题。多元种族的马来西亚有其独特的历史、政治背景。其国民暂时还不能取得很好的团结，拥有其种族意识，

---

① 马来西亚华校教师会总会董教总全国发展华小工委会：《2001 年工作报告书》，吉隆坡：董总出版局，2002 年，第 730 页。

也是自然的事情。这就需要政府的积极引导，制定宽松的民族政策，尤其是语言教育政策，在相对公平的环境中实现国民的团结与融合。

二、《1996 年教育法令》的制定及华社的抗争

《1996 年教育法令》是耗时最长的教育法令。自 1985 年提出开始，到《1990 年教育法令》的敲定，并在此基础上拟定《1996 年教育法令》，前前后后历经 10 年有余。该法令最主要的目标是反对《1961 年教育法令》的第 21（2）条文，因为该条规定："在任何时候，教育部长认为一间国民型小学可以适当地改制为一间国民小学时，他可以训令该小学必须改制为一间国民小学。"这不但直接威胁了华小的生存和发展，而且侵犯了宪法赋予各族接受母语教育的基本人权。对华文小学来说这是一颗定时炸弹，随时都面临着被改制的危险。一旦华文小学被改制，华文中学也将面临着生源问题，进而直接威胁着独中的生存，这对整个华文教育体系来说都是毁灭性打击。因而，废除第 21（2）条就成为华社一直为之斗争的目标，并采取了各种抗争手段。

（一）1986 年大选前夕华社的抗争及与政府的博弈

早在 20 世纪 80 年代中期，马来西亚教育部长马哈蒂尔在兼任内阁检讨委员会主席时，就提呈教育报告书，建议严厉管制和监督私立学校，以及这些学校举办的考试。此后，开始起草新的教育法案。为了争取到有利于华教发展的教育法案，以董教总为首的华社开展了各种抗争活动。

1. 董教总及马华公会的坚决反对

1986 年 6 月 7 日，董教总向教育部提呈了备忘录，要求政府废除《1961 年教育法令》的第 21（2）条，并应根据《1957 年教育法令》所规定的教育政策，重新检讨《1961 年教育法令》。董教总在备忘录中提出："我国的国家教育政策，正如《1957 年教育法令》所规定的，是要建立一个为全体人民所接受的国民教育体系来满足他们的需求和促进他们的文化、社会、经济以及政治发展，其目的在于使马来语成为国语，同时也维护和扶持我国非马来人语文和文化的发展。然而，《1961 年教育法令》在其序言中却对《1957 年教育法令》所规定的国家教育政策给予错误的引述。因为该引述省略了一个很重要的部分，即'维护和扶持我国非马来人语文和文化的发展'，却不正当地塞进了'发展一个以国语为主要教学媒介的进步教育制度'这段文字。……通过歪曲的引述，《1961 年教育法令》将开明的以及被我国各族人民所接受的国家教育政策篡改为旨在消灭所有不以马来语为主要教学媒介的教育源流学校的同化政策。很显然，这个同化政策是

不符合旨在'维护和扶持我国非马来人语文和文化的发展'的国家教育政策。……《1961年教育法令》中的一个条文，即第21（2）条，授权教育部长在认为适当的时候把国民型小学改为国民小学，这个条文违反了国家宪法精神以及《1957年教育法令》。"①

马来西亚福建联合总会促请政府在各领域取消土著与非土著之分，以免妨碍团结。在其第14届第一次常年代表大会上，通过了关于教育、经济、文化等方面的决议。其中，在教育问题上，就强烈要求政府撤销《1961年教育法令》第21（2）条，以确保华校不变质；呼吁政府拨款资助华文独立中学；吁请政府采取积极步骤，增加训练中学母语教师；并促请教育局在录取大学新生时，应以学业成绩为标准，并需公平对待华裔学生选系的意愿。② 居銮中学校友会也呼吁华裔要关注教育法令的修改，并在文政经领域内团结一致。其中，会长提醒全体华裔同胞必须时刻关注教育法令的修改，如果发现有不利于华教的条文，必须据理力争，反对到底，华教才能生存和发展。③

1986年大选之前，以马华公会为首的大多数政党在此问题上都有较一致的立场，认为这一条款对于华文小学和淡米尔小学的生存造成严重危害，应立即废除。同时以马来人为基础的社会主义人民党和回教党也给予支持。1985年，马华总会长李三春下台后，以梁维泮为首的新领导层对华文教育的态度有所调整，并正式表明要争取修改第21（2）条。在马华随后举办的"教育与华教前途研讨会"上，梁维泮总会长致开幕词，表达了"只要《1961年教育法令》第21（2）条仍然存在，华裔社会的担忧将继续存在"的感言。马华中央教育人力及训练委员会秘书施敦和在会上做了精彩发言，他说："马华坚持公平对待各民族在政治、经济、教育与文化领域的权利，才是消除种族两极化的根本……马华公会坚决反对任何可能导致华小变质的计划，包括目标仍不明朗的综合学校计划，除非撤销《1961年教育法令》第21（2）条……"④ 会后，马华总会长梁维泮又发表了"建议撤销或修改不利华校教育法令"的文告，在文告中提出："……就像其他历届的首相，都对马来媒介语以外的其他种族母语教育之权利做出同样的保证。我们可以看到，这项保证已得到不断的重申。但是，担心小学媒介语改变的隐忧依旧存在，这是因为在《1961年教育法令》第21（2）条文下的教育部长权力所引起的。……我们诚恳建议，首相应立即采取步骤，通过撤销或修改第21（2）条文，彻底消除这项隐忧，只有这样，才能真正反映各种族母语教育获得

---

① 《星洲日报》，1986年6月8日。
② 《星洲日报》，1986年8月11日。
③ 《星洲日报》，1987年9月1日。
④ 《星洲日报》，1985年11月12日。

保证的精神和意图，以符合各种族接受母语教育以及设立非巫文媒介学校的权利将保持不变的保证……"① 1986 年 3 月 2 日，新上任的总会长陈群川在马华 37 周年党庆的大集会上致开幕词时，再次表明了马华反对第 21（2）条的立场，"马华公会将正式向当局提出废除或适当地修改第 21（2）条文的建议"，表明法令的修改"不是大选前的权宜之计，而是国阵政府检讨与改变国家教育政策的一个好开端"。5 月 23 日，总会长陈群川向马华党员重申："首相已经向马华保证，政府将在下一次国会上宣布法令的修改。""如果这次再受骗，我们也不想干了，马华将退出（国阵）。"② 从领导人的上述言论中，可以看出马华反对该条文以及要赢取华社支持的决心与信心。

2. 政府态度的转变及马来社会的强烈反对

在 1986 年的前半年，政府还一再表示不会修改教育政策，立场坚定。如 1986 年 6 月 1 日，教育部长安华所言："在推行国家教育政策上，政府将会站稳立场，不会妥协。如果有任何建议要修改，它也不能违反到马来文作为主要教学媒介语文的共同愿望。"③ 其实就是坚决捍卫国家教育政策，反对改变主要教学媒介语。第二天，安华又在主持巫青新执委会会议时，发表了反对政府修改教育法令第 21（2）条文的演讲④，而且态度坚决而强硬。

随着 1986 年大选的即将来临，该课题不断地被政治化与种族化，并成为执政者获取选票的绝好利用对象。因而，政府的态度与之前相比发生了极大改变。如在大选提名前三天的 1986 年 7 月 20 日，安华在峇东埔选区突然宣布："如果国阵政府重新执政，《1961 年教育法令》第 21（2）条文，将会在国会上提出修改。"⑤ 国阵政府也在竞选宣言中做出了美丽承诺，从而获得执政委托。其在宣言中称："以华文和淡米尔为媒介语的学校将以它们目前的特征继续存在。我们绝对保证这方面不会有所改变，我们将确保在马来西亚，民主不会意味着多数人的专制独裁。马来西亚的民主让所有种族社群在政治中享有发言权。所有愿意加入的都受欢迎并可得其门而入，没有人被拒之门外。这种安排确保所有决策都是在'以理服人'的基础上而不是'权力压制'下达成的。"⑥

但政府态度的转变，立刻遭到马来社会的抨击。7 月 4 日，激进的马来西亚青年理事会主席哈山马立克率领代表团谒见了教育部长安华，表达了"各族领袖

① 《星洲日报》，1985 年 11 月 16 日。

② 《南洋商报》，1986 年 5 月 24 日。

③ 《星洲日报》，1986 年 6 月 2 日。

④ 详见教总：《保卫华教——关注 1961 年教育法令的修改》，吉隆坡：马来西亚华校教师会总会，1987 年，第 26 页。

⑤ 《星洲日报》，1986 年 7 月 15 日。

⑥ 《南洋商报》，1987 年 8 月 4 日。

根据互相妥协和互相让步的原则所达致的认同政策，任何人都不应该要求翻案"的看法。[①] 7 月 14 日，在吉隆坡召开了由多个语文团体组成的国家语文大会，出席者包括巫青团团员及这些团体的代表共 1 500 多人。会上提出"第 21（2）条教长的权力应当保留，因为这些小学终会自己要求变为国民小学，教长就可以援引此权力协助这些小学做出改变，所以，政府不必顾虑任何方面的忧虑"，并一致呼吁"政府要全力贯彻国家教育政策，以便早日实现以马来语文作为达到全民团结的目标。……"[②] 11 月 1 日，又召开了由西马马来教师公会及国大教育中心联合主办、教育部协办的"关于国家教育政策及法令研讨会"。马来亚大学法律系副教授聂阿都拉昔在会上发表了偏激的言论，他说："除了马来人文化、语文、宗教，其他种族的宗教、文化、语文及政治的存在，皆是由马来人施舍，不能讨价还价……人们必须紧记，马来人是这个国家的主人。马来文化应是国家文化的基础。那些在本国'寻求生计'却极力推崇非国语的人，他们应被视为不效忠这个国家。在联邦宪法第 25 条下，这类人可被吊销公民权，并遭送回他们原本的国家。只要还有人颠覆语文政策，国家团结将永远受威胁。国家团结受威胁，国内和平与稳定也一样受威胁……"[③] 从上述偏激的言论中，我们可以看出仍有一部分马来种族主义者把华人视作国家团结的威胁，把华人争取母语教育权利的行为视作对国家的不忠、颠覆语文政策及威胁国家安全。

（二）1986 年大选过后政府态度的再次转变及华社的继续抗争

1. 政府态度的再次转变

以巫统为首的国阵政府取得了大选的胜利。巫统赢得了国会议席的 83 席，总得票率高达 55.8%，其主要对手回教党仅得 1 席；马华经历陈梁党争后元气大伤，加上合作社风暴等因素，仅得 17 席，得票率为 12.4%；行动党获得 24 席，得票率为 20.3%，远远超出马华。大选前为了获取华人选票，国阵政府曾做出美丽承诺，但大选过后，政府的态度再次发生了改变，由修改第 21（2）条文转变为欲对教育法令做出全面修改。1986 年 9 月 20 日，教育部长安华在第 37 届巫统大会上宣布："有关方面将提呈一份迎合巫统的斗争愿望，以及大马全民对有关语文和国家教育政策问题的理想的教育修正法案。""教育部将推行更强硬的教育制度，以确保种族两极化问题获得彻底消除。"[④] 不久，副教育部长云时进也

---

① 《星洲日报》，1986 年 7 月 5 日。
② 《星洲日报》，1986 年 7 月 15 日。
③ 《星洲日报》，1986 年 11 月 2 日。
④ 教总：《保卫华教——关注 1961 年教育法令的修改》，吉隆坡：马来西亚华校教师会总会，1987 年，第 28 页。

在国会中指出："教育部将详细检讨《1961 年教育法令》，以修订该法令的所有条文，使国民教育政策更有效率地实行。"① 政府态度的转变引起华社的极大关注，政府的最终目的是什么？全面修改教育法令是否对华教更为不利？

此时，马来社会的态度也发生了逆转，由之前的强烈反对修改《1961 年教育法令》转变为支持全面修改该法令，并不断向教育部施加压力。1987 年 4 月 23 日，巫统在吉隆坡召开党员大会，关于全面修改教育法令成为大会讨论的主题。此后，马来社会代表不断谒见教育部长，期望政府在全面修订《1961 年教育法令》后，能制定更加符合马来人利益的教育政策。如巫青团执行委员那兹里所言："安华向他保证，整部教育法令被修改后，将使教育部长更加有权力，尤其是与第 21（2）条文有关的权力。"②

2. 华社的继续抗争

政府转变态度目的的不可测性及马来人要求维护巫文地位的强烈性，都使得华社倍感焦虑和怀疑，并开始发动华社群体力量展开反击，以捍卫本族群的文化与教育。1987 年 6 月 11 日，全国十五华团领导机构举行紧急联席会议，成立了"关注教育部修改《1961 年教育法令》行动委员会"，简称"七人行动委员会"。③ 7 月 9 日，董教总发表了《挽救华教的正确策略——董教总对修改教育法令的声明》一文，呼吁华社在关注法令修改时，尤其要关注以下几点④：第一，各族群代表，特别是国阵成员党应主动争取在决策层次上的参与权，打破巫统通过教育部官员垄断修改法令决策的局面；第二，以《全国华团宣言》为争取文教权利的根据；第三，全面动员，通过决议案、声明、研讨会总结、备忘录和对话，向当局反映我华社坚决维护民主、人权、家长教育自决权、宪法精神和捍卫华教华小的决心；第四，深入了解教育法令条文，提出针对性建议；第五，政党与华团应以大局为重，求同存异，相互协调，互相配合。此后，全国各地的华人社团也都纷纷举行各式各样的集会，并通过决议案，发出强烈呼吁。8 月 11 日，董教总代表与教育部长安华举行会谈，并提呈《民主协商不可或缺》的备忘录。备忘录首先提出"当局要成立一个独立的教育委员会，研究及综合各界人士对修改法令问题的要求和意愿"，然后重申："任何新的教育法令及教育政策，都应该正确地根据联邦宪法与保证'维护和扶持我国非马来人语文和文化的发展'

---

① 《星洲日报》，1986 年 10 月 26 日。

② 《南洋商报》，1987 年 6 月 9 日。

③ 张景良任委员会主席，林晃昇任副主席，沈慕羽、刘锡通、苏林邦、陆庭谕及庄迪君等 7 人为委员。详见 1987 年 6 月 12 日《星洲日报》、《南洋商报》。

④ 详见教总：《保卫华教——关注 1961 年教育法令的修改》，吉隆坡：马来西亚华校教师会总会，1987 年，第 10—12 页。

育法案，以使人民有更充分的时间对其表达意见及提出建议，政府要制定一个符合各民族的意愿及多元种族、文化、语文和国情的教育法令；华社要提高警惕，密切关注新教育法案的最新演变，争取它能符合各民族对母语教育和文化发展的意愿及要求。由此可以看出，尽管政府在没有征询民意的情况下通过了《1995年教育法案》，但华社的抗争并不会停止。

三、2003 年数理英化政策及华社的抗争

进入 21 世纪，政府开始在各源流小学实行以英语教授数理和科学的政策，这引起诸多争议和各族强烈的不满。因为该政策已经改变了各源流小学以母语作为主要教学与考试媒介语的地位，进而改变各源流小学的本质，同时对母语教育及教育质量造成严重冲击，影响深远。为此，华社与其他族群一起展开了长期斗争，举行了各种交流会和研讨会、召开抗议大会、和平请愿、调查研究、提呈备忘录、发动签名运动等，以向政府传达民间看法，表达诉求。

（一）数理英化政策的提出与主要内容

2003 年开始实施的数理英化政策可以说是在"政治强人"马哈蒂尔的强势领导下进行的。2002 年 5 月 5 日，马哈蒂尔发表讲话，提出国民尤其是马来学生的英文水平大幅度滑落，将使马来族群不能面对全球化带来的冲击，英语作为资讯时代吸收科技知识的通用语文日益重要，面对全球化和信息时代的挑战，只有提高青少年学生的英文程度，才能提高国家竞争力。[①] 其实，马哈蒂尔的原意是重新开办英文小学[②]，以迅速提升国人的英语水平。2002 年 5 月 10 日，巫统最高理事会召开会议，大会并不赞成马哈蒂尔的意见，认为该项政策的实施是与以马来文为主的国民教育政策相悖的。经过协商，该理事会最终达致一个以英语教授数理科的折中方案。从中可以看出，该项政策的提出到方案的确定仅仅用了 5 天时间，而且是由巫统独自决定，并没有其他政党的参与，更不用说征求广大民众的意见。正如副首相兼教育部长慕尤丁在 2009 年检讨数理英化方案后所揭露的："政府在 6 年前宣布落实英语教数理政策前，没有进行任何讨论，没有内阁批准，更没有与家长讨论就直接进行。"[③]

2002 年 10 月 22 日，首相召开国阵最高理事会后宣布，国阵成员党原则上同

---

① 《新海峡时报》，2002 年 5 月 5 日。
② 1971 年政府推行国民教育政策，把英文小学全部改为国民小学，即马来文小学。
③ 《星洲日报》，2009 年 7 月 12 日。

意在各源流学校用英语教授数理，但华小所进行的方式不同于国小和淡小。并指示华基政党在一个星期内提出在华小推行英语教数理的最佳方案。一周后，也就是10月31日国阵最高理事会通过英语教授数理科的"2－4－3"方案决议，即从华小一年级开始，保持6节数学、3节科学继续以母语教授，增加2节英文课、4节数学、3节科学以英文教授。首相表示，这是国阵成员党，包括巫统和马华互相让步后所达致的折中方案。同时，华基执政党[①]也认为"2－4－3"方案是一个双赢方案，既可保留华小用华文教授数理的特征，又可增加英文的学习。但实际情况是"2－4－3"方案实施后华小的华文科目节数大大减少，以华文为媒介语的数学科的节数也有所减少（见表6－2）。总之，该方案的实施，严重影响了华文的学习。

表6－2　华小一、二年级在"2－4－3"方案影响下部分科目的节数变化

科目	"2－4－3"方案实施之前	"2－4－3"方案实施之后	分钟（＋／－）
华文	450分钟（15节）	360分钟（12节）	－90分钟（3节）
数学（华文媒介语）	210分钟（7节）	180分钟（6节）	－30分钟（1节）
道德教育	150分钟（5节）	120分钟（4节）	－30分钟（1节）
健康教育	60分钟（2节）	30分钟（1节）	－30分钟（1节）

表6－3　华小三年级在"2－4－3"方案影响下部分科目的节数变化

科目	"2－4－3"方案实施之前	"2－4－3"方案实施之后	分钟（＋／－）
华文	450分钟（15节）	360分钟（12节）	－90分钟（3节）
数学（华文媒介语）	210分钟（7节）	180分钟（6节）	－30分钟（1节）
道德教育	150分钟（5节）	120分钟（4节）	－30分钟（1节）
健康教育	60分钟（2节）	30分钟（1节）	－30分钟（1节）
马来文	210分钟（7节）	270分钟（9节）	＋60分钟（2节）

（资料来源：整理自《星洲日报》，2005年11月15日。）

（二）华社的抗争与政府政策的调整

1. 以董教总为首的华人压力集团的抗争

被誉为"华教斗士"的董教总在此问题上的立场可以归纳为两点：第一，

---

① 华基执政党主要指马华公会和民政党。

董教总全力支持提高国人的英文水平，但政府必须尊重教育的专业意见，按照学习语文的规律进行教学；第二，董教总坚决反对小学数理科放弃母语改用非母语（英文）教学与考试。因而，董教总是坚决反对"2－4－3"方案的，因为它是过渡性的政治妥协方案，其最后目标就是以英语教数理科，突破了华小以母语作为主要教学媒介语的"最后防线"，否定华小的母语教育地位，打开了缺口，将使华小变质。为此，自巫统最高理事会通过数理英化政策后，以董教总为首的华社就采取了各种抗争手段。

早在巫统最高理事会通过数理英化政策后，董教总就迅速作出反应，发表文告声明①，如果华社不反对该政策，国内华小与独中将会被连根拔起，并提出华小的三个主要特征：第一，华小的主要教学及考试媒介语是华语；第二，华小设有学校董事会，而学校董事会拥有管理学校的主权；第三，华小的主要行政用语是华语。从中可以看出，华语作为华小的主要教学与考试媒介语的地位是不可动摇的，这也是保持华小不变质的首要条件。董教总的即时反应，也带动了其他华团的跟进，并举行各种联席会议，共同向政府施压。总的来说，自2002年5月巫统最高理事会通过数理英化政策，到2009年7月政府宣布将逐步停止该方案的7年时间里，以董教总为首的华团举行了数次联席会议，召开了各种抗议大会，向当局提呈了备忘录。在此，就不一一介绍，下面只选取较有影响的事件做一简要说明。

2002年8月1日，以董教总为首的全国39个华团领导机构召开紧急联席会议，通过反对小学数理科以英语教学的方案。同时认为华基执政党在有关课题上应站稳坚持母语教育的立场，对于那些违反华社意愿甚至站到华社对立面的华基执政党，华团对此表示严厉谴责；并要求尚未对该课题表明立场的华基执政党必须清楚地向华社表达对此问题的立场。

2005年3月7日，全国7个主要华团（教总、董总、华总、七大乡团、留台联总、校友联总、马来亚南大校友会）共同向政府提呈《国内主要华团第九马来西亚计划建议书》，提出八项华教问题及解决方案，其中一项就是要求政府恢复各源流小学以母语教授数理科。

2005年12月10日，董教总等11个各族文教团体召开"反对数理英化大会"，出席大会的各族文教团体代表超过600人。在这次大会上，通过了四项提案②：第一，吁请政府依据语文教学原理，认真贯彻英语科的教学，提升国人的英语水平；第二，吁请政府检讨以英语教授数理科对各源流小学所造成的负面影

---

① 详见《星洲日报》，2002年8月6日。
② 详见《星洲日报》，2005年12月11日。

响；第三，吁请政府恢复各源流小学继续以母语母文作为数理科的教学及考试媒介语文；第四，吁请各党团站稳母语教育的立场，公平支持各源流小学的生存与发展，确保各族群的母语教育与文化得以共存共荣。大会召开后的第 12 天，董教总致函当时的首相阿都拉，以传达参与反对数理英化大会各族群的心声，要求马上恢复各源流小学以母语教授数理科，并表达了要与首相会面的意愿。但并未获当局答复。

2006 年 5 月 25 日，教总对外发表华小"2－4－3"方案调查报告，以实际情况来反映这项政策对华小带来的负面冲击。调查显示，这项政策不利于华小的发展，也影响了华小学生的华语华文水平。10 月 31 日，这份调查报告书由 7 个主要华团，包括教总、董总、华总、七大乡团、留台联总、校友联总和马来亚南大校友会联署，提呈给首相阿都拉。

2007 年 7 月 8 日，11 个各民族文教团体①在董教总中心举办"恢复小学母语教授数理运动"研讨会及推广"还我母语教育"的明信片签名活动。在研讨会上董总主席叶新田博士指出："政府在华小实施的'2－4－3'及'6－2－3－2'双语方案，只是一个'过渡性'的政治妥协方案。这个政治方案突破了华小以母语作为主要教学媒介语的'最后防线'，使华小可能面对在小学评估考试（UPSR）中只剩下一科华文的严重危机。在政府未恢复华小以母语教授数理以前，我们要继续保持警惕，不能有半点松懈。对于华小六年级学生报考的政府考试只剩一科华文的局面，华社和广大学生家长要有忧患意识，不能掉以轻心。"②"还我母语教育"明信片签名运动也获得近 11 万名各族人士的响应。11 月 5 日、16 日，以董教总为首的 9 个民族文教团体两次致函约见首相阿都拉，但都未获接见。11 月 27 日，董教总等 11 个各族文教团体前往首相署，提呈《还我母语教育：恢复以母语作为各源流小学数理科的教学和考试媒介语》的备忘录和逾10 万张明信片给首相，要求恢复各源流小学以母语教授数理科。

2008 年 5 月 13 日，教总主席和总务长在举行的"教育部长与教育团体"交流会上向部长反映用英语教授数理科的负面影响，并于 6 月 4 日致函教育部长，同时附上教总所作的"华小 2－4－3 方案"调查报告结果。

2009 年 3 月 5 日，8 个全国性主要华团③在加影董教总教育中心召开会议，

---

①　这 11 个文教团体包括：马来西亚华校董事联合会总会（董总）、马来西亚华校教师会总会（教总）、马来西亚淡米尔教育研究与发展基金会、人民宗教学校理事会、马来西亚留台校友会联合总会、马来西亚华校校友会联合会总会、马来亚南洋大学校友会、公民关怀组织、大马学术团体、吉隆坡暨雪兰莪中华大会堂、马来西亚留华同学会。

②　董教总：《还我母语教育》专辑，吉隆坡：马来西亚联合印务有限公司，2007 年，第 4 页。

③　8 个全国性主要华团，即董总、教总、华总、七大乡团协调委员会、校友联总、留台联总、马来亚南大校友会和留华同学会。

专题讨论英语教数理课题，并发表联合声明，"再一次呼吁内阁要于本年度 3 月内宣布取消在小学阶段推行英语教数理政策，并恢复各源流小学数理科以各自的母语作为唯一的教学媒介语。若政府到时还没有作出宣布，八华团将会采取一系列的行动，包括发动全国华团签名盖章运动、召开华团大会、联合各族群团体展开相关活动，以达到各源流小学恢复母语教数理的目标"①。同时宣布将不参加由废除英语教数理联盟（Gabungan Mansuhkan PPSMI，简称 GMP）② 组织的"反对英文教数理大集会"，理由是"从未受邀参与拟定相关的备忘录，而且经多次接洽，亦未能取阅有关备忘录的内容，因此，八华团经过慎重讨论后，一致决定不参与有关的大集会"。③ 董教总的这种不参与态度也受到一些团体及人士的批评，如马来西亚青年与学生民主运动（学运）在提呈给董教总的文告中就指出："'308 政治海啸'后，国内政治局势已经改变，两线制也逐渐形成，此时此刻正是提出政策上改革的大好时机，尤其是祸害华社已久的单元化政策。但可悲的是，在第 12 届全国大选保持中立的董总至今无法提出一套很好的方案领导华社去争取权益。2007 年底，董总呈交明信片至今，除了与教育部内部协商以外，董总再也没有对数理英化课题有任何的举动。"④ 大集会过后，在华社舆论的压力下，八大华团与"废除英语教数理联盟"（GMP）主席哈山阿末在加影董教总教育中心举行交流会。最后双方达成共识，一致同意呼吁政府废除在各源流小学的英语教授数理的政策，恢复母语教授。

2009 年 5 月 26 日，七大华团会见教育部长慕尤丁，并呈交了《恢复以母语作为小学数理科教学媒介语》为主题的备忘录，阐述了自 2003 推行的英语教数理对国小、华小和淡小的冲击，并要求废除这项政策，同时恢复以母语作为各源流小学的教学媒介语。

以上是华社为反对政府的数理英化政策所作的种种努力，令人遗憾的是，首相及教育部对华社提呈的建议、调查报告及备忘录，并未给予任何回复。董教总也多次要求和首相及教育部长面谈，也没有获得回应。正如郭全强在专访中所言："董教总永远想见首相和教育部长，没有任何董教总领导人不想见首相……我们很想见首相，但人家不肯见我们；我们要求马华转达见首相，首相没有答复。"⑤

---

① 《当今大马》，2009 年 3 月 5 日，http：//www. malaysiakini. com/news/99616。
② 废除英语教数理联盟（简称 GMP），是一个由巫裔文化人士和文化团体组成的组织，成立于 2009 年 1 月 31 日，以向政府争取废除英语教数理为主要诉求。
③ 《当今大马》，2009 年 3 月 5 日，http：//www. malaysiakini. com/news/99616。
④ 《当今大马》，2009 年 3 月 5 日，http：//www. malaysiakini. com/news/99616。
⑤ 独立新闻在线，2007 年 4 月 28 日，http：//www. merdekareview. com/news. php？n = 3552。

政府这种不愿听取民意的作风，尤其是教育专业团体的意见，是令人不满和遗憾的。

2. 华人政党及华文报刊的积极配合

各政党对数理英化政策的立场在开始时是有分歧的。但随着华社反对浪潮的日益高涨，最后各政党都改变了立场，与华社站在一起，共同反对该政策的实施。2002 年 7 月 27 日最大的华裔政党马华公会召开了中央代表大会，其总秘书陈祖排在大会总结辩论时就立场鲜明地强调："如果华小数理科以英语教学，就意味着华小的媒介语已改变，这也是华小变质的开始。"[①] 随后，在 2002 年 10 月 18 日召开的中央工作委员会上正式表明了其反对数理英化的立场。沙捞越人联党开始时表示支持政府的这项政策，但后来与其他华基政党磋商后达成共识，认同华小不应以英语教数理。民政党当时的署理主席郭洙镇就发出"要改就大家一起改吧！"的呼吁，并声明数理英化会导致华小变质。[②] 随着华基政党与华社的立场逐渐趋于一致，共同向政府抗争与施压，国阵理事会在 2002 年 10 月 31 日批准华小以双语即华语和英语教授数理科的方案，也就是广为人知的"2 - 4 - 3"方案，尽管这个方案并不能令华社满意，但可以算作政府在此问题上的妥协。

2006 年是"2 - 4 - 3"方案实施的第二阶段，即在华小四至六年级落实英语教数理的政策。董教总、马华公会及民政党三者联手合作，以争取母语教授数理，废除英语教授数理。马华、民政党对此也达成共识，包括增加英文节数，减少英语教数理的节数，坚持 2008 年华小六年级评估考试必须有以华文为媒介的数理科试卷。马华也一直在探讨华小"2 - 4 - 3"方案在第二阶段上课节数的理想配套方案。马华最高领导人与教育部长经过几个月的多次磋商，在互相让步的基础上，达成了一个双方都可接受的方案，即以华文为主的"4 - 2 - 2"方案，4 节英文，2 节英文数学和 2 节英文科学。这个方案也称作"6 - 2，3 - 2"方案，即 6 节华文数学和 2 节英文科学。马华与其他华基政党认为，这项方案符合华社及学生家长的意愿，在确保华小特征不变质的大前提下，也兼顾了华小毕业生掌握英文的能力，以便他们升上中学时，可以适应及衔接中学英文教数理的环境，从而有利于提升民族及国家的竞争力。尽管这个方案与华社所要求的方案（100% 母语教育）相差甚远，但与第一阶段的"2 - 4 - 3"方案相比，仍是以华文为主，英语为辅，这也是在政府不准备废除以英语教数理政策的大前提下，现阶段最能被各方接受的折中方案。

---

① 《星洲日报》，2002 年 7 月 28 日。
② 《星洲日报》，2002 年 7 月 27 日。

表6-4　马华公会制订的"4-2-2"方案

(a) 2-4-3方案	第一阶段		
	英文科	数学	科学
华文教学	—	6	3
英文教学	2	4	3
(b) 4-2-2方案	第二阶段		
华文教学	—	6	3
英文教学	4	2	2

（资料来源：整理自《星洲日报》，2005年12月22日。）

　　被马华等政党看好的"6-2，3-2"方案，却引起以董教总为首的广大华人团体的抗议，他们认为此方案虽然是以华文为主，英文为辅，但仍然没有改变英文教数理的政策，是政府单元化教育政策的继续和深化，是马来西亚华文教育潜伏着的巨大危机之一。因此，以董教总为首的华教团体一致要求政府设立一个独立委员会，全面检讨英语教授数理科的政策。

　　数理英化政策自颁布实施到今天，各大华文报刊都给予了高度关注。下面以华社反映最为强烈的2005—2007年为例进行说明，统计包括《星洲日报》、《南洋商报》、《东方日报》、《光华日报》、《中国报》等几个比较重要的华文报纸。关于此问题的报道，2005年共有46篇，2006年有115篇，2007年则高达125篇。《南洋商报》、《星洲日报》等主要华文报刊，还广发社论，有针对性地对此问题进行探讨，并提出中肯意见。如社论《需深入探讨英文教数理》一文就明确提出："我们需要深入讨论英文教数理课题，并向当局反映意见以决定是否继续实施这项政策。我们的考量点是学生的利益而不是前朝首相所提出的政策。当局不能情绪化地看待民众的反应及俯顺民意，不能拿孩子的前途当赌注。"① 文章有理有据地分析了数理英化政策的弊端及对学生造成的影响。再如社论《人权日的申诉——反对数理英化的迫切性》，文章在开篇就提出广大人民的期盼，"我们只盼'政治归政治，教育归教育'，不要动辄以'反对党试图政治化某某课题'来模糊华社的需要和权利"，接着提出"伸张社会正义、扶助弱势团体、解决民困，本来就是政党得以存立的最大基础，而华社母语教育权长期受忽视，更是无可否认的铁一般事实；如果诉求的机制健全、公平、可信，就不会有'反对数理英化大会'"② 文章通篇用词犀利，观点鲜明，而且选在国际人权日刊登

---

① 《星洲日报》，2007年1月21日。

② 《星洲日报》，2005年12月11日。

这样一份社论，具有较强的讽刺意味。其他社论还有《早日解决数理教学问题》①、《数理英文教学应检讨》②、《是非曲直：持平论事，以理服人》③ 等。

3. 政府政策的转变

在该政策实施的初期，当局态度较为强硬，尽管遭到各族群的强烈反对，包括马来人，却没有妥协的迹象。为了配合政策的推行，还采取了怀柔手法，以胁迫利诱相结合，正如20世纪60年代强迫华文中学改制时那样，宣布凡是使用英语教授数理科的教师，将增加津贴5%～10%，对那些反对英文教数理的学校，教育部长慕沙莫哈末对此发出警告，"将不准他们报考政府考试"，"极其顽固者将以《煽动法令》④ 处置"。⑤

数理英化政策不但受到华社的抗议，其他族群包括马来人也反对这项政策的实施。在数理英化政策实施初期马来族群的一些组织团体就成立了"挽救马来文秘书处"。2009年1月，又成立了"废除英语教数理联盟"。并在2009年3月7日，成功号召8 000人走上街头，向国家元首呈交备忘录，要求政府恢复以母语教授数理。在这种情况下，前首相阿都拉要求教育部尽快决策数理英化政策的存废，并表示，"政府了解到人民，尤其马来人，对数理英化政策有相当的不满，因此十分重视这项课题"⑥。

而且通过几年的实施，也充分说明了这项政策无益于学生英语水平的提升，而是适得其反。教总在2005年和2006年进行的调查显示，华小第一阶段推行的"2－4－3"方案不但对华小学生数理科的学习造成负面影响，并因为以华语进行教学的时间减少，导致学生的华文程度也逐步下降。此外，在华小第二阶段落实的"6－2，3－2"方案，也面对上述同样的问题。同时，这项政策对国小及淡小也造成巨大的负面影响。在2005年3月召开的"第二届马来人教育大会"就清楚地指出："将有50万名马来学生在英语教数理政策下，因为不能掌握英文，将无法学好数理科。"马来西亚淡米尔教育研究与发展基金会出版的《呐喊！英语教数理对淡米尔学校的冲击》的刊物中指出："在淡小实施的英语教数理政策，

---

① 详见《南洋商报》，2005年10月27日。

② 详见《南洋商报》，2005年3月27日。

③ 详见《星洲日报》，2005年11月22日。

④ 《煽动法令》是1948年由英殖民政府所设立。主要针对"带有煽动倾向"的演说活动，包括对政府"带来憎恨、藐视或激起不满"或是引发"不良企图和种族冲突"的言论。其中，后者包括不得质疑马来人的特权地位。马来西亚独立后，该法令不但没有被废止，反有变本加厉之势，而且被频频引用。其中，联邦宪法就准许国会强制性限制言论自由。

⑤ 《中国报》，2002年8月18日。

⑥ 《当今大马》，2009年3月7日，http：//www. malaysiakini. com/news/99797。

加剧印裔学生的辍学率，进而对印裔社群的社会经济发展带来负面的影响。"①
就连副首相兼教育部长慕尤丁亦承认："这项自2003年以来，已实行长达6年的
政策效果并不显著，只是成功提升数理科成绩2%～3%。"②

总之，随着各族群反对浪潮的高涨，加之数理英化效果的不甚理想，2009
年7月8日，马来西亚副首相兼教育部长慕尤丁在内阁会议上宣布，从2012年
开始，将分阶段恢复在小学以母语（马来语、华语及淡米尔语）教数理，中学
则以国语（马来语）教数理。政府政策的转变，对于广大华社来说，无疑是对
他们七年来争取在华小恢复母语（华语）教学所作努力的回报，也受到华社的
欢迎。但与此同时，董教总对到2012才执行全面恢复母语教学计划倍感失望及
不满，认为教育部在落实政策上显得拖泥带水。董总主席叶新田则将政府从2012
年才开始实施的决定称为"一项漫长的等待"。他认为，自2003年英语教数理政
策在马来西亚执行以来，华小便开始以华英双语作为教学媒介语，其中又以华语
为主。对于华小而言，完全可以立即恢复华语教学，无须等到2012年才开始
执行。③

四、博弈结果分析

20世纪90年代可以说是历史的转折点，随着东欧剧变、苏联解体，两极对
抗的大厦轰然倒塌，国际格局发生巨大改变，意识形态的对抗终结，世界朝向多
极化与全球化方向发展，和平与发展成为世界的两大主题。东西方关系逐步改
善，加之中国经济的崛起，全球掀起学习华文的热潮。这一时期的中马关系也获
得了实质性发展，两国的交流与合作全面展开，加之马共问题彻底解决，马来政
府对中国的认知也由之前的"疑虑与恐惧"转变为"信任与合作"。在这种宽松
的国际国内大背景下，马来西亚的政策也相对较为开明，政府极力营造各族群和
谐相处的良好氛围。但其单元化思维并没有发生实质性的改变，因而华文教育仍
然面临着诸多困难。在这一时期，政府仍然出台了一些不利于华教发展的政策，
但相对于20世纪七八十年代，华文教育的生存状况有较大提高，发展空间也有
提升。

1995年实行的"宏愿学校计划"是20世纪80年代综合学校计划的变种和
继续。当局期望以统一的教学媒介语作为团结国民的工具，以各源流学生的相处

---

① 《星洲日报》，2009年5月26日。
② 《当今大马》，2009年6月23日，http：//www.malaysiakini.com/news/107028。
③ 《华社不满家长担忧　大马废除英语教数理一波三折》，http：//www.chinaqw.com/hwjy/hjxw/200907/10/171046.shtml。

来达致国民的团结与融合，可以看出该计划仍然充满了单元化思维。这自然引起了华社的强烈反对与抗争。当时正值吉打州的鲁乃州议席补选，董教总很好地利用了此次补选，向政府施压，加之政府为了获取华人选票，做出了一定妥协，对《宏愿学校计划指南》进行了重新修订。但以董教总为首的华社并没有被政府的"政治糖果"所迷惑，而是继续进行不懈抗争，最终促使政府修订了相关政策，不强制华小加入。

　　马来西亚独立后制定的《1961 年教育法令》对华教的影响最大，其中的第 21（2）条文就像一颗定时炸弹，让华社丝毫不敢放松。因而废除第 21（2）条就成为华社多年抗争的主要目标之一。《1996 年教育法令》是耗时最长的一部法令，期间华社与政府进行了多次交涉。当时为了 1986 年大选的需要，加之华社的抗争，政府答应大选过后废除第 21（2）条。但赢取大选胜利后，政府的态度又发生了变化，由废除第 21（2）条转向全面修订该法令。为了争取到有利于，起码是不至于损害华教的政策，以董教总为首的华社继续展开了抗争，通过召开抗议大会、提呈备忘录、要求谒见首相等多种途径表达诉求。最终公布的教育法令，废除了最让华社诟病的第 21（2）条，但仍有一些不利华教发展的条文出现。

　　进入新世纪后，当局又提出旨在提升国人英文水平的英语数理化政策，并通过强势手法在各源流小学实行。这项政策不但遭致华社的强烈反对，也同样受到其他族群的质疑与反抗。这项政策从实行到政府宣布废止历经 6 年。期间华社连同其他族群的文教团体举行了一系列的交流会和研讨会、召开了抗议大会、和平请愿、调查研究、提呈备忘录、发动签名运动等，以向政府传达民间看法，表达诉求。2009 年 7 月教育部长慕尤丁在内阁会议上宣布，从 2012 年开始，分阶段恢复在小学以母语教数理，中学则以国语教数理。这可以看作是华社及其他族群长期抗争的胜利，尽管还需假以时日。

表 6-5　国家发展新时期华人社会与马来政府华教政策制定的博弈结果

时间	重要教育文件	重要条文（语言政策）	华族反应		博弈结果	
			接受	反对	政策实施	政策修正/未实施
1995	宏愿学校计划	把不同源流的学校设在同一座建筑物里，共用设备、共享教师资源等，以培养族群间相互了解和容忍的精神		大型抗议		修正后实施，不强制华校加入

（续上表）

时间	重要教育文件	重要条文（语言政策）	华族反应		博弈结果	
			接受	反对	政策实施	政策修正/未实施
1996	《1996年教育法令》		删除第21(2)条，接受		实施	
2003	数理英化政策	各源流小学的数理科及科学用英语教授。在华社的强烈反对下，华小最终同时使用华语和英语教学		激烈反对		修正后折中实施，2012年分阶段停止实施

第七章 结 语

马来西亚华文教育自诞生以来已有近 200 年的历史，在马来西亚独立之前，英殖民政府对华校并没有太多管制，其受政策限制较小。但在马来西亚独立之后，政府加强了对华校的管制，并不断出台一些限制与打压华文教育发展的政策与法令。那么，马来政府不同时期的华教政策又是如何制定出来的？纵观全书可以发现，马来西亚华教政策的制定受到诸多因素的影响，是内部与外部相关势力相互斗争、妥协的结果。其中，华人政党、华人压力集团及华文报刊等华人社会力量主体在与政府的博弈过程中发挥着巨大的作用，他们通过各种形式反抗政府的不合理政策，深刻影响着政府华教政策的制定。在整个华教运动过程中，既积累了丰富经验，也存在诸多不足，如华社内部的分裂与整合对华教运动的影响，最大的华人执政党——马华公会在争取华教权益上的局限性等。但我们在关注华人社会对政府华教政策制定的巨大影响的同时，也不应忽视国际形势及中马关系等外部因素的影响力。

一、国际因素对马来西亚华教政策制定的影响

"二战"后形成了以美苏为首的两极对抗的冷战格局，两大国在全球展开了划分势力范围、大搞军备竞赛的对抗行动。在这种背景下获得独立的东南亚诸国成为两大国相互争夺的对象，被纳入相互敌对的两大阵营之中。马来西亚作为前英国殖民地，通过和平斗争的方式赢得了国家独立，与宗主国保持了千丝万缕的联系，也自然成了"自由和民主国家"中的一环和反共帐幕下的一员，对社会主义新中国的认知自然是"敌视与恐惧"，中马关系处于冰冻期。受当时国际格局及中马关系等对外因素的影响，马来政府视华文为"共产主义语文"，华校是"培养马共分子的温床"。总之，这一时期浓厚的冷战思维意识深深影响有时甚至主导着当局政策的制定。从《达立报告书》到《1961 年教育法令》，从成功促使华文中学改制到华社创办独立大学的失败，都可以看出这一时期政府华教政策的单元化，以及对华语、华校的敌视与打压。

20 世纪 70 年代后，紧张的国际局势有所缓和，冷战思维意识已没有五六十年代那么浓厚，许多新独立的民族国家开始致力于国家建设。这一时期中马两国

虽然建立了正常的外交关系，但由于华侨华人问题及马共问题的存在，两国关系并没有实质性发展，马来政府对中国仍是"疑虑重重"，并处处加以防范。"5·13"事件后，马来西亚开始在政治、经济、教育、文化各领域强化马来人的地位，民族—国家的建构逐渐走上以马来人为中心，同化甚至排斥其他族群的道路。其国家语文、教育及文化政策，具有浓厚的种族主义色彩与强制同化他族的倾向，政府只从单一的民族立场与观点看待与处理语文、教育及文化问题，完全是"马来族中心主义"的做法。这一时期可以说是华文教育发展最为艰难的时期，"悲情"弥漫着华社。从《1972年教育修正法案》到《1979年内阁教育报告书》，再到华小高职事件，期间不利于华教发展的政策与行政措施接连不断，让华社应接不暇。

20世纪90年代后，随着冷战的终结，国际体系发生了根本性转变，政治多极化与经济全球化成为时代趋势，和平与发展成为时代主题，经济建设成为每个国家的中心任务。中马关系获得实质性的全面发展，各种交流与合作全面展开。在这种全面缓和的国际大背景下，马来政府也开始采取相对宽容、缓和的政策处理各种问题。虽然在国家发展的新时期仍有一些不利于华教发展的政策出台，如《1996年教育法令》、2003年的数理英化政策等，但相对于之前的政策则要宽松许多，华文教育也迎来了发展的机遇期。

总之，从冷战思维浓厚的20世纪五六十年代到民族—国家建构不断强化的七八十年代，再到冷战终结后的新时期，可以说国际形势的巨变及中马关系的变迁深刻影响着马来西亚政府华教政策的制定，成为不可忽视的外部因素。

二、马来西亚华教运动的经验教训及其借鉴意义

长期以来，马来西亚华人为本族群的母语教育付出了巨大努力。一方面要为华校的正常运作筹措大量经费，另一方面要与政府的不合理政策作艰苦斗争。在反抗政府的不合理政策中，华人压力集团、华人政党及华文报刊等各种华人力量主体发挥着巨大的作用，但每种力量主体的作用又是不同的。其中，以董教总为代表的华人压力集团始终扮演着坚决抗争的角色，不为政府的分化收买行为所动，这点在全书都有明显的体现。尽管对政府决策的影响有限，但带动了广大华人，形成了颇具规模的社会运动，对政府造成了很大的舆论压力，使其在制定相关政策时不得不考虑广大华人的意愿。而以马华公会为代表的华人执政党的表现则可以概括为抗争与妥协并存，并且妥协还时时占据上风。马华的这种表现受制于一系列因素，也体现了政党的本质与局限性。总之，马来西亚华人争取华教权益的斗争长达近200年，在与政府博弈的过程中，既积累了丰富的斗争经验，也

存在着诸多不足。这些经验与教训对全人类的少数族裔争取自身合法权益都具有重要的借鉴意义，概括起来有以下三点：

第一，从不同历史时期政府的教育政策（华教政策），可以看出政治力量的对比支配着教育政策的方向和执行。

纵观全文可以发现，当华巫两族领袖彼此之间需要支持时，或当权的马来领袖需要华族政治力量来平衡局势时，政策的方向和执行就会比较中庸，没有那么强烈的单元化。最明显的例子就是《1957 年教育法令》的制定。1955 年举行的联合邦立法议会选举，对马来亚来说意义重大，也是其迈向独立的关键一步。因而，执政联盟需要全国人民的大力支持，尤其是华裔选民的支持。在这种情况下，联盟与教总举行了有名的"马六甲会谈"。华巫两族暂时放开许多有争议性的议题，全力以赴进行大选。执政联盟承诺如果顺利执政，将让母语学校自由发展并给予拨款。后来出台的《1957 年教育法令》，并没有把《拉萨报告书》的"最终目标"列入其中，也是对"马六甲密议"的一种回应。

同时，如果华人在政府内部的代表权比较有力量并有较积极的表现时，一些行政性偏差也就比较容易解决，对华教的生存和发展也就比较有利。这主要以马华公会为代表。因为马华作为执政联盟党，是华人在政府中的代言人，它的态度与表现直接关系到华人的切身利益。在马华创立初期，即陈祯禄领导时期，马华还是能代表广大华人的利益，在政府中充当代言人的角色，与董教总等民间团体积极配合，反对不利于华教发展的各种法令，把华人的利益与诉求传达到政府并为之争取。但到 20 世纪 60 年代，以陈修信为代表的保守派，为了谋求政党利益，置华族利益于不顾，渐渐走到了华社的对立面。《1961 年教育法令》颁布后，马华大加称赞，认为这是对华教有利的法令，并积极协助政府进行华文中学改制，引起华社的极大不满与抗议。20 世纪 90 年代后，马华逐渐地"逃离政治"而沦为华社的福利组织，这大大削弱了其在国阵中的发言力量。

总之，从上述不同时期华人社会力量与政府的博弈结果中，可以看出有些政策通过与政府艰苦卓绝的斗争后获得了政府的妥协并进行了修正。这种结果的取得往往是华人社会各方力量共同努力的结果，而且华族的政治力量在其中起着关键作用。因而，作为多民族国家中的少数族群，尤其是在那些对少数族群存在歧视的国家，要想获得平等的政治权利、享受各种合法权益，强化本族群的参政意识、积极培育及鼓励本族群的参政热情、提升本族群的政治话语权至关重要，这也是争取合法权益的必由之路与最终之路。

第二，华人社会的内部分歧与斗争严重影响了抗争的效果。

从上述博弈结果中可以看出，在华人社会团结一致共同向政府争取时，当局通常会做出一定妥协，对相关政策进行修订。但华人社会历来都较松散，各大华人力量主体并不能友好地合作，他们之间存在严重分歧与斗争。关于这点，华人领导者对此已有很深的认识。正如许子根国会议员所说："如果以一个人对一个人，我们肯定是不会输给其他民族的。但如果是十个对十个，我们一定是输的，自己打到乱。"①

以最大的华人执政党马华公会为例。在争取华教权益的过程中，马华出于政党利益的考量，往往会走到华人社会的对立面。如在 20 世纪 60 年代初反对《1961 年教育法令》中，马华就偏离了华社的斗争方向，与华社背道而驰，坚决支持政府的华教政策，致使华教在 60 年代初陷入困境。而且华人社团作为争取华社权益、影响政府政策的主要力量，在运作方式上也有着很大的局限性。华社作为民间组织，也是"中间性组织"的最大困境在于它希望摆脱政治的干扰，但又无时无刻不被政治所缠绕。他们在自治和自主的领域里无法完全独立和自由，而必须与政府官僚体系来往。在这种关系里，他们往往是被动的多，主动的少。这就决定了其发动的各种争取华社权益的运动仍摆脱不了政府的干扰，最终归于失败或收效甚微的宿命。用华人学者何启良的话来说，就是"他们始终徘徊在政治权威的边沿，没有勇气投入政治，也没有勇气脱离政治。患得患失，失去了许多宝贵的资源"②。此外，政党之间以及政党内部也存在着严重的党争，这都影响了抗争的效果。

因而，少数族裔在争取本族群的合法权益包括教育权利时，族群内部的团结至关重要。少数族群本来就在人口、政治影响力等方面不占据优势，如果内部再不能团结一致，而是自我分化，那么会更不利于争取本族群的权益。从马来西亚华族争取华教权益的历程中，可以清晰地看出族群团结一致的重要性与必要性。

第三，华教运动的效果有限，除了政治力量对比的制约外，没有获得友族（印度族及其他少数族群）的支持也是一大缺憾。

华教运动一直强调"母语教育"是基本人权，但遗憾的是这个运动的主导单位（以董教总为首的华教团体）并没有认真关注其他族群的母语教育问题，如印度社会以及原住民的母语教育，更没有联合其他少数族群共同争取本族群的合法教育权利。这也进一步限制了其斗争的效果。其实，在 20 世纪 60 年代初，华教运动还没有脱离种族本位主义，主要强调维护本族群的合法权益。到了 80 年代，它才呈现出非常进步的思想，把华教运动提升到母语、人权的层次，而不再局限于族群，这就具有普世的价值，并且容易获得其他族群的认同与支持。但

---

① 许子根：《马来西亚教育制度评析》，1985 年 3 月 17 日在《为华社开拓新境界》教育课题研讨会上发表演讲时所言。

② 何启良：《路漫漫其修远兮：马来西亚国家机关、公民社会与华人社会》，《马来西亚华人研究学刊》，1997 年第 1 期。

到了90年代，随着政府"统合化"政策的实施，许多华团包括政党又逐渐地"逃离政治"，华教运动也退化为"只谈华教，不谈政治"。这对华教权益的争取是极其不利的。

为了更好地争取华教权益，推动母语教育的发展，把华教运动提升到争取基本人权、享受平等政治权利的高度，加强与其他族群的交流与沟通，共同争取少数族群应享有的基本权利，才是必由之路。我们知道，长期以来董教总争取华教的发展空间、族群基本权益的种种努力，都被描绘为种族主义或沙文主义极端分子的行为。因此，董教总有必要凸显华文教育是华人族群的母语教育，与各族群发展母语教育的理念与诉求是一致的，应当把华文教育置于多元族群社会的背景中以及在国家利益的大前提下去定位，致力于争取各族群的支持与认同，并让人们认识到华教运动不但是为了发展本族群的母语教育，同时还是一项为国储才、惠及全民的国家事业。

因而，少数族裔在争取本族群权益的过程中一定要注意与其他族群的交流与沟通。毕竟一个人或一个团体的力量是有限的，只有汇集集体的力量才能增加与政府谈判的筹码。而且单个团体的行动很容易遭致政府误解与打压，如果联合其他团体与族群不但扩大了抗争的范围，增加了抗争的力量，而且影响力也会大大增强。

三、马华公会在争取华教权益上的局限性分析

马华公会作为最大的华人执政党、华社在政府中的代言人，从理论上说应该成为争取华社权益的主力军。但纵观整个斗争历史，虽然发挥了一定作用，但其作用却是有限的，有时还站在了华社的对立面，成为华教运动的阻力。这主要受制于以下几个因素：

第一，从其创党时的理念来看，马华公会当初的创党理念主要集中在保护和促进华人的经济及商业利益。在政治上，它是为了配合英殖民者的需要而被催生的[①]，因而其当初并没有明确的政治目标。马华的初期领导层是由受过英文教育的商人阶层所主导，他们倾向于谋求此阶层的利益，因而往往被称为"头家"政党。另外广大华人的族群权益如政治权力及华文教育的需求往往被忽略。这就导致了那些为华人社会基层利益而斗争的其他华人社团（如中华大会党和会馆组织及后来成立的华人教育团体）对马华的不满。马华与华人团体的第一次分歧是关于1955年马来亚宪法的拟定。当时的华人社团领导人普遍认为1948年的马来

---

① 当时英殖民者政府为了要遏制马来亚共产党的势力而产生了要在华社组织一个亲英人政党的想法。

亚联合邦协定否定了华人在马来亚的地位及应享有的权益，所以他们视此次的宪法修订是华人争取更多权益的契机。因而他们希望马华在与巫统谈判时应为华人争取到与马来人同等地位的条款，要求马华利用此次机会争取以出生地为基础的公民权、华文被接纳为官方语文及华文教育有更大的发展空间。但马华领导层对华团的上述利益诉求是有所保留的，他们认为要以此次重拟宪法的机会来改变由马来人主导的政治生态是困难的。在这种政治思维下，他们认为最实际的做法就是为华人争取以出生地为基础的公民权，并以此推算，一旦华人拥有了公民权，华人就拥有了政治权利并以此来维护与争取华裔的各种权益。因而，为了获得巫统对华人公民权的承认，马华最高领导层认为可以在马来特权、官方语文等课题上妥协。由此可以看出，马华的创党理念及主要的服务目标，决定了其在争取华人权益方面的有限性。

第二，在巫统一党独大的国阵格局中，马华受制于巫统，不断沦为巫统的"附庸"，对巫统言听计从以获取巫统的"政治恩赐"，处于"当家不当权"的窘境。由于马华在争取华人权益方面的妥协性，引起华人的强烈不满，并把选票投给在野党以示抗议。失去大量华人选票的马华，在很多时候必须依赖马来人选票才能顺利当选。Heng Pek Koon 就指出："此种依赖现象更易使马华受制于巫统。"①这就使得华人的执政领袖必须依靠马来政治精英的庇佑才能延续其政治生命，已完全丧失了独立前与巫统谈判的角色地位。许多关键性的政府大政策都是在巫统的主导下制定与实施的，马华只能在行政和官僚体制内从事协调和修补的工作。马华陷入"当家不当权"的窘境，有学者把其称为"联盟的苦楚"（agony of coalition）②

但马华的领导层却没有尝试或不敢尝试打破这种困局以制衡巫统一党独大的局面。尤其是 20 世纪 90 年代后，华人政党普遍出现功能失灵现象。国阵的华裔领导人日益置身在国家（甚至是国际）课题的辩论之外，特别是碰上争议性和涉及"族群敏感"的课题，他们都选择了回避，不是噤若寒蝉就是避而不谈。③但是为了凸显其合理化及在华社中存在的价值，只好极尽所能地搞民生服务、华社思想运动等非政党性活动，自我退居为去政治化的社会动员组织。潘永强把马华的这种功能转向称为"逃离政治的政治"。

---

① Heng Pek Koon, *Chinese Politics in Malaysia: A Study of the Malaysian Chinese Association*, Singapore: Oxford University Press, 1988, p. 269.

② Khoo Boo Teik, *Paradoxes of Mahathirism: An Intellectual Biography of Mahathir Mohamad*, Kuala Lumpur: Oxford University Press, 1995, p. 283.

③ Francis Loh Kok Wah, Developmentalism and the Limits of Democratic Discourse, in Loh Kok Wah & Khoo Boo Teik（eds.）, *Democracy in Malaysia: Discourses and Practices*, Surrey: Curzon Press, 2002, p. 35.

所谓"逃离政治"是指马华公会在政治上自我放逐，或在马来西亚政治之外，并日益置身于国家课题和公共政策的辩论之外，逐渐丧失现代政党的功能。[①] 马华逃离政治的举动始于 1990 年的林良实时代。林良实从 1986 年开始接任总会长一职，到 2003 年离职，领导马华将近 20 年。在开始的几年，林领导下的马华还是敢于向巫统争取华社的权益和做出退出国阵的恫言，以示抗议。如在华小高职事件中，马华就有相当积极的表现。但 20 世纪 90 年代后，林良实对巫统的态度来了个 180 度的大转折，非常强调与巫统的协商，一切以和为贵，在党内则强调家和万事兴。这也是 90 年代政府以发展主义作为施政哲学及对华社实施"统合化"政策的必然结果。林良实曾说："既然华人是少数民族，因此华人应有少数民族的心态和思维，不应再以抗争或斗争的方式来维护华人的权益。"[②] 因而，在争取华社权益方面，主要强调"内部争取"策略的有效性，以"有人在朝好办事"为宣传口号。可以说，林良实时代的马华其现代政党的功能不断弱化，逐渐丧失其政治"合法性"（legitimacy），似乎沦为创党时期的福利组织。马华公会的这种发展方向，引起广大华人的强烈不满，就连马华公会的前总会长李三春对此也颇有怨言，他曾指出："马华公会好像没有给大马华人一个发展的方向，它只重视日常的管理。"[③] 这种"逃离政治"的发展，直接导致了马华在 2008 年大选中的惨败。在其竞选的 40 个国会议席和 90 个州议席中分别赢得了 15 席和 31 席。2008 年大选的惨败也使得马华新一届领导层逐渐认识到"去政治化"的后果，正如其新任总会长翁诗杰所说："如果马华办的活动和一般校友会或神庙一样，那么干脆改名叫校友会或神庙好了！"[④] 并无奈地承认："马华不能继续逃离政治，必须有所作为，所以才有'拼政治'的说法。"[⑤]

第三，马华公会的内部党争严重消耗了其力量，并为巫统插手马华党内事务提供了契机。何国忠就认为马华内部弥漫着高度的功利主义，其党员只有追求个人功利才能看到参加该党的实际好处。[⑥] 党的各级领袖往往为了官位和权力而善于内斗。虽然党内派系的竞争是政党政治的生态，但马华公会党争的频繁与激烈

---

① 潘永强：《马华政治散论》，吉隆坡：燧人氏事业有限公司，2005 年，第 63 页。

② Chin James, Malaysian Chinese Politics in the 21st Century: Fear, Service and Marginalization, *Asian Journal of Political Science*, Vol. 9, No. 2, 2001, pp. 78 – 94.

③ 《亚洲周刊》，2000 年第 9 期，第 4—10 页。

④ 《星洲日报》，2009 年 5 月 24 日。

⑤ 《东方日报》，2010 年 1 月 18 日。

⑥ 何国忠：《今我来思》，吉隆坡：十方出版社，1993 年，第 131 页。

则少有。马华公会从 1949 年成立至今共发生了 5 次大的党争①，而每次的党争都使党的运作大受影响，最后要求由巫统来"主持公道"。② 这种不健康的发展态势不但使巫统有机会干预马华公会的党内发展，而且进一步削弱了其与巫统的权力对比，逐步造就了"巫统支配权"的牢不可破。而且巫统高层领袖往往会利用马华内部的党争机会来筛选符合巫统利益的马华公会领袖。那些有损于巫统利益的马华领袖将得不到巫统的支持而在党争中失势，或过后被免职。重要的是马华公会这种连续不断的党争使得马华失去了在华社的公信力，并使华社感到厌倦。总之，这种周而复始的内耗已使马华丧失了其华基政党的功能，华社不认为也不信任马华公会能为他们争取权益。

四、马来西亚华族母语教育的前景展望

通过近 200 年的努力与争取，马来西亚的华文教育保持了良好的发展势头，形成了从小学到大学较为完整的华文教育体系，也成为东南亚其他国家复兴华文教育的榜样。马来西亚华族母语教育的前景如何？还会不会遭致政府的不断限制与打压？诸如 20 世纪七八十年代极端单元化的政策还会不会再次出现？政府 90 年代后的"小开放"政策能否走向"进一步开放"抑或"大开放"？还是退回到之前更为极端保守的单元化政策？这些都将深刻影响着马来西亚华文教育的发展前景。

通过本书的系统考察可以发现，马来政府限制与打压华文教育的政策还是时而会出现，但"5·13"冲突后极端的单元化政策是很难再次显现的。一方面是因为国际大环境发生了极大改变，进行经济建设增强国力成为国家的重心，这就需要各民族团结一致共同努力，而不是制造族群矛盾；另一方面是通过新经济政策的实施，马来人的整体竞争力得到极大提升，尤其是教育水平。随着国际形势的不断缓和，90 年代后实行的"小开放"政策，确实让广大华人欢欣鼓舞，并期望政府的政策能更加宽松。但在马来西亚仍有一些民族极端分子，要求政府对

---

① 1959 年的林苍佑和陈修信之争；1979 年的李三春与曾永森之争；1990 年的林良实与李金狮之争；1999 年的林良实与林亚礼之争；2009 年的翁诗杰与蔡细历之争。此外还有 1973 年的陈修信与林敬益之争；1984 年的梁维泮与陈群川之争等。

② 如发生在 1984—1986 年的梁陈之争，当时的副首相慕沙希淡就以巫统大家长的姿态向马华下达逐客令。他建议马华暂时退出国阵，待解决党内纠纷后再重返国阵。参见何启良：《政治动员与官僚参与：大马华人政治论述》，吉隆坡：华社资料研究中心，1995 年，第 43 页。再如近期发生的蔡翁之争，首相纳吉就亲自与马华公会总会长翁诗杰及前署理总会长蔡细历会面，并告诫两人，国阵需要一个强大与稳定的马华，以重新赢取非马来选民的支持。详见《大马最大华人政党党争平息 源于首相出面斡旋？》，中国新闻网，http://www.chinanews.com.cn/hr/hr‐yzhrxw/news/2009/10‐23/1927106.shtml。

少数族群采取更为严厉的限制措施，并煽动民众，企图通过制造民族争端来获取个人利益。尽管这部分人只是一小部分，但他们广泛存在于各个阶层，而且能量不可小视。加之马来人的特权思想根深蒂固，这就决定了政府对华文教育的限制政策不可能消除，但也不会退回到之前极端保守的单元化政策，还是为华文教育的发展预留了一定空间。

华人社会作为华文教育发展的支撑力量，一直以来都发挥着巨大作用。尤其以董教总为首的华教社团，更是功不可没。但从华人压力集团、华人政党争取华教权益与政府的博弈过程中可以看出，华社自身存在诸多问题，正如前面所分析的。如何整合华社各方力量，而不是自我斗争与分化，这是今后华文教育发展的关键，也是各方必须体认到的。

总之，马来西亚的华族母语教育虽然取得了巨大成就，政府相对宽松的政策也为其发展预留了一定空间。但与此同时，我们也要看到，在这种成就的背后仍然存在一系列有待解决的问题，诸如师资、教材、政府的限制性政策以及华社的内部整合等。可以预见，未来马来西亚华文教育的发展前景仍是机遇与困难并存，在面临巨大发展机遇的同时，各种困难仍将继续环绕其间，"成就困境"的局面仍将长期存在。

附　录

一、马来西亚的州与联邦直辖区

Johor 柔佛　　　　　　Kedah 吉打　　　　　　Kelantan 吉兰丹

Melaka 马六甲　　　　Negeri Sembilan 森美兰　　Pahang 彭亨

Perak 霹雳　　　　　　Perlis 玻璃市　　　　　Pulau Pinang 槟城

Sabah 沙巴　　　　　　Sarawak 沙捞越　　　　　Selangor 雪兰莪

Terengganu 丁加奴　　　Putrajaya 布城　　　　　Labuan 纳闽

Kuala Lumpur 吉隆坡

二、历任马华公会会长

会长	任期	时间	备注
陈祯禄（Tan Cheng Lock）	第一任	1949.2—1958.3	
林苍佑（Lim Chong Eu）	第二任	1958.3—1959.7	
谢敦禄（Cheah Toon Lok）		1959.7—1961.11	代总会长
陈修信（Tan Siew Sin）	第三任	1961.11—1974.4	
李三春（Lee San Choon）	第四任	1974.4—1983.3	
梁维泮（Neo Yee Pan）		1983.3—1985.11	代总会长
陈群川（Tan Koon Swan）	第五任	1985.11—1986.9	
林良实（Ling Liong Sik）	第六任	1986.9—2003.5	
黄家定（Ong Ka Tmg）	第七任	2003.5—2008.11	
翁诗杰（Ong Tee Keat）	第八任	2008.11—	

三、历任教总主席

主席	任期	时间	备注
陈充恩	第 1 届	1951. 12—1952. 2	1952 年 2 月遇狙逝世，由周曼沙代任至 5 月。
黎薄文		1952. 5—1952. 12	
蔡任平	第 2 届	1952. 12—1953. 12	
林连玉	第 3 届—第 10 届	1954. 1—1961. 12	
黄润岳	第 11 届—第 12 届	1962—1963	
丁品松	第 13 届—第 14 届	1964—1965	
沈慕羽	第 15 届—第 42 届	1966. 1—1994. 5	
王超群	第 43 届—	1994. 6—	

四、马来西亚教育政策最高负责人名表

（一）独立以前—自治以前（1948—1955）

级别	任期	备注
钦差大臣（High Commissioner）		
Sir Henry Gurney	1948—1951. 10	
Sir General Gerald Templer	1952. 2—1954. 5	
Sir D. C. Mcgillvray	1954. 6—1955. 8	
教育阁员（Member for Education）		
Dato E. E. C. Thuraisingham	1951. 4—1954. 10	辞职
提学司（Director of Education）		
M. R. Holgate		
L. D. Whitfield	1951. 3—1955	Thuraisingham 后代任教育阁员一职

（二）独立以前—自治以后（1955—1957）

级别	任期	备注
钦差大臣（High Commissioner）		
Sir D. C. Mcgillvray	1955.8—1957.8	
首席部长（Chief Minister）		
东姑·拉赫曼（Tunku Abdul Rahman）	1955.8—1957.8	代表联盟—巫统
教育部长（Minister for Education）		
阿都拉萨（Abdul Razak）	1955.8—1957.8	代表联盟—巫统
副教育部长（Deputy Minister for Education）		
朱运兴（Too Joo Hing）	1955.8—1957.8	代表联盟—马华
提学司（Director of Education）		
E. M. F. Payne	1955—	

（三）独立以后（1957— ）

级别	任期	备注
首相（Prime Minister）		
东姑·拉赫曼（Tunku Abdul Rahman）	1957.8—1970.9	代表联盟—巫统
阿都拉·拉扎克（Tun Abdul Razak）	1970.9—1976.1	代表联盟—巫统，1974 年国民阵线成立
敦胡先翁（Tun Hussein Onn）	1976.1—1981.7	代表国阵—巫统
马哈蒂尔（Tun Dr. Mahthir Mohamad）	1981.7—2003.10	代表国阵—巫统
阿都拉·巴达维（Abdunah Haji Badawi）	2003.10—2009.4	代表国阵—巫统
纳吉·阿都拉萨（Najib Bin Tun Haji Abdul Razak）	2009.4—	代表国阵—巫统
教育部长（Minister of Education）		
佐哈励（Mohd. Khir Johari）	1957.8—1959.8	代表联盟—巫统
拉曼达立（Rahman Talib）	1959.8—1962.10	代表联盟—巫统
阿都哈密（Abdul Hamid Khan）	1962.10—1964.5	代表联盟—巫统

（续上表）

级别	任期	备注
佐哈励（Mohd. Khir Johari）	1964. 5—1969. 5	代表联盟—巫统，第 2 次出任
阿都拉曼（Abdul Rahman）	1969. 5—1970. 6	代表联盟—沙捞越联盟党
胡先翁（Hussein Onn）	1970. 6—1973. 8	代表联盟—巫统
莫哈末耶谷（Mohamad Yaacob）	1973. 8—1974. 8	代表联盟—巫统
马哈蒂尔（Mahthir Mohamad）	1974. 8—1978. 1	代表联盟—巫统
慕沙（Musa）	1978. 1—1981. 7	代表联盟—巫统
苏莱曼（Sulaiman）	1981. 7—1984. 7	代表联盟—沙捞越土著保守党
阿都拉·巴达维（Abdunah Haji Badawi）	1984. 7—1986. 7	代表联盟—巫统
安华（Anwar）	1986. 7—1991	代表联盟—巫统
纳吉（Najib）	1995—1999	代表联盟—巫统
慕沙莫哈末（Musa Mohamad）	1999—2004	代表联盟—巫统，接任时为无党籍人士
希山慕丁（Hishammuddin）	2004—2009	代表联盟—巫统
慕尤丁（Muhyiddin）	2009. 4—	代表联盟—巫统
副教育部长（Deputy Minister for Education）（列出的只限华人）		
李孝友（Lee Siok Yew）	1964. 5—1969. 5	代表联盟—马华
陈声新（Chang Siang Sun）	1974. 8—1982. 4	代表联盟—马华
陈忠鸿（Dr. Tan Tiong Hong）	1982. 4—1984. 7	代表联盟—马华
周宝琼（Datin Paduka Rosemary Chong）	1984. 7—1985. 3	代表联盟—马华
林良实（Dr. Ling Liong Sik）	1985. 3—1987	代表联盟—马华
云时进	1987—1992	代表联盟—马华
韩春锦	2007—2008	代表联盟—马华
魏家祥	2008. 3—	代表联盟—马华

五、历届马华公会内阁部长席次

序号	时间（年）	内阁席次及其部长名称
1	1955—1958	财政部（李孝式）、工商部（陈修信）、交通部（李孝式、翁毓麟）、卫生及福利部（梁宇皋）、邮政及通讯部（翁毓麟）、劳工及福利部（翁毓麟）
2	1959—1963	财政部（陈修信）、司法部（梁宇皋）、工商部（林瑞安）、卫生部（林瑞安）、卫生及福利部（翁毓麟）、不管部（翁毓麟）
3	1964	财政部（陈修信）、工商部（林瑞安）、房屋及地方政府部（许启谟）、福利部（吴锦波）、不管部（翁毓麟）
4	1965—1966	财政部（陈修信）、工商部（林瑞安）、房屋及地方政府部（许启谟）、不管部兼驻美大使（翁毓麟）
5	1967—1968	财政部（陈修信），工商部（林瑞安），房屋及地方政府部（许启谟），不管部兼驻美、加大使（翁毓麟）
6	1969—1973	财政部（陈修信）、卫生部（李孝友、吴锦波）、福利部（吴锦波）、房屋及地方政府部（许启谟）、不管部兼驻美大使（李孝友、翁毓麟）、特别任务部（陈修信、李孝友、许启谟、林敬益）
7	1973—1974	财政部（陈修信），卫生部（李孝友），工艺、研究及新村协调部（李三春），特别任务部（曾永森）
8	1974—1975	财政部（陈修信）、劳工及人力部（李三春）、卫生部（李孝友）、房屋及新村部（曾永森）
9	1976—1978	劳工及人力部（李三春）、卫生部（李孝友）、房屋及新村部（曾永森）、不管部（张汉源）
10	1978—1979	工程及公用事业部（李三春）、劳工及人力部（何文翰）、卫生部（张汉源）、房屋及地方政府部（曾永森）
11	1980—1981	交通部（李三春）、劳工及人力部（何文翰）、卫生部（张汉源）、房屋及乡村发展部（梁维泮）
12	1982	交通部（李三春）、劳工及人力部（麦汉锦）、卫生部（张汉源）、房屋及地方政府部（梁维泮）
13	1983—1985	交通部（张汉源）、劳工部（麦汉锦）、卫生部（张汉源）、房屋及地方政府部（梁维泮）

（续上表）

序号	时间（年）	内阁席次及其部长名称
14	1986—1988	交通部（林良实）、劳工部（李金狮）、卫生部（陈声新）、房屋及地方政府部（黄俊杰）
15	1989—1990	交通部（林良实）、劳工部（林亚礼）、卫生部（李金狮）、房屋及地方政府部（黄俊杰）
16	1991—1994	交通部（林良实）、人力资源部（林亚礼）、卫生部（李金狮）、房屋及地方政府部（陈祖排）
17	1995—1999	交通部（林良实）、人力资源部（林亚礼）、卫生部（蔡锐明）、房屋及地方政府部（陈祖排）
18	1999—2003	交通部（林良实）、人力资源部（冯镇安）、卫生部（蔡锐明）、房屋及地方政府部（黄家定）
19	2003—2004	交通部（陈广才）、人力资源部（冯镇安）、卫生部（蔡锐明）、房屋及地方政府部（黄家定）
20	2004—2008	交通部（陈广才）、人力资源部（冯镇安）、卫生部（蔡细历）、房屋及地方政府部（黄家定）
21	2008—	交通部（翁诗杰）、旅游部（黄燕燕）、卫生部（廖中莱）、房屋及地方政府部（江作汉）

六、《1961 年教育法令》通过后，华文中学改制状况

州属	间数	校名
A：接受改制的 52 间华文中学		
吉打（州）	3	亚罗士打吉华、双溪大年新民、居林觉民
槟城	9	钟灵、槟华女中、中华、菩提、协和、恒毅、修道院、圣心、日新等中学（一部分是教会中学）
吡叻	14	太平华联、江沙崇华、实兆远南华、天定中学、华都牙也育群、和丰兴中、安顺三民、金宝塔元、美罗中华、怡保育才、培南、吡叻女中、三德、玛利亚
雪兰莪	7	加影育华、巴生光华、巴生中华、吉隆坡尊孔、吉隆坡中华、适耕庄育群、八打灵公教

（续上表）

州属	间数	校名
森美兰	3	芙蓉振华、马口启文、庇老中华
马六甲	3	育民、浮罗士邦华文中学、马六甲华文中学
柔佛	4	昔加末昔华、利丰港培华、丰盛港培智、笨珍培群
彭亨	7	文冬启文、公教、老勿中竞、金马仑中学、立卑中华、关丹中华、淡马鲁华联
丁加奴	1	中华维新
吉兰丹	1	哥打峇鲁中华
B：不接受改制的 14 间华文中学		
槟城	1	韩江
雪兰莪	4	吉隆坡坤城、循人、巴生兴华、滨华
森美兰	2	芙蓉中华、波德申中华
马六甲	1	培风
柔佛	6	居銮中华、麻坡中华、峇株华仁、永平华文中学、新山宽柔、新文龙中华

（注：改制后的华文中学开始时均兼办独立中学，但维持不久。生存下来的就发展为独立中学，成为全国华文独中系统的一个重要组成部分。）

参考文献

一、中文著作

1. 李帕特著，张慧芝译：《多元社会的民主》，台北：桂冠出版社，2003 年。

2. 李帕特著，张慧芝译：《选举制度与政党体系》，台北：桂冠出版社，2003 年。

3. 巴素著，郭湘章译：《东南亚之华侨》，台北：国立编译馆，1974 年。

4. 本尼迪克特·安德森著，吴睿人译：《想象的共同体》，上海：上海人民出版社，2003 年。

5. 别必亮：《传承与创新：近代华侨教育研究》，石家庄：河北教育出版社，2001 年。

6. 曹云华：《变异与保持——东南亚华人的文化适应》，北京：中国华侨出版社，2001 年。

7. 曹云华、许梅、邓仕超：《东南亚华人的政治参与》，北京：中国华侨出版社，2004 年。

8. 曹淑瑶：《国家建构与民族认同：马来西亚华文大专院校之探讨（1965—2005）》，厦门：厦门大学出版社，2010 年。

9. 崔贵强：《新马华人国家认同的转向（1945—1959）》，厦门：厦门大学出版社，1989 年。

10. 陈晓律等：《马来西亚：多元文化中的民主与权威》，成都：四川人民出版社，2000 年。

11. 程曼丽：《海外华文传媒研究》，北京：新华出版社，2001 年。

12. D. G. E. 霍尔，中山大学东南亚历史研究所译：《东南亚史》（下），北京：商务印书馆，1982 年。

13. 戴维·米勒、韦农·波格丹诺主编，邓正来译：《布莱克维尔政治学百科全书》，北京：中国政法大学出版社，1992 年。

14. 菲利克斯·格罗斯著，王建娥、魏强译：《公民与国家——民族、部族和族属身份》，北京：新华出版社，2003 年。

15. 古鸿廷：《教育与认同：马来西亚华文中学教育之研究（1945—2000）》，厦门：厦门大学出版社，2003 年。

16. 古鸿廷：《东南亚华侨的认同问题（马来西亚篇)》，台北：台湾联经出版事业公司，1994 年。

17. 葛永光：《文化多元主义与国家整合——兼论中国认同的形成与挑战》，台北：正中书局，1991 年。

18. 顾长永：《东南亚政府与政治》，台北：五南图书出版公司，1995 年。

19. 韩方明：《华人与马来西亚现代化进程》，北京：商务印书馆，2002 年。

20. 韩振华：《中国与东南亚关系史》，南宁：广西人民出版社，1992 年。

21. 黄皇宗主编：《港台文化与海外华文教育》，广州：中山大学出版社，1992 年。

22. 何启良：《当代大马华人政治省思》，吉隆坡：华社资料研究中心，1994 年。

23. 何启良：《面向权威》，吉隆坡：十方出版社，1995 年。

24. 何启良：《政治动员和官僚参与——大马华人政治论述》，吉隆坡：华社资料研究中心，1995 年。

25. 何启良、祝家华、安焕然主编：《马来西亚、新加坡社会变迁四十年（1965—2005）》，吉隆坡：南方学院出版社，2006 年。

26. 何国忠：《马来西亚华人：身份认同、文化与族群政治》，吉隆坡：华社资料研究中心，2002 年。

27. 何国忠：《百年回眸：马华文化与教育》，吉隆坡：华社资料研究中心，2005 年。

28. 花建：《软权利之争：全球化视野中的文化潮流》，上海：上海社会科学出版社，2001 年。

29. 黄枝连：《东南亚华族社会发展论——探索走向二十一世纪的中国和东南亚的关系》，上海：上海社会科学出版社，1992 年。

30. 黄士春译：《马来西亚联邦宪法》（华文译本），吉隆坡：新雅达法律翻译出版社，1998 年。

31. 华社资料研究中心编：《马来西亚种族两极化之根源》，吉隆坡：华社资料研究中心，1987 年。

32. 华社资料研究中心编：《探讨马来西亚经济政策》，吉隆坡：马来西亚雪兰莪中华大会堂，1990 年。

33. 加布里埃尔·A. 阿尔蒙德等著，曹沛霖等译：《比较政治学：体系、过程和政策》，上海：上海译文出版社，1987 年。

34. 江宜桦：《自由主义、民族主义与国家认同》，台北：扬智文化事业股份有限公司，1998 年。

35. 景天魁等：《社会公正理论与政策》，北京：社会科学文献出版社，2004 年。

36.《教总 33 年》编辑室编：《教总 33 年》，吉隆坡：马来西亚华校教师会总会，1987 年。

37. 柯嘉逊：《马来西亚华教奋斗史》，吉隆坡：马来西亚雪兰莪中华大会堂，1991 年。

38. 柯嘉逊：《5·13——1969 年暴动之解密文件》，吉隆坡：马来西亚人民之声出版，2007 年。

39. 科内尔·韦斯特：《新的差异文化政治》，载罗刚、刘象愚：《文化研究读本》，北京：中国社会科学出版社，2000 年。

40. 孔远志：　《印度尼西亚马来西亚文化探析》，香港：南岛出版社，2000 年。

41. 卢西恩·W. 派伊著，刘笑盈等译：《东南亚政治制度》，南宁：广西人民出版社，1993 年。

42. 莱斯利·里普森著，刘晓等译：《政治学的重大问题》，北京：华夏出版社，2001 年。

43. 劳伦斯·迈耶等著，罗飞等译：《比较政治学：变化世界中的国家和理论》（第 2 版），北京：华夏出版社，2001 年。

44. 林远辉、张应龙：《新加坡、马来西亚华侨史》，广州：广东高等教育出版社，1991 年。

45. 林开忠：《建构中的华人文化：族群属性、国家与华教运动》，吉隆坡：华社资料研究中心，1999 年。

46. 林水檺、何启良、何国忠、赖观福合编：《马来西亚华人史新编》，吉隆坡：马来西亚中华大会堂总会，1998 年。

47. 林水檺、骆静山：《马来西亚华人史》，吉隆坡：马来西亚留台校友会联合总会，1984 年。

48. 林水檺主编：《文教事业论集》，吉隆坡：马来西亚雪兰莪中华大会堂，1985 年。

49. 林若雩：《马哈迪主政下的马来西亚：国家与社会关系（1981—2001）》，台北：韦伯文化事业出版社，2001 年。

50. 林蒲田：《华侨教育与华文教育概论》，厦门：厦门大学出版社，1995 年。

51. 李亦园：《东南亚华人社会研究》，台北：正中书局，1985 年。

52. 李灵窗：《马来西亚华人延伸、独有及融合的中华文化》，福州：海峡文艺出版社，2004 年。

53. 李宝鐕：《马来西亚华人涵化之研究——以马六甲为中心》，台北：国立台湾师范大学历史研究所，1998 年。

54. 刘宏：《中国—东南亚学——理论建构·互动模式·个案分析》，北京：中国社会科学出版社，2000 年。

55. 梁英明：《战后东南亚华人社会变化研究》，北京：昆仑出版社，2001 年。

56. 罗伯特·达尔著，李柏光等译：《论民主》，北京：商务印书馆，1999 年。

57. 骆静山：《知识分子与华人社会》，吉隆坡：华社资料研究中心，1994 年。

58. 马来西亚董教总全国华文独中工委会资讯局编：《马来西亚的华文教育》，吉隆坡：马来西亚华校董事联合会总会，1992 年。

59. 马来西亚董教总全国华文独中工委会编：《独大史料集》，吉隆坡：马来西亚独立大学有限公司，1993 年。

60. 马来西亚董教总全国华文独中工委会编：《马来西亚华文独立中学教育改革纲领》，吉隆坡：马来西亚华校董事联合会总会，2005 年。

61. 马来西亚华校董事联合会总会、马来西亚华校教师会总会编：《新教育法令与华文教育》，吉隆坡：马来西亚华校董事联合会总会，1996 年。

62. 马来西亚华校教师会总会编：《华文教育史料》（上、中、下册），吉隆坡：教总教育研究中心，1984 年。

63. 马来西亚华校董事联合会总会编：《马来西亚的华文教育》，吉隆坡：马来西亚华校董事联合会总会，1992 年。

64. 马戎：《民族社会学——社会学的族群关系研究》，北京：北京大学出版社，2004 年。

65. 马戎：《西方民族社会学的理论与方法》，天津：天津人民出版社，1997 年。

66. 马哈蒂尔著，叶钟铃译：《马来人的困境》，吉隆坡：皇冠出版社，1981 年。

67. 麦礼谦：《从华侨到华人》，香港：三联书局有限公司，1992 年。

68. 麦留芳：《方言群认同——早期星马华人的分类准则》，台北：中央研究院民族研究所，1985 年。

69. 迈克尔·罗斯金等著，林震等译：《政治科学》（第 6 版），北京：华夏出版社，2001 年。

70. 让·布隆代尔、毛里齐奥·科塔：《政党政府的性质——一种比较性的欧洲视角》，北京：北京大学出版社，2006 年。

71. 塞缪尔·P. 亨廷顿著，刘军宁译：《第三波——20 世纪后期民主化浪潮》，上海：上海三联书店，1998 年。

72. 塞缪尔·P. 亨廷顿著，王冠华等译：《变化社会中的政治秩序》，上海：上海三联书店，1989 年。

73. 塞缪尔·P. 亨廷顿等著，罗荣渠译：《现代化：理论与历史经验的再探讨》，上海：上海译文出版社，1993 年。

74. 塞缪尔·P. 亨廷顿著，周琪等译：《文明的冲突与世界秩序的重建》，北京：新华出版社，1998 年。

75. 石之瑜：《后现代的国家认同》，台北：世界书局，1995 年。

76. 腾星：《族群、文化与教育》，北京：民族出版社，2002 年。

77. 吴崇伯等：《当代各国政治体制——东南亚诸国》，兰州：兰州大学出版社，1998 年。

78. 威尔·金里卡著，邓红凤译：《少数的权利：民族主义、多元文化主义和公民》，上海：上海世纪出版集团，2005 年。

79. 王赓武：《东南亚与华人：王赓武教授论文选集》，北京：中国友谊出版社，1987 年。

80. 王赓武：《王赓武自选集》，上海：上海教育出版社，2002 年。

81. 王赓武：《南海贸易与南洋华人》，香港：中华书局香港分局，1988 年。

82. 王国璋：《马来西亚的族群政党政治（1955—1995）》，台北：唐山出版社，1997 年。

83. 王秀南：《星马教育泛论》，香港：东南亚研究所，1970 年。

84. 王建娥、陈建樾：《族际政治与现代民族国家》，北京：社会科学文献出版社，2004 年。

85. 谢诗坚：《马来西亚华人政治思潮演变》，槟城：友达企业有限公司，1984 年。

86. 谢诗坚：《巫统政治风暴》，槟城：中央纸业有限公司，1999 年。

87. 谢成佳：《华侨华人百科全书·社团政党卷》，北京：中国华侨出版社，1999 年。

88. 《马来西亚全国华团联合宣言》，吉隆坡：马来西亚雪兰莪中华大会堂，1990 年。

89. 1219 华教盛会工委会史料展组：《华光永耀》，吉隆坡：马来西亚华校董事联合会总会，1993 年。

90. 约翰·汤姆林森著，郭英剑译：《全球化与文化》，南京：南京大学出版社，2002 年。

91. 约翰·费斯克等：《关键概念：传播与文化研究辞典》，北京：新华出版社，2004 年。

92. 亚里士多德著，吴寿彭译：《政治学》，上海：商务印书馆，1965 年。

93. 叶玉贤：《语言政策与教育：马来西亚与新加坡之比较》，台北：前卫出版社，2002 年。

94. 杨建成：《马来西亚华人的困境——西马来西亚华巫政治关系之探讨 (1957—1978)》，台北：文史哲出版社，1982 年。

95. 颜清湟：《新马华人社会史》，北京：中国华侨出版社，1991 年。

96. 张茂桂等：《族群关系与国家认同》，台北：业强出版社，1993 年。

97. 张锡镇：《当代东南亚政治》，南宁：广西人民出版社，1995 年。

98. 张锡镇：《东南亚政府与政治》，台北：扬智文化事业股份有限公司，1999 年。

99. 张焕庭：《西方资产阶级教育论著选》，北京：人民教育出版社，1979 年。

100. 张泉林：《当代中国华侨教育》，广州：广东高等教育出版社，1989 年。

101. 郑良树：《马来西亚华文教育发展史》（一、二、三、四册），吉隆坡：马来西亚华校教师会总会，1996 年。

102. 庄国土：《二战以后东南亚华族社会地位的变化》，厦门：厦门大学出版社，2003 年。

103. 庄国土：《华侨华人与中国的关系》，广州：广东高等教育出版社，2001 年。

104. 庄炎林、伍杰：《华侨华人侨务大辞典》，济南：山东友谊出版社，1997 年。

105. 周聿峨：《东南亚华文教育》，广州：暨南大学出版社，1995 年。

106. 朱迪斯·戈尔茨坦、罗伯特·基欧汉，刘东国译：《观念与外交政策：信念、制度与政治变迁》，北京：北京大学出版社，2005 年。

107. 钟伟前主编：《董总 50 年特刊（1954—2004）》，吉隆坡：马来西亚华校董事联合会总会，2004 年。

108. 郑杭生主编：《民族社会学概论》，北京：中国人民大学出版社，2005 年。

109. 郑楚宣等编：《政治学基本理论》，广州：广东人民出版社，2001 年。

110. 周平：《民族政治学》，北京：高等教育出版社，2003 年。

111. 朱杰勤：《东南亚华侨史》，北京：高等教育出版社，1990 年。

112. 朱振明主编：《当代马来西亚》，成都：四川人民出版社，1995 年。

113. 曾少聪：《漂泊与根植：当代东南亚华人族群关系研究》，北京：中国社会科学出版社，2004 年。

114. 祝家华：《解构政治神话：大马两线制政治的评析（1985—1992）》，吉隆坡：华社资料研究中心，1994 年。

二、中文期刊

1. Abdul Muluk Daud，庄迪澎摘译：《民主行动党中的马来人领导》，《资料与研究》，1998 年第 33 期。

2. 安焕然：《华教运动与华教素质》，《人文杂志》，2000 年第 2 期。

3. 安焕然：《"反"的制衡与"反"的失落——大马社会与国家机关互动关系之探讨》，《资料与研究》，1995 年第 17 期。

4. 白晓东：《法律突破：马来西亚华文教育发展战略的必行步骤》，《华侨华人历史研究》，1996 年第 3 期。

5. 曹云华：《试论东南亚华人的文化适应》，《华侨华人历史研究》，1999 年第 3 期。

6. 曹云华：《宗教信仰对东南亚华人文化适应的影响》，《华侨华人历史研究》，2002 年第 1 期。

7. 曹云华：《马来西亚的社会政策与社会发展》，《资料与研究》，1998 年第 43 期。

8. 曹云华：《试论马来西亚的"新经济政策"——从华人与原住民关系的角度进行分析》，《东南亚纵横》，1998 年第 2 期。

9. 陈衍德：《论当代东南亚华人文化与当地文化的双向互动》，《人文杂志》，2001 年第 11 期。

10. 陈中和：《族群认同与宗教运动在国家政策的运用：初探马来西亚巫统文明与伊斯兰运动》，《台湾东南亚学刊》，2005 年第 2 期。

11. 陈志明著，李远龙译：《马来西亚华人的认同》，《广西民族学院学报》，1998 年第 4 期。

12. 陈锦松：《教育课题乃是政治筹码》，《资料与研究》，1995 年第 16 期。

13. 陈友信：《公民社会对大马华社的启示》，《资料与研究》，1995 年第

18 期。

14. 陈剑：《马来西亚华团文化复兴运动》，《华侨华人历史研究》，1997 年第 S1 期。

15. 程嘉辉：《马华公会对华文教育的态度演变研究——政党政治的研究视角》，暨南大学硕士学位论文，2009 年。

16. Dr. Ahmad Fawzi Mohd. Basri，庄迪澎译：《马哈迪主义：马来西亚的政治规划》，《资料与研究》，1998 年第 32 期。

17. 戴小峰：《伊斯兰复兴及其对马来西亚政治的影响》，暨南大学硕士学位论文，2004 年。

18. 费昭珣：《马华公会：对马来西亚华人政党的个案分析》，暨南大学硕士学位论文，2000 年。

19. 古鸿廷：《马来西亚独立初期之华文教育》，《南洋问题研究》，1999 年第 3 期。

20. 高英凯：《两个"新传统"方案——〈阿布都拉〉与〈马来人的困境〉中的马来社会》，（南投）台湾暨南国际大学东南亚研究所硕士学位论文，2003 年。

21. 黄光成：《多元文化下的马来西亚华人社会》，《东南亚》，1995 年第 1 期。

22. 黄云静：《马来西亚联邦体制特点及其成因》，《东南亚研究》，1996 年第 5 期。

23. 黄云静：《马来西亚现代政治制度的确立——兼论英国殖民统治的遗产问题》，《东南亚研究》，2000 年第 1 期。

24. 黄进发：《从〈诉求〉看华团的政治参与》，《人文杂志》，2001 年第 12 期。

25. 胡春艳：《冷战后"成就困境"中的马来西亚华文教育》，暨南大学硕士学位论文，2006 年。

26. 胡春艳：《马来西亚国家文化下的华人文化——兼论多元文化的建设》，《世界民族》，2008 年第 5 期。

27. 胡春艳：《海外华文教育的涵义嬗变及其历史分期——以东南亚地区为例》，《东南亚研究》，2009 年第 4 期。

28. 胡春艳：《民族社会学视角：制度规约下的马来西亚族群关系》，《世界民族》，2009 年第 5 期。

29. 胡春艳：《冷战后马来西亚华文教育发展状况探析》，《东南亚纵横》，2009 年第 12 期。

30. 胡爱清：《由固打制向绩效制转变：机遇抑或挑战——马来西亚教育政策的转变及其对华人受教育权利的影响》，《世界民族》，2004 年第 1 期。

31. 洪丽芬：《马来西亚社会变迁与当地华人语言转移现象研究——一个华裔的视角》，厦门大学博士学位论文，2006 年。

32. 韩方明：《海外华人三重性及其作用——以马来西亚为例》，《华侨华人历史研究》，2001 年第 4 期。

33. 何启良：《路漫漫其修远兮：马来西亚国家机关、公民社会和华人社会》，《马来西亚华人研究学刊》，1997 年第 1 期。

34. 何启良：《九十年代后期动荡中的马来西亚华人社会》，《人文杂志》，2000 年第 1 期（创刊号）。

35. 何启良：《从历史、政策和同化主义谈华人正名》，《资料与研究》，1998 年第 34 期。

36. 何国忠：《族群关系和马来西亚华人文化》，《人文杂志》，2001 年第 12 期。

37. Judith Nagata 著，叶瑞生节译：《如何在不成为回教国下进行回教化——一个形塑中的马来西亚发展模式》，《资料与研究》，1995 年第 16 期。

38. 君适：《马来亚殖民政府之教育政策与华侨政策》，《南洋研究》，1923 年第 5 卷第 1 期。

39. 孔颂华：《当代马来西亚语言教育政策发展研究》，华南师范大学硕士学位论文，2007 年。

40. 廖小健：《战后马来西亚华文教育的发展变化》，《东南亚研究》，1993 年第 3 期。

41. 廖小健：《马来西亚国阵政府的华人政策走向》，《华侨华人历史研究》，2001 年第 1 期。

42. 廖小健：《马来西亚、印度尼西亚民族关系比较》，《世界民族》，2004 年第 1 期。

43. 廖小健：《马来西亚华人比重的增减与影响》，《八桂侨刊》，2001 年第 3 期。

44. 廖小健：《战后马来西亚族群关系研究》，暨南大学博士学位论文，2007 年。

45. 廖文辉：《马来社会问题形成的一些可能历史解释——马来社会史的一个侧写》，《人文杂志》，2002 年第 17 期。

46. 廖文辉：《董总、教总与马华公会——谈三机构的分合》，《人文杂志》，2001 年第 7 期。

47. 廖文辉：《华教运动的困境与展望》，《人文杂志》，2000 年第 2 期。

48. 廖韶吟：《马来西亚经济发展政策对华巫种族关系的影响》，（台中）东海大学政治学研究所硕士学位论文，1998 年。

49. 林去病：《马来西亚华文教育三个突破的意义及其发展的前景》，《华侨华人历史研究》，1998 年第 2 期。

50. 林开忠：《从国家理论的立场论马来西亚华文教育运动中'传统中华文化'之创造》，（新竹）清华大学社会人类学研究所硕士学位论文，1991 年。

51. 林开忠：《华文教育运动与华人意识的建构》，《人文杂志》，2000 年第 2 期。

52. 林国安、莫泰熙：《当前马来西亚华文教育发展的若干思考》，《华侨华人历史研究》，1996 年第 3 期。

53. 刘建彪：《马来西亚华人及其对中马关系的影响》，暨南大学硕士学位论文，2000 年。

54. 梁英明：《马来西亚华文教育与华人经济的发展》，《华侨华人历史研究》，1989 年第 1 期。

55. 梁忠：《马来西亚政府华人政策研究——从东姑·拉赫曼到马哈蒂尔》，复旦大学博士学位论文，2006 年。

56. 李君哲：《战后马来西亚华文教育的回顾与前瞻》，《华侨华人历史研究》，1989 年第 3 期。

57. 李一平：《试论马来西亚华人与马来人的民族关系》，《世界历史》，2003 年第 5 期。

58. 李以峰：《马华公会与马来西亚华人》，厦门大学硕士学位论文，1995 年。

59. 李悦肇：《马哈迪时期马来西亚之国家整合（1981—2003）》，（台北）中国文化大学政治学研究所硕士学位论文，2003 年。

60. 李粉玲：《1930—1957 年间马来西亚共产党的主要活动》，厦门大学硕士学位论文，2009 年。

61. 李素华：《对政治认同的功能和资源分析》，复旦大学博士学位论文，2005 年。

62. 李永杰：《阅读〈马来人的困境〉》，《人文杂志》，2001 年第 9 期。

63. 李美贤：《新马印华人——族群关系与国家建构》，《亚洲文化》，2007 年第 31 期。

64. 连进军：《马来西亚与菲律宾高等教育发展的比较研究》，浙江大学博士学位论文，2002 年。

65. 卢正涛：《新加坡威权政治研究》，武汉大学博士学位论文，2003 年。

66. 利亮时：《探讨五一三事件对华文教育所造成的影响》，《人文杂志》，2002 年第 15 期。

67. 利亮时：《独立前后教育政策对华社影响》，《人文杂志》，2001 年第 8 期。

68. 蓝姆拉·阿当著，赖顺吉译：《初步评价东姑·阿都拉曼的领导》，《资料与研究》，1997 年第 28 期。

69. 潘一宁：《战后马来西亚华文教育的发展（1946—1980）》，《东南亚研究》，1989 年第 1 期。

70. 潘少红：《两种歧见下的马来亚华文教育》，厦门大学硕士学位论文，2000 年。

71. 潘永强：《五一三后的新国家运动》，《人文杂志》，2002 年第 15 期。

72. 潘永强：《马来西亚华人左翼政治——兼论劳工党的意识形态》，《人文杂志》，2000 年第 3 期。

73. 潘永强：《私性、统合与越位——论华团政治文化与公共参与》，《人文杂志》，2001 年第 12 期。

74. 潘惋明：《马来亚共产党之"兴衰"与困境》，《人文杂志》，2000 年第 4 期。

75. 彭俊：《华文教育研究》，上海师范大学博士学位论文，2004 年。

76. 彭伟步：《新马华文报纸话语权比较研究》，《东南亚研究》，2008 年第 3 期。

77. 彭伟步：《马哈蒂尔与传媒》，《国际新闻界》，2004 年第 2 期。

78. 彭伟步：《东南亚华文传媒的媒介功能与前瞻》，《东南亚研究》，2002 年第 3 期。

79. 任怡心：《马来西亚联盟与国阵政府联合之研究》，（台北）政治大学政治学研究所硕士学位论文，1985 年。

80. 石沧金：《马来西亚华人社团史研究》，暨南大学博士学位论文，2003 年。

81. 石沧金：《二战后马来西亚华人社团的政治参与》，《世界民族》，2004 年第 4 期。

82. 石沧金：《华人教育的重要推动力量》，《比较教育研究》，2006 年第 3 期。

83. 石沧金：《试析二战后马来西亚华人社团与华文教育发展的关系》，《南洋问题研究》，2005 年第 4 期。

83. 山下彰一著，汪慕恒译：《马来西亚新国家发展政策的概要与各种课题》，《南洋资料译丛》，1994 年第 1 期。

84. 孙易红：《沈慕羽与马来西亚华文教育》，福建师范大学硕士学位论文，2006 年。

85. 孙雨嘉：《马来西亚政治中的伊斯兰因素探析》，暨南大学硕士学位论文，2004 年。

86. Tan Sri Ghazali Shafie 著，叶瑞生译：《马来西亚国族的塑造》，《资料与研究》，1996 年第 23 期。

87. Wan Hashim WanTeh 著，庄迪澎译：《敦胡先翁时代（1976—1981）的政治领导斗争的鲜明态度与连续性》，《资料与研究》，1998 年第 31 期。

88. Wan Hashim WanTeh 著，庄迪澎译：《马哈迪领导的优缺点》，《资料与研究》，1998 年第 32 期。

89. 温北炎：《试比较印尼与马来西亚华人融入当地主流社会的程度》，《东南亚纵横》，2003 年第 1 期。

90. 王子昌：《政治领导与马来西亚国族"打造"》，《世界民族》，2004 年第 1 期。

91. 王子昌：《集团博弈与公共利益——以马来西亚政治为例的研究》，《东南亚研究》，2002 年第 3 期。

92. 王国璋：《反思五一三》，《人文杂志》，2002 年第 15 期。

93. 王瑞国：《马来西亚华校董事联合会总会（董总）与华文教育》，厦门大学硕士学位论文，2005 年。

94. 许梅：《制约马来西亚华人政党政治发展的种族政治因素》，《世界民族》，2003 年第 1 期。

95. 许梅：《独立后马来西亚华人的政治选择与政治参与》，《东南亚研究》，2004 年第 1 期。

96. 许利平：《印尼、马来西亚现代化进程中的伊斯兰因素》，北京大学博士学位论文，2003 年。

97. 许毅伦：《二战后马来西亚华文教育研究》，暨南大学硕士学位论文，1999 年。

98. 许国栋：《论马来西亚华人政治》，《华侨华人历史研究》，1995 年第 1 期。

99. 许德发：《历史幽灵与马来西亚的记忆政治——试论 1969 年"五一三事件"的各种阐释》，《人文杂志》，2002 年第 15 期。

100. 许德发：《"马华问题"之大者》，《人文杂志》，2000 年第 2 期。

101. 许文荣：《当今马来西亚知识分子的挑战及其角色的再探讨》，《资料与研究》，1998 年第 36 期。

102. 谢爱萍：《社会变迁与华人文化》，《资料与研究》，1996 年第 21 期。

103. 肖炜蘅：《从华人文化节看当代马华文化的本土化进程》，《华侨华人历史研究》，1999 年第 1 期。

104. 杨国标：《马来西亚的华文教育》，《华侨教育》，1984 年第 2 期。

105. 杨仁飞：《平等政治权益：半个多世纪以来马来西亚华族的追求》，《东南学术》，2003 年第 2 期。

106. 颜清湟：《一百年来马来西亚华社所走过的道路》，《南洋问题研究》，2005 年第 3 期。

107. 原不二夫著，刘晓民译：《马来西亚华人眼中的"马来西亚民族"》，《南洋资料译丛》，2001 年第 2 期。

108. 袁慧芳：《平等与民主——80 年代的马来西亚华人政治》，暨南大学硕士学位论文，2002 年。

109. 叶兴建：《独立以后马来西亚华商发展研究》，厦门大学博士学位论文，2007 年。

110. 叶瑞生：《马来西亚政治领导学术研讨会采访记》，《资料与研究》，1996 年第 23 期。

111. 叶瑞生整理：《马来学术界对'马来西亚国族'的讨论和看法》，《资料与研究》，1996 年第 23 期。

112. 叶玉贤：《马来西亚华人中国认同之研究——以尊孔独立中学为研究场域》，（南投）国立暨南国际大学比较教育学系博士学位论文，2008 年。

113. 游若金：《宏愿的宏愿：马来西亚的公民社会与华团》，《资料与研究》，1995 年第 18 期。

114. 周聿峨：《海外华人文化的传承与适应》，《华侨华人历史研究》，1998 年第 1 期。

115. 周聿峨：《华文教育与中华文化的承传》，《开放时代》，1997 年增刊。

116. 周聿峨：《马来西亚华文教育的保留与发展》，《东南亚》，2000 年第 2 期。

117. 周聿峨：《马来西亚华族争取民族母语教育的抗争》，《东南亚研究》，2000 年第 4 期。

118. 周聿峨、龙向阳：《马来西亚华族的民族母语教育》，《世界民族》，2002 年第 3 期。.

119. 周中坚：《东南亚华文教育功能的演变》，《东南亚》，2000 年第 2 期。

120. 周宗仁：《马来西亚华人地位之研究》，（台北）政治大学中山人文社会科学研究所博士学位论文，1997 年。

121. 张应龙：《海外华文教育的典范：马来西亚华文独立中学》，《比较教育研究》，2003 年第 9 期。

122. 张应龙：《马来西亚国民阵线的组成与华人政党的分化》，《华侨华人历史研究》，2002 年第 2 期。

123. 张应龙：《中国的马来西亚华人研究：回顾与前瞻》，《马来西亚华人研究学刊》，1997 年第 1 期。

124. 张禹东：《马来西亚的华文教育及其发展前景》，《八桂侨刊》，1997 年第 3 期。

125. 张祖兴：《马来亚华人抗日武装与马来亚联盟公民权计划》，《华侨华人历史研究》，2005 年第 2 期。

126. 张祖兴：《论马来人"第五纵队"问题与马来亚联盟公民权计划》，《东南亚研究》，2004 年第 6 期。

127. 张晓威：《马来西亚华人公会与马来西亚华人社会之研究》，（中坜）中央大学历史研究所硕士学位论文，1997 年。

128. 张达果：《从 1995 年大选的现象谈起》，《资料与研究》，1995 年第 16 期。

129. 詹冠群：《马来西亚华文教育面临的挑战及对策》，《教育评论》，1999 年第 6 期。

130. 曾营：《马哈蒂尔政府对华族的政策研究（1981—2003）》，广西师范大学硕士学位论文，2008 年。

131. 曾庆豹：《巨兽的重返——公民社会与公共论述》，《资料与研究》，1995 年第 17 期。

132. 朱陆民：《从制度视角看马来西亚华人的参政空间》，《世界民族》，2005 年第 2 期。

133. 庄迪澎：《华人社会、中文报业与新闻自由运动——兼论华社对中文报业的文化事业情结》，《人文杂志》，2003 年第 19 期。

134. 郑良树：《新马两地华教运动的互动关系》，《人文杂志》，2001 年第 11 期。

135. 祝家丰：《马来特权的制定与其影响》，《人文杂志》，2001 年第 8 期。

136. 庄国土：《晚清政府的兴学措施与海外华文教育的发展》，《华侨华人历史研究》，1990 年第 3 期。

137. 赵海立：《政治认同解构：以马来西亚华人为例》，《华侨华人历史研

究》，2005 年第 4 期。

138. 赵海立：《从白小保校运动看马来西亚华人的政治参与形态》，《东南亚研究》，2005 年第 4 期。

三、英文文献

1. Abdul Rashid Moten, *Government and Politics in Malaysia*, AnnArbor: Oxford University Press, 1987.

2. Alan Collins, The Ethnic Security Dilemma : Evidence from Malaysia, *Contemporary Southeast Asia*, No. 3, 1998.

3. Ariel Heryanto and Sumit K. Mandal, eds. , *Challenging Authoritarianism in Southeast Asia: Comparing Indonesia and Malaysia*, New York: Routledge Curzon, 2003.

4. Amy L. Freedman, *Political Participation and Ethnic Minorities: Chinese Overseas in Malaysia, Indonesia, and the United States*, New York : Routledge, 2000.

5. Amy L. Freedman, *The Effect of Government Policy and Institutions on Chinese Overseas Acculturation: The Case of Malaysia*, Cambridge: Cambridge University Press, 2001.

6. Anthony S. K. Shome, *Malay Politics in Malaysia*, New Delhi: Radiant Publishers, 1980.

7. Bill McSweeney, *Security, Identity and Interests: A Sociology of International Relations*, Cambridge: Cambridge University Press, 1999.

8. Cheah Boon Kheng, *Malaysia: The Making of a Nation*, Singapore: CMO Image Printing Enterprise, 2002.

9. Chai Hon – chan, *Planning Education for a Plural Society, Education and Nation – Building in Plural Societies: The West Malaysian Experience*, Paris: UNESCO, 1971; Chai Hon – chan, *Education and Nation – building in Plural Societies: The West Malaysian Experience*, Canberra: Australian National University, 1977.

10. Chung Kek Yoong, *Mahathir Administration: Leadership and Change in a Multiracial Society, Selangor*, Petaling Jaya: Pelanduk Publications, 1987.

11. C. F. Yong, *The Origins of Malayan Communism*, Singapore: South Seas Society, 1997.

12. Comber, Leon, 13 *May 1969: A Historical Survey of Sino – Malay Relations*, Kuala Lumpur: Heinemann, 1983.

13. David Yen – ho Wu, The Construction of Chinese and Non – Chinese Identi-

ties, Daedalus, *The Living Tree: The Changing Meaning of Being Chinese Today*, Vol. 120, No. 2, Spring, 1991, pp. 159 – 179.

14. Donald L. Horowitz, *The Deadly Ethnic Riot*, Berkeley: University of California Press, 2001.

15. Donald R. Snodgrass, *Inequality and Economic Development in Malaysia*, California: Oxford University Press, 1980.

16. DeBernardi, Jean Elizabeth, *Rites of Belonging: Memory, Modernity and Identity in A Malaysian Chinese Community*, Stanford: Stanford University Press, 2004.

17. Edmund Terence Gomez, *The State of Malaysia: Ethnicity, Equity and Reform*, New York: Routedge Curzon, 2004.

18. Funston, John, *Malay Politics in Malaysia: A Study of UMNO and PAS*, Kuala Lumpur: Heinemann, 1980.

19. Fujio Hara, *Malayan Chinese and China: Conversion in Identity Consciousness*, 1945—1957, Singapore: Singapore University Press, 2003.

20. Fong Yiu – chak, *A Comparative Study of Identity Among the New Generation of Thai and Malaysian Chinese Intellectuals*, Hong Kong: University of Hong Kong, 1993.

21. Graham K. Brown, CRISE, Policy Levers in Malaysia, *CRISE Policy Con text Paper* 4, May, 2004.

22. Gordon P. Means, *Malaysia Politics*, London: Hodder and Stoughton, 1976.

23. Harold Crouch, *Government and Society in Malaysia*, New York: Cornell University Press, 1996.

24. Heng Pek Koon, *Chinese Politics in Malaysia*, Singapore: Oxford University Press, 1998.

25. Heng Pek Koon, *Chinese Politics in Malaysia: A Study of the Malaysian Chinese Association*, Singapore: Oxford University Press, 1988.

26. Hara Fujio, *Malayan Chinese and China: Conversion in Identity Consciousness* (1945—1957), Tokyo: Institute of Developing Economies, 1997.

27. Hari Singh, Tradition, UMNO and Political Succession in Malaysia, *Third World Quarterly*, Vol. 19, No. 2, Jun. , 1998.

28. In – Won Hwang, *Personalized Politics: The Malaysian State under Mahathir*, Singapore: Institute of Southeast Asia Studies, 2003.

29. Joel S. Kahn, *Southeast Asian Identities: Culture and the Politics of Representa-*

tion in Indonesia, *Malaysia*, *Singapore and Thailand*, Singapore, London: Institute of Southeast Asian Studies, 1998.

30. Joseph Chin Yong Liow, Malaysia—China Relations in the 1990s, *Asian Survey*, No. 4, 2000.

31. Joseph Chin Yong Liow, Balancing, Bandwagoning or Hedging? —Strategic and Security Patterns in Malaysia's Relations with China (1981—2003), in Ho Khai Leong and Samuel C. Y. Ku (eds.), *China and Southeast Asia: Global Changes and Relational Challenges*, Singapore: Institute of Southeast Asia Studies, 2005.

32. Judith Stranch, *Chinese Village Politics in the Malaysian State*, Cambridge: Harvard University Press, 1981.

33. Justus M. van der Kroef, Nanyang University and the Dilemma of Overseas Chinese Education, *The China Quarterly*, No. 26, Apr. – Jun. , 1966.

34. J. K. P. Watson, Education and Cultural Pluralism in South East Asia, with Special Reference to Peninsular Malaysia, *Comparative Education*, Vol. 16, No. 2, Jun. , 1980.

35. Karl von Vorys, *Democracy without Consensus: Communalism and Political Stability in Malaysia*, Princeton, N. J. : Princeton University Press, 1975.

36. K. J. Ratnam, *Communalism and the Political Process in Malaya*, Singapore: University of Singapore, 1965.

37. Khoo Boo Teik, *Beyond Mahathir Malaysian Politics and Its Discontents*, London, New York: Zed Book Ltd. , 2003.

38. Kua Kia Soong, *Malaysian Political Myths*, Kuala Lumpur: The Resource and Research Centre, Selangor Chinese Assembly Hall, 1986.

39. Loh Kok Wah, *The Politics of Chinese Unity in Malaysia*, Singapore: Koon Wah Printin Pte. Ltd. , 1982.

40. Francis Loh Koh Wah, Developmentalism and the Limits of Democratic Discourse, in Loh Koh Wah & Khoo Boo Teik (eds.), *Democracy in Malaysia: Discourses and Practices*, Surrey: Curzon Press, 2002.

41. Lee Hock Guan, *Ethnic Conflict and the Development of Citizenship in Malaysia*, PhD thesis, Massachusetts: Brandeis University, 1995.

42. Lee Comber, 13 *May* 1969: *A Historical Surrey of Sino—Malay Relations*, Singapore: Graham Brash (pte.) Ltd. , 2001.

43. Lee Kam Hing and Tan Chee – Beng, *The Chinese in Malaysia*, Slangor Darul Ehsan, Luala Lumpur: Oxford University Press, 2000.

44. Lee Raymond L. M., The Transformation of Race Relations in Malaysia：From Ethnic Discourse to National Imagery, 1993—2003, *African and Asian Studies*, 2004, 3 (2) .

45. Leo Suryadinata, *Ethnic Chinese in Singapore and Malaysia：A Dialogue Between Tradition and Modernity*, Singapore：Times Academic Press, 2002.

46. Loh Francis Kok – Wah, *The Politics of Chinese Unity in Malaysia：Reform and Conflict in the Malaysian Chinese Association* (1971—1973), Singapore：Maruzen Asia, 1982.

47. Lucian W. Pye, *Guerrilla Communism in Malaya：Its Social and Political Meaning*, Princeton, N. J. : Princeton University Press, 1956.

48. Mary F. Somers Heidhues, Peking and the Overseas Chinese：The Malaysian Dispute, *Asian Survey*, Vol. 6, No. 5, May, 1966.

49. Michael R. J. Vatikotis, *Political Change in Southeast Asia*, TJ Press Ltd. , Padstow, Cornwall, 1996.

50. M. Jocelyn Armstrong, R. Warwick Armstrong and Kent Mulliner, *Chinese Populations in Contemporary Southeast Asian Societies：Identities, Interdependence and International Influence*, Surrey：Curzon Press, 2001.

51. MCA Federal Territory Research & Service Centre, *The Malaysian Chinese : Towards National Unity*, Kuala Lumpur：MCA Federal Territory Research & Service Centre, 1982.

52. Ng Boey Kui, The New Economic Policy and Chinese in Malaysia：Impact and Responses, 《马来西亚华人研究学刊》, 1998 年第 2 期。

53. Oil, Grace, *The State, Ethnicity, and Class in Malaysia：A Case Study*, PhD thesis, City of Los Angeles：University of Southern California, 1992.

54. Raymond Lee, *Ethnicity and Ethnic Relations in Malaysia*, Dekalb：Northern iIlinois University, 1986.

55. Regan, Daniel, Daniel, *Intellectuals, Religion, and Politics in A Divided Society：Malaysia*, PhD thesis, City of New Haven：Yale University, 1977.

56. Richard Mead, *Malaysia's National Language Policy and the Legal System*, New Haven, Conn : Yale University Southeast Asian Studies, 1988.

57. Richard Leete, Dual Fertility Trends in Malaysia's Multiethnic Society, *International Family Planning Perspectives*, Vol. 15, No. 2, Jun. , 1989.

58. Robert Laggard and Ruth Katz, Overcoming Ethnic Inequalities：Lessons from Malaysia, *Journal of Policy Analysis and Management*, Vol. 2, No. 3, Spring, 1993.

59. Robert L. Winzeler, *Ethnic Relations in Kelantan*: *a Study of the Chinese and Thai as Ethnic Minorities in a Malay State*, AnnArbor: Oxford University Press, 1985.

60. Robert W. Hefner, *The Politics of Multiculturalism*: *Pluralism and Citizenship in Malaysia*, *Singapore*, *and Indonesia*, Honolulu: University of Hawai Press, 2001.

61. R. K. Vasil, *Ethnic Politics in Malaysia*, New Delhi: Radiant Publishers, 1980.

62. R. S. Miline, *Government and Politics in Malaysia*, Boston: Houghton Mifflin Company, 1967.

63. Rupert Emerson, The Chinese in Malaysia, *Pacific Affairs*, Vol. 7, No. 3, Sep. , 1934.

64. Sarah Owen Vandersluis edited. , *The State and Identity Construction in International Relations*, New York: Macmillan Press Ltd. , 2000.

65. Sharon A. Carstens, *Histories*, *Cultures*, *Identities*: *Studies in Malaysian Chinese Worlds*, Singapore: Singapore University Press, 2005.

66. Sharon Ahmat, Nation Building and the University in Development Countries: The Case of Malaysia, *Higher Education*, Universities in Developing Countries, Vol. 9, No. 6, Nov. , 1980.

67. Suet – Ling Pong, Sibship Size and Educational Attainment in Peninsular Malaysia: Do Policies Matter?, *Sociological Perspectives*, Vol. 40, No. 2, 1997.

68. Suet – Ling Pong, Policies and Secondary School Attainment in Peninsular Malaysia, *Sociology of Education*, Vol. 66, No. 4, Oct. , 1993.

69. Stephen Leong, Malaysia and the People's Republic of China in the 1980s: Political Vigilance and Economic Pragmatism, *Asian Survey*, Vol. 27, No. 10, Oct. , 1987.

70. Tan Liok Ee, Dongjiao Zong and the Challenge to Culture Hegemony (1951— 1987), in J. S. Kahn and Loh Kok Wah, *Fragmented Vision*: *Culture and politics in Contemporary Malaysia*, Sydney: Allen & Unwin, 1992.

71. Tan Liok Ee, *The Politics of Chinese Education in Malaya* (1945—1961), Kuala Lumpur: Oxford University Press, 1997.

72. Tan Chee Beng, *The Baba of Melaka*: *Culture and Identity of a Chinese Peranakan Community in Malaysia*, Selangor: Pelanduk Publications, 1988.

73. Tan Chee Beng, *Communal Associations of the Indigenous Communities of Sarawak*: *a Study of a Ethnically and National Integration*, Kuala Lumpur: Institute of Advanced Studies, University of Malaya, 1994.

74. Tan Chee Beng, Nation—Building and Being Chinese in A Southeast Asian State: Malaysia, in Cushman Jennifer W. and Wang Gungwn (eds.), *Changing Identities of the Southeast Asian Chinese Since World War II*, Hongkong: Hongkong University Press, 1988.

75. Timothy P. Daniels, *Building Cultural Nationalism in Malaysia—Identity, Representation, and Citizenship*, London: Routledge, 2004.

76. Verinder Grover, *Malaysia Government and Politics*, Deep & Deep Publications PVT. LTD, 2000.

77. Vindhu Verma, *Malaysia State and Civil Society in Transition*, Selangor: Strategy Information Research Development, 2004.

78. Victor Purcell, *Malaya: Communist or Free?*, Stanford: Stanford University Press, 1954.

79. Wang Gung Wu, Chinese Political Culture and Scholarship about the Malay World, in Ibid., Ding Choo Ming & Ooi Kee Beng (eds.), *The Chinese in Malaysia* Kuala Lumpur: Oxford University Press, 2000.

80. Wang Gung Wu, Traditional Leadership in A New Nation, in G. Wijeyawardene, ed., *Leadership and Authority*, Kuala Lumper: University of Malaya Press, 1968.

81. William Case, The UMNO Party Election in Malaysia: One for the Money, *Asian Survey*, Vol. 34, No. 10, Oct., 1994.

82. William Case, Semi – Democracy in Malaysia: Withstanding the Pressures for Regime Change, *Pacific Affairs*, Vol. 66, No. 2, Summer, 1993.

83. William Case, The 1996 UMNO Party Election: "Two for the Show", *Pacific Affairs*, Vol. 70, No. 3, Autumn, 1997.

84. William Case, New Uncertainties for an Old Pseudo – Democracy: the Case of Malaysia, *Comparative Politics*, Vol. 37, No. 1, Oct., 2004.

85. William Bloom, *Personal Identity, National Identity and International Relations*, Cambridge: Cambridge University Press, 1990.

86. William E. Willmott, The Overseas Chinese Today and Tomorrow, *Pacific Affairs*, Vol. 42, No. 2, Summer, 1969.

87. Yew Yeok – kim, *Education, National Identity and National Integration: A Survey of Secondary School Students of Chinese Origin in Urban Peninsular Malaysia*, Thesis (Ph. D): Stanford University Press, 1982.

88. Yen Ching – hwang, *Community and Politics: the Chinese in Colonial Singapore and Malaysia*, Singapore: Times Academic Press, 1995.

四、主要报纸杂志及网站

1. （马来西亚）《星洲日报》，星洲互动网站，http：//www. sinchew—i. com/。

2. （马来西亚）《南洋商报》，南洋网站，http：//www. nanyang. com。

3. （马来西亚）《中国报》

4. （新加坡）《联合早报》，联合早报网站，http：//www. zaobao. com/。

5. （马来西亚）《资料与研究》

6. （马来西亚）《人文杂志》

7. （马来西亚）《马来西亚华人研究学刊》

8. （新加坡）《亚洲文化》

9. （马来西亚）董教总网站，http：//www. djz. edu. my/。

10. （马来西亚）人民行动党网站，http：//dapmalaysia. org/cn/。

11. （马来西亚）马华公会网站，http：//www. mca. org. my/Chinese/Pages/default. aspx。

12. （马来西亚）民政党网站，http：//www. gerakan. org. my/。

13. （马来西亚）人民公正党网站，http：//cn. keadilan. ws/。

14. （马来西亚）马来西亚中华大会堂总会网站，http：//www. huazong. my/。

15. 中国侨网，http：//www. chinaqw. com/。

16. （马来西亚）马来西亚教育部网站

17. （新加坡）新加坡东南亚研究所网站，http：//www. iseas. edu. sg/。

18. 厦门大学东南亚研究中心，http：//nanyang2. xmu. edu. cn/Article/Index. asp。

19. （马来西亚）独立新闻在线，http：//www. merdekareview. com/。

20. （马来西亚）《当今大马》，http：//www. malaysiakini. com/cn/。

21. 雪兰莪中华大会堂，http：//www. scah. org. my/。

22. 海外华人研究，http：//www. lib. nus. edu. sg/chz/chineseoverseas/。

23. 华总5G频道，http：//www. fecam. org. my/。

24. 狮城论坛，http：//bbs. sgchinese. com/。

25. 马新社中文网，http：//mandarin. bernama. com/index. php。

五、工具书类

1. 顾明远主编：《教育大辞典》（第四卷），上海：上海教育出版社，

1992 年。

2. 国务院侨务办公室侨政司编：《侨务法规文件汇编》（1955—1999），
1999 年。

3. 周南京主编：《世界华侨华人词典》，北京：北京大学出版社，1993 年。

4. 周南京总主编、黄昆章卷主编：《华侨华人百科全书·教育科技卷》，北
京：中国华侨出版社，1999 年。

5. 周南京总主编，杨保筠卷主编：《华侨华人百科全书·法律条例政策卷》，
北京：中国华侨出版社，1999 年。

后 记

本书是我在博士论文的基础上修改补充而成的。它是我在暨南大学三年来攻读博士学位的学术总结，能够最终完成并得以出版，离不开众多老师、同学以及朋友们的指导、帮助和关心。

八年前有幸来到我国最高华侨学府——暨南大学，在美丽的暨南园攻读国际关系硕士学位，开始了华侨华人与国际关系的研究，并与此结下不解之缘。从华侨华人领域的门外汉，到不断熟悉，再到逐渐深入并挖掘问题，离不开众多前辈及师长的指导与帮助。

首先要感谢我的导师周聿峨教授。周教授是国内华侨华人研究领域的专家，尤其是在华文教育的研究上颇有建树。八年前在她的指引下我开始进入这一研究领域，并把着力点放在华文教育的研究上，所发论文以及硕士论文、博士论文都是围绕这一议题展开的。周老师对我每次的选题都倾注了大量心血，从筛选到论证再到修改，都不厌其烦地给予我细心指导。为了让我视野更加开阔，思路更加顺畅，她积极向我引荐这一领域的国内外专家学者，并提供了她收集多年的相关资料，这让我很感动。周老师平易近人的性格更是深深感染着我。她不仅在学术上是我的导师，在做人上更是我的导师。我时常感叹自己是如此幸运，在人生的关键阶段能遇到这样的良师慈母，受益终生。

暨南大学国际关系学院/华侨华人研究院是一个温馨的大家庭，里面的每一位老师都尽职尽责，尽自己最大的努力帮助学生。在此，我要感谢曹云华教授、王子昌教授、庄礼伟教授、吴金平教授以及张振江副教授。聆听他们的课让我受益匪浅。特别要感谢吴金平教授及庄礼伟教授，从开题到完稿他们都对拙文提出了宝贵意见。通过与他们的交谈我思路更加清晰，行文更加顺畅。还要感谢陈奕平教授、廖小健教授及邱丹阳教授以及导师组的贾海涛教授，他们在论文开题期间给我提出了宝贵意见和建议。在论文的修改过程中，得到吉林大学的周光辉教授、中山大学的汪新生教授以及暨南大学的鞠海龙教授、曹云华教授、邱丹阳教授的精心指导，谢谢你们！

本书从选题到资料收集再到写作的全过程中，得到众多老师和朋友的帮助。本研究的性质决定了要有大量的一手资料才能顺利进行，因而搜集与整理资料占据了我大量时间，同时这也是一个艰苦而枯燥的工作，庆幸的是我得到许多专家学者的指导以及众多朋友的帮助。感谢马来西亚的教总主席王超群、董总主席郭全强以及马来西亚华人学者何启良、祝家丰、廖文辉、潘碧华、潘碧丝、洪丽芬等，通过与他们交谈，我对马来西亚华人及华文教育有了更深入的认识与把握。感谢他们的指导，更感谢他们提供的珍贵资料。还要感谢国内本行业的一些专家学者，他们对本论文提出了宝贵意见。他们是厦门大学南洋研究院的庄国土教授、华中师范大学的李其荣教授、广西民族大学的郑一省教授等。在搜集资料的过程中，还得到了许多朋友及各单位工作人员的帮助。在此一并致谢！

还要感谢龙向阳师兄、刘建林师兄、代帆师兄及文峰师兄。他们的治学态度及为人处世深深影响着我。感谢同班同学阮金之、李之、喻昆鹏、王瑞、彭文平，和你们一起度过了最后的学生时光。感谢师妹郭秋梅、张靖、马丽以及所有的同门，谢谢你们的鼓励与帮助。

感谢我现在的工作单位——河南理工大学马克思主义学院的领导和同事们对我的支持和关怀。尤其是周玉清教授、侯菊英教授、郑小九教授以及李照修书记。你们对我的指导与教诲令我感动。感谢学院其他老师的帮助与关心，与你们相处的日子令人愉快。

最后，我要特别感谢我的家人。求学漂泊在外十几载，我始终是父母放心不下的牵挂。父母的那片苦心与关心，又怎能用一个谢字了得？唯有用我的学业/事业及今后对他们的悉心照料来报答他们！感谢我的哥哥、姐姐、妹妹及全家！谢谢你们多年来对我的照顾与关爱。

感谢所有支持、帮助、爱护我的人，恕我不能一一提及他们的姓名。

我愿将此书献给我豁达风趣的先生以及聪明可爱的儿子。你们的支持与鼓励是我前进的最大动力，我爱你们！

胡春艳

2012 年 7 月 20 日

于河南理工大学文苑 7 栋 152